美国的
伤痛与救赎

赵和锋 著

SPM
南方出版传媒
广东人民出版社
·广州·

图书在版编目（CIP）数据

美国的伤痛与救赎 / 赵和锋著. —广州：广东人民出版社，2018.1 (2020.1重印)
ISBN 978-7-218-12037-9

Ⅰ. ①美… Ⅱ. ①赵… Ⅲ. ①社会问题—研究—美国 Ⅳ. ①D771.28

中国版本图书馆CIP数据核字（2017）第227339号

Meiguo De Shangtong Yu Jiushu
美国的伤痛与救赎
赵和锋 著

出 版 人：肖风华

责任编辑：向路安 季 东
责任技编：周 杰 吴彦斌
装帧设计：友间文化

出版发行：广东人民出版社
地 址：广州市海珠区新港西路204号2号楼（邮政编码：510300）
电 话：（020）85716809（总编室）
传 真：（020）85716872
网 址：http://www. gdpph. com
印 刷：阳谷毕升印务有限公司
开 本：787mm×1092mm 1/16
印 张：20 字 数：280千
版 次：2018年1月第1版
印 次：2020年1月第2次
定 价：65.00元

如发现印装质量问题，影响阅读，请与出版社(020-85716849)联系调换。
售书热线：（020）85716826

自序

旅居美国之前，我以为自己对美国已有基本的了解。但是当身临其境，却有一种全新的感受和认知。

“穷乡恶土出刁民”的说法在这里似乎仍可验证其合理性。美国高考录取也非“一碗水端平”。有人蒙冤入狱十几年之后，方得昭雪还其清白。有人因言语不当而招致巨额罚款并面临司法指控，“言论自由”似乎并没有得到宪法权利的充分保证。执法人员致人死命，但很多警察仍然被无罪开释，而死者多是生活在社会底层的黑人……

当看到一座座冰山，很多人把露出水面的冰体描述下来，然后说这就是其真容。其实基于冰的密度和海水密度的关系，一座冰山呈现在人的视野里往往只有总体积的十分之一。本书写作是我对美国社会重新认识、重新审视和重新思考的过程。客观而不讳言，冷静而不妄言，是我恪守的原则。我力图探究这些漂浮物隐没在水下的形态，并寻求背后的事实真相及其运行逻辑。

一位旅美中国学者在一篇文章中这样写过——美国青年大学生中流传着一则并非笑话的说法：什么是美国最弱势的群体？如果你是白人、男性、中产阶级、性取向正常，你就是弱势群体。因为你无法受到少数族裔、低收入、同性恋、女权等任何权力机构的保护。

美国社会存在的一个问题是，维护少数族裔或弱势人群特别是这双重角色兼有者的利益，并且权利的天平向这部分人倾斜，成为美国半个世纪以来政治正确的常规生态。譬如反歧视本来是最基本的价值认同，少数族裔和弱势群体因此充分享受了这个原则所带来的尊重和保护、多元和包容、社会自由和个人自由。但问题是它越来越走向极端。看一个信手拈来的例子：2016年万圣节前夕，耶鲁大学校方给学校全体成员发出一封邮件，提醒参加万圣节相关活动的学生在着装打扮上注意不要冒犯少数族裔同学。耶鲁大学西利曼学院的一名副院长则向本学院学生发出一封邮件表示：校方不应该插手学生在万圣节的着装选择，本人虽然不鼓励冒犯他人的行为，但是如何着装是学生的自由，即使有的学生着装冒犯了少数族裔学生，那问题也应该由学生自己解决。这本是一个表达不同意见的寻常信件，结果引起该学院一些少数族裔学生的不满，以至于他们在校园中与院长发生争吵，一名情绪激动的黑人女生在声嘶力竭的叫嚷中还夹杂着谩骂，并且由此引发万圣节之后上千学生向校方施压的游行。少数族裔或弱势群体过度主张权利，已经影响到多数人或经济地位居于优势者的权益。

在特朗普宣誓就任总统之前，有一位知名服装设计师公开表示拒绝为第一夫人提供设计服务。但是假如有人如此这般，公开表示拒绝为某个黑人或者同性恋者或者女性（更不要说为低收入者或者残疾人）提供服务，这个人将可能付出经济上和法律上的沉重代价，哪怕他们对黑人或者对同性恋者或者对女性仅仅有言语上的不敬，也可能身陷舆论讨伐或司法诉讼的漩涡。代表民主党角逐2016年总统大选的希拉里致力于“政治正确”。对政治正确说“不”的特朗普在与对手的第一次辩论中就宣称：“美国最大的问题就是政治正确问题。”他的获胜表明半数以上美国人对所谓政治正确的厌倦。这部分人认为政治不正确才是正确，他们希望美国出现改变，打破言论禁忌，矫枉而不再过正。特朗普没有像他此前的政界领袖那样讲话字斟句酌、周全圆满、八面玲珑。这当然招致包括同性恋组织、女权组织、反歧视组织、黑人民权组织在内的许多团体，在总统就职前后组织大规模的示威抗议。面对许多民主党议员拒绝参加总统就职典礼以及马丁·路德·金的民运战友、民权领袖、黑人众议员路易斯的公开抵制，特朗普仍然延续了他口无遮拦的一贯做派，在推特发文说：路易斯应该花更多时间处理他辖下选区的犯罪等问题——丝毫也不照顾黑人族群的“民族情感”。

本书从美国社会过度维护个人自由权利的视角切入，与政治正确的话题密切关联。这可以看作是对特朗普胜选的一种解读。

本书在写作过程中，得到了著名媒体人马云龙先生高屋建瓴的指教，刘瑛、杨国祥、袁宪章先生及赵蕾女士提供了诸多鞭辟入里的建议，在此一并致谢。

赵和锋

2017年2月21日于美国

目录

上编　黑与白

下编　强与弱

上编

黑与白

黑者，黑人。白者，白人。

当五百年前第一批非洲人被运至美洲大陆，一段曾长期作为奴隶的记忆，在黑人的话语体系中始终占据重要位置。

而从制度层面彻底消除种族歧视，在二十世纪六十年代已经实现。

黑白问题，在美国几乎等同于种族问题，但种族问题并不都产生于黑人与白人之间。

在一个过分张扬个人权利的国度，黑白之外其实早已添加了其他色彩。但是，有关黑与白的说辞总给人以强烈暗示，将其指向卑微与高贵，邪恶与正义，阴暗与光明。

逆势而动的大陪审团

白人警察当街射杀黑人青年

2014年8月，接近美国地理位置中心点的密苏里州，天气异常闷热。密西西比河与密苏里河纵然穿越其境，也没能给它带来些许清凉。

8月9日中午，弗格森市28岁的警察威尔逊完成公务，驾驶警车正要返回警局，忽然接到报告，让所有警员注意搜寻两个嫌犯。

不一会儿，威尔逊就看到前面有两个男子没走人行道，而是走在马路中央。其中一个头戴红色棒球帽、身穿一件白色上衣、小腿套着黄色袜子，与警方电台里所说的嫌犯特征吻合。威尔逊于是请求警局增援，并把车开到他们身边，命令他们停下来。

此时的威尔逊尚不知道这两人刚刚在一家便利店抢劫了一包48美元的雪茄。

从威尔逊看到这两人，到增援的警察到达，时间仅仅一分半钟。但就在这90秒内，白人警察威尔逊已经将那个穿着醒目、名叫布朗的18岁黑人青年射杀身亡。

一个年轻的生命在转瞬之间消失，一个炸药包的引信就这样被点燃。

虽然在美国，警察开枪致死给自己或他人造成生命威胁的人这种事屡见不鲜，但威尔逊不会想到，从他扣动扳机的这一刻，及至大陪审团的裁决结果公布，这个人口只有两万多、面积仅为16平方千米的城市，将由此引发大规模的骚乱及暴力冲突，骚乱又蔓延成为波及大半个美国、近百座城市的抗议浪潮，让弗格森立时成为全美关注的焦点，也成为世界舆论瞩目的热点。

弗格森市区形同战区

在自媒体时代，当警方尚未能够对案情做出细致调查和清晰交代之时，公众已经在当局发言之前，让此起彼伏的舆论潮水抢占了先机。在案发最初几天，上传到网上的照片和推动的话题达千万次之多。社交媒体改变了过去由传统媒体控制故事情节与细节描述的格局，当局在开始一段时间几乎丧失话语的主导权。

在这当中，一个由多种传言剪辑而成的结论性场景赫然在目：

布朗已经举起了双手投降，但仍然被警察从背后连开数枪。一个身上没有携带任何武器，也即手无寸铁的鲜活生命，被一向居于优势种族地位的白人警察当街射杀，栽倒在血泊中，而且陈尸街头达四小时之久。

这一切，连同不实的信息、煽动的言语和仇视的情绪，在素来对警察暴力多加鞭挞讨伐的人群之中迅速传递。在人人都可以成为发言人的时代，似乎不再需要一个振臂一呼的领袖，自媒体俨然成为引领时局变化的先导。

跟很多城市一样，弗格森的黑人大多居住在城市中心地带，白人则大多居住在城郊。这个城市三分之二的居民是黑人，市长和警察局局长均是白人，6名市议员中有5名白人，1名黑人，53名警察中只有3名黑人警员。弗格森经济发展落后，家庭中位数的收入是3.7万美元，低于全州水平。

第二天夜晚，弗格森的黑人居民为死去的布朗举办烛光守夜活动，未料接下来进行的示威活动，演变成了无法控制的骚乱。人群像冲下山的虎狼之师，疯狂打砸汽车，砸毁商店玻璃，抢劫他人财物，并在接下来的几天时间里变得愈加疯狂，频频制造暴力事件。警方出动装甲车，发射橡皮子弹和催泪瓦斯强力镇压，对立紧张的局面急剧恶化，期间警察局与市政府多次接到死亡威胁。

密苏里州州长声称这个地方已经形同战区，宣布由密苏里州公路警察接管并负责弗格森的公共安全。同一天，时任总统奥巴马针对弗格森事件发表讲话："不能用任何借口以暴力对付警察，或假借这件悲剧肆意破坏或抢劫。警察也不能用任何借口，对和平抗议者使用过度武力，或把合法行驶宪法权利的抗议者送进监狱。"并要求对这个案件进行公开透明的调查，敦促弗格森居民保持冷静并恢复和平。

弗格森警方在8月15日公布了开枪警察的姓名之后，又公开了布朗死前和同伴抢劫一家便利店雪茄的影像。不料此举更加激起民众的愤怒。警方的原意可能是想告诉人们，布朗并非一个守法之人；然而效果适得其反，演绎成了只要拿一件别人的东西，就会被击毙而且横尸街头的逻辑。这导致8月16日密苏里州州长宣布弗格森进入紧急状态，从每天午夜至凌晨五点实施宵禁。

8月18日，密苏里州州长签署行政命令，派遣国民警卫队前往弗格森维持秩序。国民警卫队是隶属于各州政府的地方武装部队，简称国民兵，由各州政府指挥，主要任务是根据国防部和各州州长的命令，维护国家和当地政府的安全并维持社会稳定。

8月20日，时任司法部部长霍尔德亲自来到弗格森，和布朗的家属及调查人员见面，承诺彻底调查此案。

8月25日，即在布朗被打死六周后，白宫派遣三名官员参加布朗的葬礼。弗格森一座仅能容纳2500人的教堂座无虚席，许多人冒着酷暑站在教堂外面表达他们对布朗家人的支持。美国民权领袖马丁·路德·金的儿子马丁·路德·金三世也前来参加。布朗的舅舅在葬礼上说："布朗在地下哭泣，要求复仇，要求正义！"身穿印有"已经举手，请别开枪"T恤衫的民众，不断发出抗议的声浪。

同一天，佛格森市的警察局局长杰克森通过影像对相关事件做出解释。杰克森向布朗的家属说：当时花了四个小时才将布朗的遗体从街上移开，是因为调查人员要将所有证据收集完毕，希望家属体谅调查人员。他们只是想做好本职工作，无意对家属和社区居民不敬，对此我们深表歉意。杰克森向示威抗议的群众表示：你们有和平集会的权利，警察同样也有在现场保护民众的权利，如果和平行使这项权利的人为此感到不悦或生气，我们为此表示道歉。杰克森说：多数占领街道的抗议群众都很平和，但是其中有些人“有不同的目的”。在随后美国有线电视新闻网（CNN）对他进行的专访中，面对事件发生之后民众要求他下台的声音，杰克森委婉而又坚定地表示，自己将坚守职责，继续做他应该做的事。

10月10日，美国各地的示威者来到弗格森，参加为期四天的“弗格森十月”示威活动。以黑人为主的民众高举着双手，模仿布朗举手投降的姿势，呼喊着“已经举手，请别开枪”的口号，吸引了数千人参加。这预示着弗格森事件可能波及全国。

黑云压城城欲摧

时间快到11月末，布朗的家人和支持者不断要求，杀死布朗的警察必须接受法律制裁。愤怒的民众提出，如果要想让社区恢复宁静，就必须对枪杀布朗的警官以谋杀罪进行起诉。

大陪审团自从进入此案的审核程序以后，对案件是否进行起诉，已经进入倒计时阶段。

在这黑云压城的时刻，密苏里州州长在11月17日再次宣布弗格森进入紧急状态，要求国民警卫队再度部署进入弗格森市，并命令州内其他国民警卫队严阵以待等候随时支援，以防局势失控。又有不愿透露姓名的人士说，联邦调查局已经派出100多名探员以外地声援者的身份潜入弗格森，以协助当地执法人员，准备一旦有变，对暴乱分子实施逮捕。

面对时有示威民众来到弗格森警察局所在的大街上，堵塞交通并拒绝离开的状况，当地居民和官员忧心忡忡。

弗格森市的一个学区，决定在裁决宣布时的周一和周二关闭校园，让师生放假回家，以防发生不测。

除了密苏里州的行政当局，全美各个城市的执法机构也都为裁决宣布后可能发生的不测部署了大批警力，做出了应急预案。

11月24日是大陪审团宣布裁决结果的日子。这一天，弗格森忽然变得异常宁静，商家关门歇业，能走的就走，不能走的就躲。街上行人稀少，即使有人出门也是行色匆匆。整个街区呈现一片山雨欲来风满楼之势……

按照惯常的思维，现在控制大陪审团的这12个人，比控制一个小城市、一个州乃至大半个国家的局势，理应容易得多，甚至可以说是易如反掌。

然而，此时不要说弗格森行政当局和密苏里州政府，就连集政府首脑、国家元首、三军统帅之权于一身的奥巴马，在这关键时刻似乎也无能为力。

一个“冒天下之大不韪”的裁决

11月24日晚上九点钟，密苏里州圣路易斯县的检察官麦卡洛克，虽然是站在弗格森市中心法院，但他无异于向全美国的民众宣布裁决结果：不起诉白人警察威尔逊。

时任总统奥巴马这时发表讲话：理解某些人对裁决极度失望甚至愤怒，呼吁弗格森的民众接受陪审团的决定，保持克制和冷静。奥巴马称，我们是一个基于法制的国家，因此我们需要接受这一事实——决定是大陪审团做出的。

弗格森的局势本来已经像一条水位高于地面的悬河。裁决一出，无疑是给这条悬河挖开了一道豁口。

当晚聚集在警察局前面的人群顿时汹涌咆哮，肆意宣泄他们的满腔怒火。有人向警局大楼投掷石块和瓶子，有人点燃了停放在路边的一辆警车，接着一家中餐馆和其他数十个建筑被纵火焚烧。

一向奉行“坏消息就是好消息”这条新闻原则的美国媒体，早就守候在现场，此刻不失时机果断出动。

美国有线电视新闻网正在一家被放火燃烧的汽车经销店前做现场播报，不料从旁边飞来一个石块，砸中了女主播的头部。她不得不一边用手捂着伤口，一边继续报道。

微软全国广播公司（MSNBC）正在现场直播时，旁边忽然传来枪声，主播不得不临时切断直播画面，和他的团队先找一个安全的地方躲起来。

到了第二天凌晨，一名20岁的黑人青年在自己的汽车内离奇死亡。暴乱中至少有18人受伤，61人遭到逮捕。

25日，300多名抗议者涌向联邦法院，推开并破坏那里的隔离栏，后又“转战”其他地方继续示威。又有很多人以瘫痪交通的方式，封锁主要路口、重要大桥和洲际公路。到26日，约有400人遭到逮捕。

整个弗格森似乎遭遇了战争的劫难。

在这风口浪尖，美国广播公司（ABC）竟毫不避讳，26日采访了处在风暴中心的威尔逊。威尔逊称自己当时意识清醒，做了正确的决定。当主播问他当时是否有其他方式可以代替开枪时，威尔逊坚定地回答道：“没有！”

不起诉的裁决引发了全美34个州、近百座城市的示威抗议。

加利福尼亚州的奥克兰市，2000多名抗议者先是在市政府广场集会，接着又在市中心游行。部分抗议者走上公路，造成一条公路南北双向的车道全部堵塞。市区一家银行的玻璃被打破，很多垃圾桶被焚烧，一辆警车和很多建筑物被喷涂抗议的字句。

在芝加哥市，市长办公室前面的大厅被示威者占领了28个小时。

纽约时代广场上的示威人群把街道围得水泄不通，曼哈顿的交通几乎瘫痪。纽约市时任警察总局局长布莱顿的脸也“挂了彩”——被示威者喷上了假血。

在圣路易斯市，警察封锁了市政府大楼以防示威者冲入。

首都华盛顿的中国城附近，示威民众用焚烧美国国旗来表达愤怒。

德克萨斯州的达拉斯市，有几名抗议者因准备封锁洲际公路而遭到逮捕。

在俄勒冈州的波特兰市，几百名示威者游行至威拉米特河大桥，导致交通全面瘫痪。

洛杉矶有示威者走上高速公路，致使警方一度关闭公路。

不过除了洛杉矶和旧金山这两个城市里，黑人聚居的区域出现过数起示威者攻击警察和打砸抢的情况外，绝大部分地区的抗议都以和平的方式进行。

射杀布朗的白人警察威尔逊，迫于压力于11月29日提出辞职。威尔逊在辞呈中说："我接到通知，如果我继续当警察，会让弗格森市民和警察同僚陷入危险之中，我不能让这种事发生。虽然我希望能继续当警察，但对我来说，没有什么比同僚和驻地居民的安全更重要。我希望辞职能抚平这个社会的伤痛。"

针对威尔逊的辞职，黑人民权人士夏普顿说：我们要的不是威尔逊的工作，而是还布朗一个公道。在警察局附近聚集的示威者也说："我们要的是起诉他。"

时任司法部部长霍尔德认为，弗格森事件中遍布大半个美国的抗议活动，凸显出警方执法中存在的问题，凸显出社区对警方的不信任。与此同时，司法部也公布了一份报告，指出弗格森存在警察对当地黑人居民不合比例地过度使用武力，以及毫无理由地拦截检查等情况。

警察和民众的对立，在后面的叙述中将会论及。但是，因陪审团做出裁决而引发社会动荡，这并不是美国社会的常态。恰恰相反，陪审团机制是美国社会的稳定剂而非事态扩大的催化剂。那些对陪审团的裁决结果屡屡发起暴力对抗的行动，透射出的是一种自我放纵、自我戕害和反社会、反文明的倾向。

百姓的权利高于君王的权力

陪审团成员是些什么人？

当弗格森白人警察枪杀了黑人青年之后，是否起诉白人警察，在这牵一发而动全身的关键时刻，如此事关重大的裁决，竟交由一个12人组成的大陪审团做出。那么，这12个人是何方神圣？

其实，这些人就是我们通常所说的芸芸众生中的一分子。如果在中国，她可能是你家隔壁那个买菜时跟人喋喋不休、斤斤计较的老妈，他可能是送快递时总催你快点签字的那个小伙子，她可能是你远房亲戚家一个在长途车上售票的老姑娘，他可能是逢年过节你总得意思一下的孩子的班主任，他也可能是到你家安装水龙头一直抱怨难度太大、想让你再加点儿钱的管子工，也可能是你去医院看一次感冒就开给你好几百元乃至近千元进口药的门诊医生，还可能是每年给你拍全家福并出版过摄影集的影楼摄影师，当然也可能是一个行为怪异却小有名气的诗人。

在美国的法律体制下，是否应该立案起诉一个人，就由这些人组成的大陪审团来拍板。一个人有罪还是无罪，就由这些人组成的小陪审团来定夺。

这些陪审员既非指派也非任命，由法庭通过选民登记名单或汽车驾照登记名单，通过抽签来挑选。只要年龄在18至25岁以上（各州对年龄的规定有所不同），居住在法律辖区，通晓英语，精神及身体状况适合，没有重罪前科，就可能成为陪审团的候选人员。

美国前总统小布什卸任后，在德克萨斯州东北部的达拉斯市过着平静而低调的生活。2015年8月，他就被抽中作陪审员候选人。8月5日这天，小布什穿戴齐整，一大早就来到了法院，准备履行公民义务。但排了差不多三个小时的队，小布什却没有被选上。法官解释说，不是担心布什名气大、影响庭审而不选他，是因为席位已满，候选陪审员的35人中，他排在27位，而我们只选到23位。

陪审团分大陪审团和小陪审团。小陪审团也叫普通陪审团，或直接就叫做陪审团。大陪审团的职责非常单纯，就是对被告做出要不要立案起诉的决定。大陪审团的人数通常在12至23人之间。大陪审团只负责审理刑事案件，不涉及民事案件，而且通常是在一段时间内审理一批案子。这次审理弗格森枪击案的大陪审团，在枪击案发生之前就已经形成，其组成人员的挑选与后来发生的事情没有任何关联。大陪审团整个审议过程严格保密，没有法官也没有律师在场，只有检察官和证人，由检察官提供证据，解释证据，并传唤证人。当大陪审团要投票决定是否对被告进行起诉时，检察官也不得在内。这是为了保证大陪审团成员能够排除外界干扰做出独立的判断。大陪审团在做出是否起诉的决定时采取多数原则，不必全体一致同意。在弗格森枪击案中，12名陪审员中至少要有9名陪审员同意，才能对威尔逊进行起诉。

如果一个案件，大陪审团决定不予起诉，但检察官有充足的理由和足够的证据，也可以说服法官起诉，但是，起诉的可能性非常小。

设定大陪审团机制，是美国立国的先贤们为了防止公权力这只凶猛的老虎肆无忌惮地伤人而竖起的一道防护栏。这些先贤深刻地认识到公权力在个人面前的强大与骄横，所以美国宪法第五修正案规定："无论何人，除非根据大陪审团的报告或起诉，不得受判处死罪或其他不名誉罪行之审判。"这样就把对一个人是否立案的权力交给普通老百姓，由他们按照自己的常识对事实进行分析，做出对这个人要不要进行起诉的决定。尽管这个机制并不那么完美，也不是无懈可击，但重要的是，它从根本上削去了公权力欲加之罪何患无辞的机会。

白人警察有罪否?

鉴于白人警察威尔逊枪杀黑人青年布朗一案的复杂性，大陪审团对此进行了长达三个月的审议。陪审员不只听取警察威尔逊的证词，还听取了60名目击者的证词，听取证词的时间长达70小时以上。其中三名法医的证词，更是陪审团所要听取的重要内容。

威尔逊向大陪审团作证说，当时他要求布朗走回人行道，布朗不但不予理会，还在他要下车的时候，用力将他的车门关上，并朝他脸上打了两拳。威尔逊拔出枪，布朗抓住他的枪说："你这个胆小鬼，根本不敢开枪！"在抢枪的过程中威尔逊在车内射出两颗子弹，其中第二枪打中了布朗的指尖。威尔逊说，在车外的时候，布朗对开枪显得异常愤怒，眼睛直瞪瞪地看着他，看上去就是决心要冲过子弹扑向自己。当他再次命令布朗投降而布朗却毫不理会地扑向他时，终于开枪将他击毙。威尔逊说，在开枪前的那一刻他曾在内心问自己："我应该开枪吗？"但最终还是扣动了致命的扳机。威尔逊说："如果我不开枪，他就会杀了我。"

但布朗的同伴作证说，布朗逃跑，威尔逊下车追赶，朝布朗背后开了一枪，之后布朗举起双手说"我没有武器"，但是威尔逊仍然开枪将他打死。

应布朗家人的请求，前纽约首席法医巴登到弗格森来验尸。到了8月17日，即布朗被打死后的第八天，时任司法部部长霍尔德下令联邦法医再度为布朗验尸。霍尔德是美国第82位司法部长，也是担任此项职务的第一个黑人。

验尸报告显示，布朗身中六枪，都是从正面射击的，并在布朗的体内找出三颗子弹，其余子弹穿过了他的身体。这证实布朗当时确是面向威尔逊，威尔逊从背后向布朗开枪的说法显然不能成立。而最终夺走布朗性命的那颗子弹是从头顶射入的。这虽然不足以证明布朗当时正冲向威尔逊，但至少可以证明，布朗当时并没有直身站立，举手投降。

根据检验结果，威尔逊的脸上有被打过的痕迹，肌肉受轻伤。威尔逊的枪上有布朗的DNA，在警车内外和威尔逊的身上也有布朗的DNA与血迹。威尔逊开的第一枪，子弹向着下方射击。这间接证明了在车内争夺武器的说法。

圣路易斯县的检察官麦卡洛克后来说：有些目击者的证词和其他人的证词相矛盾，有的证词与现场勘验及尸检结果不相符。布朗的手当时到底放在哪里，有的说高高举起，有的说双手垂下，证词前后不一。检察官说，一些证人后来承认，他们并非亲眼目睹，而只是听别人这么说。

法医巴登根据验尸结果说：证据显示布朗死前那一刻可能正向前冲，这成为威尔逊不被起诉的关键。

分析人士认为，布朗身材魁梧，身高1.93米，体重近135公斤。如果一个身材瘦小的人向警察逼近，那么警察开枪的合理性就会降低。

威尔逊的律师说：执法人员必须在瞬间做出艰难的决定，威尔逊是按照训练时的要求和法律规定行动的。

按照密苏里州的法律，警察在执法时如果感到自己的生命受到威胁，有权使用致命的暴力手段，包括开枪射击来保护自己。

由九名白人和三名黑人组成的陪审团经过两天多的闭门审议，最终认为，检方不具有对开枪杀人的威尔逊进行起诉的正当理由，决定不予起诉。

其实在弗格森事件发生不久后，美国司法部也同时启动了调查程序。司法部是从是否侵犯民权的角度来调查此案的。到了2015年3月，司法部的官员公布了调查结论。结论指出：没有证据可以否定威尔逊当时对个人安危担忧的证词，也没有可靠证词显示在威尔逊开枪时布朗曾举手投降。这个结论与大陪审团的裁决结果互为印证，基本一致。

对于司法部的结论，代表布朗家属的律师只是说：“不意外，但倍感失望。”

有罪无罪谁说了算

现在做一个假设：大陪审团对警察威尔逊枪杀布朗一案经过审议，做出决定，对威尔逊进行立案起诉。这样，威尔逊就被送上了法庭。那么，上了法庭的威尔逊，是不是一定就会被定罪呢？

大陪审团只是为嫌疑人设置的第一道防护栅栏。在这之外最为重要、也是必不可少的另一道栅栏，那就是陪审团，即小陪审团。在联邦法庭审理的死刑或重罪案件（可判刑一年以上的为重罪），联邦宪法规定必须由大陪审团来决定是否起诉，但是联邦宪法并没有对各州法庭审理的刑事案件做出规定，所以是否通过大陪审团来决定起诉，各州的做法不完全相同。有的州可以经由立法机构或所在地区的法庭决定是否设置大陪审团，或者某个案件无须经过大陪审团而直接由检察官提诉。然而对于陪审团即小陪审团，美国宪法第六条修正案这样规定：在刑事诉讼中，被告享有由公正的陪审团迅速和公开审理的权利。第七条修正案规定：在普通民事诉讼中，如果争执价值超过20美元，当事人就有权要求由陪审团审理。

陪审团与大陪审团的不同在于，它不但参与刑事案件的审理，也参与民事案件的审理。它不是审理一批案子，而是只审理一个案子，专案专审，审完解散。一般的案子大多几天就审理完结，有的则会耗费数周乃至数月。有些情节严重、案情复杂、知名度高的案子，可能还要把陪审员和外界隔离开来，以免他们的判断受到他人和舆情的影响。大陪审团是“暗箱操作”，而陪审团除了个别敏感案件（如涉及未成年人），全都公开进行，无论被审的人是一个小贼，还是一个高级官员。法庭在审案时，法官主持法庭秩序，现场有检察官和律师唇枪舌剑彼此交锋，被告、原告、证人出庭，法庭完全向公众开放，任何人出示证件都可以进去旁听。

陪审团如果做出无罪裁决，法官是无权推翻的。在司法实践当中，推翻陪审团做出的裁决是极其困难的，除非是发现了新的、之前没有提交的证据。相反，如果陪审团做出此人有罪的裁决，法官反而有可能推翻。这就是“宁可放走一千，也不冤枉一个”的思路，目的就是为了防止各种势力对个人的加害。

威尔逊在法庭上会不会被定罪，仍然不是由法官说了算，而是由小陪审团来裁决。只要全体陪审员一致认为，威尔逊当时开枪属于正当防卫，换句话说，只要在法庭上证明威尔逊“当时开枪属于合理”的所有证据真实有效、无懈可击，就会被陪审团裁决为无罪。

审慎的陪审员挑选程序

陪审团成员的挑选不但非常严格，而且程序繁杂。虽然检察官和被告的律师无权自行推荐，是由法官从抽签中产生人选名额，但检察官和被告律师都享有否决权，有权拒绝与所审案件有纠葛的任何人入选，有权拒绝任何有成见或有偏见的人入选。入选的人都须得到控辩双方的一致认可。假如弗格森案件走上法庭，在选择陪审团人选时，如果有一个候选人，曾经有过被白人警察殴打的经历，那么威尔逊的律师就会拒绝这个人入选，因为他可能会把对警察尤其是对白人警察的偏激情绪带到他最后要做的决定中来。

而大陪审团人员的入选则相对宽松。挑选大陪审团成员的方法，要么是在符合条件的候选人中用抽签方式确定，要么是由一名或数名法官从符合条件的候选人中用评议的方式选定。目前美国有42个州采用前一种方法，有6个州采用后一种方法。另外如科罗拉多州和内布拉斯加州采用二者结合的方法，即抽签选出40至50人后，再由法官评议确定正式人选。

小陪审团成员的遴选，是一项细致、审慎的工作，尤其是重要案件，要付出超常的时间和精力成本。

1979年5月25日，纽约市一个名叫艾坦·帕兹的六岁男孩第一次独自上学。他头戴棒球帽，背上小书包，兴高采烈地出门去搭乘校车。他的母亲站在窗口，目送孩子拐过一个街口，不料这竟成为生命中的永诀。帕兹的失踪拨动了当时整个国家的神经，帕兹那张咧着嘴开心在笑的照片张贴在纽约全城，并印在牛奶盒上进入千家万户。1983年，里根总统将帕兹失踪的这一天定为全国失踪儿童日。对这桩悬案的追索几十年来一直没有停止，35年后这个案子开始了法庭审理。

这个刑事案件有悬念却没有戏剧性。因为有被害人帕兹，也有犯罪嫌疑人赫尔南德兹，还有赫尔南德兹自己的口供录像和他的亲友的证词。检察官在起诉时曾说："嫌犯坦承自己曾在1979年谋杀了纽约一名男童，而且这一认罪重复超过了五次。听过他认罪表述的人包括他的家人、警方、检察官及精神病专家。"

这个案子如果放在有些国家，已经是一个铁证如山、难以推翻、完全可以定罪量刑的案件了。但问题在于，此案没有被害人尸体，没有DNA采证，没有街头现场录像。为了审理这桩悬案，法庭从纽约市曼哈顿区随机抽取出700多人作为陪审团候选人，最后又经过层层筛选，最终确定了7名男性和5名女性组成了12人的陪审团。这里面有地铁工作人员、时装店维修工人，也有建筑师、股票经理，代表了纽约市曼哈顿人群的一个横截面。

再比如2013年4月震惊中外的波士顿马拉松爆炸案，造成中国留学生吕令子在内的3人死亡和264人受伤，车臣裔哈尔·查纳耶夫在逃亡时又打死了麻省理工学院的一名校警，他的哥哥在追捕中被警察击毙。联邦法院为审理爆炸案制造者查纳耶夫，抽取的陪审团候选人名单多达3000人，然后再将1200位公民征召至法院，分成六个阶段筛选，每批200至250人，经过大约一个月时间才确定陪审团成员的人选。

陪审团的成员人数在联邦法院层面一般是12人。在各州法院的层面，也有少于12人的。在联邦法院系统及绝大多数州，无论是有罪的裁决还是无罪的裁决，所有的陪审员必须意见一致，只要有一个人持相反意见，法官就会宣布流审，然后需要选任新的陪审员，重新进行审理。美国只有少数几个州的法律规定，12个人的陪审团如有10人以上多数意见，也可以形成裁决。美国宪法的判例规定，陪审团人数最少可以减至六人。但是在重罪案件的审理中，如果陪审团是由六人组成，则必须要全体一致通过，否则属于违宪。后面将要说到的佛罗里达州马丁案，其裁决就是由六人组成的陪审团做出的。

2015年在对帕兹一案的审理中，检察官给陪审员提供了四个视频，包括赫尔南德兹自己的认罪供述和五个证人的陈述，以及赫尔南德兹曾向这五个证人袒露自己曾杀害一个男孩的经过。陪审团总计花了10个星期，听取了50多名证人的证词，这些证人包括被告的精神病医生、心理医生，以及另外一个嫌疑人约瑟·拉莫斯的证词。约瑟·拉莫斯因猥亵男童获刑，多年来他也是本案的重要嫌疑人。但是被告的律师抓住了赫尔南德兹几次认罪中，对一些细节描述的自相矛盾之处，认为其患有精神疾病，是本人杜撰了自己杀人的情节，并认为杀害帕兹的真正凶手可能是正在监狱服刑的约瑟·拉莫斯。经过长达17天的讨论，2015年5月8日，由12人组成的陪审团，其中11人投票认为赫尔南德兹有罪，但是有一人坚持其无罪。这样就无法形成裁决，这个案子于是流审。下次再审的话，就得如前面所说，重新挑选陪审团成员。

握有生杀大权

陪审团成员的任务仅仅是负责裁决事实，即确认所有证据是不是真实有效、无懈可击。法官的任务则是给已经裁决有罪的被告进行具体的量刑并下达判决书，就是说专业的事由专业的人来做。陪审团从不参与量刑的讨论。只有一种情况属于例外，那就是处于谋杀案件中的被告，在是否处以死刑的问题上，法官会要求陪审团成员提出自己的意见。

2012年7月20日，《蝙蝠侠前传之三：黑暗骑士崛起》在科罗拉多州奥罗拉世纪电影院上映。当时是科罗拉多大学神经科学系博士生的霍尔姆斯，头戴防毒面具，持多支枪向观众射击，造成12人死亡、70人受伤。2015年在法庭审理的三个多月中，陪审团听取了此案幸存者和遇害者亲属的证词，还有精神医师所做的霍尔姆斯作案时神智正常的证词，出庭作证者有200多人。7月16日，由九名女子与三名男子组成的陪审团一致裁定霍尔姆斯两项一级谋杀罪名成立。

但是到了8月7日，在对霍尔姆斯究竟应该判处死刑还是终身监禁的问题上，12名陪审员产生分歧，在进行了六个半小时的讨论后仍然无法达成死刑判决的一致意见，最后只能判处他终身监禁，不得假释。这个结果让霍尔姆斯逃过一死。在场的受害者家属听到这个结果后大呼不公，有人当场失声痛哭。

2015年审理制造波士顿马拉松爆炸案的查纳耶夫，由五男七女组成的陪审团在十周的时间里，检视了700多个证据，听取了1000多个证人的证词，最后经过14个小时的酝酿，所有陪审员在5月15日做出一致的裁决：将查纳耶夫处以死刑，执行方式为注射毒针。裁决虽出，但最终执行死刑还有很长的路要走。查纳耶夫的律师也已提出上诉，上诉过程将可能持续数年时间。

民事裁决同样“一手遮天”

作为美国公民，担任陪审员不仅是一种责任，也是一种义务。如果被法庭抽中，收到法庭的信函后置之不理，将会被处以不超过1000美元的罚款，或不超过三天的监禁，或要求去做社区义工，也可能以上几种兼而有之。如果进入陪审团后无故缺席，将会被以藐视法庭罪予以起诉。在担任陪审员期间，原工作单位必须照发工资，法院也会在听审期间给陪审员支付津贴，比如纽约给陪审员每天的津贴是40美元。

在刑事案件和很多民事案件的审理中，陪审团的出现并不是一个必选项。被告有权选择是否需要陪审团审理。若被告提出不让陪审团审议，经过法官和检察官同意，可以由法官来定案。比如2015年加利福尼亚州的一位华裔律师，因为通过电话与微信教唆到月子中心准备生孩子的华人孕妇证人逃回中国，并让证人删除信息以避免联邦探员取证，同时向她们收取了不菲的费用，最后被联邦检察官起诉。作为律师，他在权衡利弊之后选择不采用陪审团裁决的方式。2016年2月，法官判定这位华裔律师“试图干扰证人”“共谋妨碍司法”“妨碍提供给法庭及联邦探员证据”三项罪名成立，被判刑21个月。

在民事案件中由陪审团做出裁决的案例也很常见。2012年12月7日，一个名叫卡西拉斯的青年在洛杉矶骑自行车前往朋友家，一辆大卡车在右转时，卡车的后半部压到了人行道上，将正常骑行的卡西拉斯撞倒。车轮碾碎了他的左腿，造成左腿膝盖以下截肢。在法庭上，陪审团综合考虑各个方面的因素来决定赔偿金额，如卡西拉斯过去和未来的医疗费用，包括假肢更换费用，还有大学学费，对未来一生收入的影响，以及伤痛给他造成的痛苦和折磨。尤其是精神损失方面的赔偿数额陪审团成员争论不一。经过将近一天的审议，陪审团裁定大卡车所属的运输公司给21岁的卡西拉斯必须赔偿3380万美元。尽管被告的律师指责原告律师在精神损失方面提出数千万美元要价实在太过分，但是陪审团做出的裁决，法官不能不认可。

再看一个陪审团对华人旅行团索赔说“不”的案例。

2010年10月17日，一辆乘坐了10位中国游客的巴士从赌城拉斯维加斯前往大峡谷，行驶到亚利桑那州93号公路时不幸翻车。当时七位乘客被甩出窗外，其中两位死亡，一位后来截肢。由于华人旅行社选择的是没有配备安全带的车辆，旅行社及汽车制造商向伤亡乘客与家属达成825万美元的赔偿和解。与美国的其他类似案例相比，这个赔偿数额非常之低。受伤乘客与死亡乘客家属后来又把这辆巴士的经销商告上法庭，提出5700万美元的索赔要求。

2015年4月陪审团做出令华人失望的裁决：不予赔偿。陪审员认为：旅行社本应提供一辆有安全带的巴士但他们却没有这样做；经销商只是一个卖车的，既不是车辆设计者也不是安全决策者，与翻车事故没有任何关系；当时这辆车的状况符合交通法规，翻车原因是华人司机超速。

不被任何势力操纵的陪审团

美国是一个具有庞大司法及律师队伍的国家，却把如此重要的权力交给普普通通的老百姓来行使，难道律师和法官不比这些没有受过系统法律专业教育的老百姓高明？美国这种让一群可能不具备很高文化程度、不一定有很高社会地位、甚至对法律知识完全欠缺的人，来决定是否起诉一个人，来决定一个人有罪还是无罪，似乎有些匪夷所思。

不过当我们了解了美国这种司法制度设立的出发点，就不会感到奇怪。这就是基于证据对事实的判断。这个判断，不会因为一个人是否具备相关法律知识而改变。比如一个强奸杀人案的被告，监控录像显示案发当天他进入了这个小区，被害人中枪的子弹与他家里的枪支类型相吻合，被告曾经追求过被害人，也曾威胁过被害人，被害人家中也采集到了被告的指纹与相符的鞋印，但是，现场采集的DNA和被害人体内的精液却不是被告的。在这种情况下，被告及其律师只要合理地排除所有与其有关的怀疑，最后陪审员做出此人是否有罪的裁决，这并不需要高深的法律知识。

这个制度的设计者认为，所有的证据如果清晰无误、一目了然，常人的智力就足以做出是非判断。面对一个案件，如果检察官和律师都不能让身处审判现场，聆听证人证言、检视所有证据的陪审员理解和信服，那就意味着不可能让所有的人理解和信服。

尽管美国始终存在着对陪审团制度的种种指责与批评，在具体案例中，也确实存在极具煽动性的律师故意将水搅浑，力图把陪审员往既定轨道上引导的情形，但理性的人指出，它好就好在独立于司法系统，独立于任何政治势力，不受任何团体的操纵。因为司法裁决如果成为政治化、情绪化甚至街头化的产物，例如弗格森案，如果被所谓民意左右，将具有正当防卫权的警察送进监牢，即使暂时平息了骚乱，但国家将最终陷入无法治的混乱深渊。

陪审团制度是基于对公权力的不信任以及防范公权力滥权而设立

的。美国的立国先贤们深刻地认识到公权力的肆无忌惮与无孔不入。所以美国第三任总统杰斐逊这样说：陪审团制度在维护民主所起的作用上，比选举权还要重要。

的确，当一个普通人作为陪审员代替国家行使权力时，他们在那个时刻，地位确实是居于君王之上，就像弗格森大陪审团的成员裁决是否起诉威尔逊，位居一国之尊的总统也无权干涉，对于裁决结果，奥巴马纵然有异议也无可奈何。

过低的向上流动力

白人警察再度“逍遥法外”

在黑人青年布朗被白人警察威尔逊枪杀前23天，一个黑人小贩也被白人警察锁颈致死。甚嚣尘上的纷扰让纽约市史泰登岛一下子失去了往日的宁静。

史泰登岛是纽约市所管辖的五个行政区之一，人口最少，开发程度也最低。一条轻轨铁路贯穿全岛，一座50多年前建造的当时为世界第一长的悬索大桥，把它和布鲁克林区连接在一起。这里很多地方呈现出一派远离都市的悠闲气质，具有一种与世无争的自然风光。免费轮渡循环往复地来去曼哈顿，成为欣赏纽约城市天际线和自由女神像的最佳搭乘工具。

加纳案应该说简单明了，没有故事情节，而且有图有真相。

2014年7月17日这天，几个警察接到举报后前去逮捕贩卖走私香烟的黑人加纳。加纳拒捕，警察潘塔雷昂就用锁颈的方式将他制服。救护车抵达后将加纳送入医院，一个小时后加纳死亡。

当时23岁的奥塔刚好在现场，他用智能手机录下警察制服加纳的全过程，并将影像上传到YouTube网站。录像里面，加纳被警察锁颈扳倒在地上，表情无助、声音微弱地说：“我无法呼吸……”后来各地发生规模或大或小的抗议示威，“我无法呼吸”就成了抗议人群的口号和主打标语。

黑人男子奥塔在2015年2月11日也被逮捕了，而且是连同他42岁的母亲和25岁的哥哥被警察来了个一锅端。倒不是警察报复他，而是因为他常在河边走没法不湿鞋。奥塔曾因强暴、抢劫和攻击罪被警察逮捕过24次，他的哥哥这次是兜售海洛因，他的母亲则在家贩卖违禁止痛药。奥塔最近八次毒品交易行为均被卧底警察取得录音录像证据。

黑人加纳过往的经历同样有些拿不上台面。这位有四个孩子、年龄43岁的“前辈”，从1980年起，曾被纽约市警察局逮捕过30次，罪名包括斗殴、盗窃等。此事发生前，加纳因销售走私香烟、无证驾驶、藏匿大麻、假冒公职人员等罪名，刚刚被保释出来。

8月23日，有2500多人汇集到史泰登岛，从加纳遇害的地点出发游行示威。由于“游人”没有任何出格行为，现场没有任何人“可供”警察逮捕，因而这次行动受到警方的高度赞扬。

9月29日大陪审团开始审理加纳一案。大陪审团的23名成员中，有14名白人、5名黑人和其他4名少数族裔，都是史泰登岛的居民。大陪审团在九周时间内，听取了包括22名警察在内的50名证人的证词，也听取了实施锁颈的警察潘塔雷昂大约两个小时的陈述。

会不会又像弗格森那样，弄死了黑人的白人警察像没事人一样逍遥法外？

11月29日，黑人民权人士夏普顿，在位于曼哈顿的黑人社区哈莱姆的全国行动网总部宣布：倒计时已经开始。现场的人齐声呼喊：“没有公平，就没有和平！”夏普顿说：留给大陪审团的时间只有最后几天了。加纳的老母亲声言：“请给我们一个公正的决定，无论是数日还是数周，我们愿意等！”现场气氛表现出咄咄逼人之势。

案发两个月后的12月3日，大陪审团做出决定：不起诉白人警察潘塔雷昂，同时也排除了以其他罪名起诉潘塔雷昂的可能。

纽约州州长库默发表声明：虽然有人会不同意陪审团做出的裁决，但法律的程序应该被遵守。此外库默还建议，联邦机构应该就加纳案件进行进一步调查。

选择在12月3日公布这个决定，不能不说有关方面太缺乏危机意识。因为这一天是纽约人聚集在洛克菲勒中心那幢高耸入云的摩天大楼前面为圣诞树点灯的日子，是美国人心目中圣诞节开始的标志。从1933年开始举办隆重的点灯庆典，这个传统已经维持了80多年。

在大陪审团是否起诉警察潘塔雷昂的裁决公布之前，纽约市警方已经为可能瘫痪主要道路的示威活动做好了应对。时任纽约市警察总局局长布莱顿说：虽然人人都有权示威，但警察将逮捕真正的犯罪者，包括恶意破坏的人。

这天晚上时代广场挤满了人。示威者大喊“正义”“我无法呼吸”的口号，愤懑的情绪与现场的轻松欢快杂糅在一起，呈现出一种异常怪诞的气氛。50多名示威者来到中央车站，平躺在车站大厅的地面进行“装死”抗议。警察将他们团团围住，只是未采取任何行动。当晚围绕洛克菲勒中心的好多个路口，示威人群试图冲过警察的封锁线阻挠点灯仪式，但都被警察的力量所阻遏。警察一再警告，如果冲破路障前往点灯现场，将立刻予以逮捕。所幸整个夜晚有惊无险。

在洛杉矶市，来自黑人社区的几百名示威者身穿黑衣，于12月6日中午来到好莱坞大道的一个十字路口，呼喊“我无法呼吸”的口号，全部躺倒在地上进行“死躺抗议”，只是没有妨碍交通太久，在“别开枪”“街道是我们的”口号声中，随后起身和平解散。

旧金山响应全国示威，12月13日有几千人聚集到市政府大楼前抗议。市政广场周围的旧金山高等法院、政府大楼、市民大会堂和图书馆都有很多警察高度警戒防守。在游行期间，几千人曾一度在一条马路上“装死”抗议躺了五分钟。

对于大陪审团做出不起诉警察潘塔雷昂的决定，作为纽约市警察总局培训顾问委员会委员的莫虎发表了自己的看法。

莫虎祖籍广西，1960年移民美国。他曾担任纽约曼哈顿检察署副检察官和纽约市缉毒特别检察官八年，是曼哈顿检察署历史上的首位华裔。莫虎此后又担任纽约警察总局副局长，并兼任警察总局审判厅厅长，警察局内部的所有违规行为，都由审判厅厅长根据情节轻重，对当事人进行罚款、降职、调职、解雇、开除等处理。

莫虎分析加纳案时说，根据纽约现行法律，警察在逮捕嫌犯时，只要嫌犯有任何言语和行为的反抗，哪怕只是像加纳这样挥舞双手拒捕，警察都可以采取武力制服手段。至于采取何种武力，法律赋予了警察很大的空间。大陪审团之所以决定不起诉当事警察，是因为他们认定加纳当时是拒捕。

但莫虎也说，根据录像来看，当时有八名警察围住没有武器的加纳，加纳不可能对警察做出致命伤害，当警察从加纳背后锁喉擒拿，加纳倒地后连呼十几声“我无法呼吸”，但警察依然没有放手，这些都显示警察执法有过当之处。

分析人士指出，警察在实施抓捕的时候，嫌犯都必须听从命令而不得反抗，只要做到这一点，嫌犯只是被抓。至于是否犯罪，有待调查和审判，如果拒不听命进行反抗，警察有权使用暴力制止。体重350磅（约158公斤）的加纳无视警察的警告拒捕，迫使警察使用制服拒捕者的锁颈动作。按照纽约市警察局的规定，锁颈是禁止使用的，但是在纽约州却是制服逮捕对象的合法方式。法医认为加纳死因是窒息所导致，但气管和颈骨没有损伤，加纳的哮喘、心脏疾病和肥胖被列为死亡的影响因素。

葛瑞之死

加纳被白人警察锁颈致死，布朗被白人警察枪杀身亡，八个多月后，巴尔的摩市一个25岁的黑人青年又死在警察手中。

2015年4月12日，黑人葛瑞看到一个警察后不知何故拔腿就跑，于是遭警察围捕，被戴上手铐送进警车。期间他颈部严重受伤，送到警察局大约50分钟叫救护车送医。葛瑞在接受了手术后陷入昏迷，于4月19日死亡。根据尸检结果，葛瑞由于没有系好安全带，头部可能在警车刹车或急转弯时撞在了车辆的金属内壁上。

黑人在全美总人口中所占比例为13%。巴尔的摩是美国第24大城市，人口近63万，黑人约为全市人口的64%。因而巴尔的摩在美国属于“偏黑型”城市。

这里的警力有一半是黑人，市长、议长、警察局局长是黑人，逮捕葛瑞的警察也是黑人。理论上讲，巴尔的摩不应该是一个歧视黑人的城市。

在经过一周的和平抗议后，4月27日葛瑞的丧礼在仅能容纳2500人的一个教堂举行，但是前来参加仪式的几千人差点把教堂挤爆。主持告别仪式的牧师说：葛瑞不会白死，我们一定要继续游行争取正义。数小时后爆发了激烈的骚乱狂潮，一时令警方措手不及。

骚乱先是在距离教堂几条街之外的路段进行，接着就蔓延到了城西大部分地区。很多暴民头戴面罩，身穿连帽衣，手持球棒，成群结队向商店和警车投掷砖头石块，焚烧警车和店铺，洗劫商场里的现金财物，冲进酒庄抢了酒便当街痛饮。一个韩国人开的酒庄在打砸抢烧中损失殆尽、血本无归。一家药店被暴民纵火，当消防车赶来扑救时，消防水管却被割破。警察头戴钢盔，手持盾牌，发射橡皮子弹驱散人群。

马里兰州州长宣布巴尔的摩市进入紧急状态，实施一周宵禁，从28日晚10时持续到5月5日早5时。市长指斥暴民为恶棍，要求调集5000名警力支援。

此次参加暴动者，不少是帮派成员和学龄青少年，或二者兼而有之。帮派成员在此之前暂停了纷争，达成“一致对外”的默契，誓言干掉警察。一些学龄青少年则受到社交媒体上一封宣传信件的蛊惑，让他们仿效一部电影的情节，在一个购物中心集合，然后展开行动。

这天的暴动造成几十名警察受伤，有150辆汽车和19栋建筑被焚毁，200多家小商铺受灾而无法重新营业，超过250人被捕。

4月30日，纽约、费城、波士顿及首都华盛顿对巴尔的摩的抗议活动也发生不同程度的响应。纽约示威者发起多起集会活动，警察骑着摩托车、手拿警棍维持秩序，责令示威者走在人行道中，并逮捕了一些冲进主路的人。华盛顿约有1000示威者高喊口号，手持“停止种族主义警察的恐怖行为”的标语，一路走到白宫前抗议。西雅图的示威活动发生混乱，有16人被捕，3名警察受轻伤。加利福尼亚州奥克兰市在5月1日这天，一些民众打砸窗户、喷漆涂鸦并拒绝警方的解散命令，有10多人被捕。

5月1日，巴尔的摩市女检察官玛丽莲·莫斯比宣布：就葛瑞受到致命伤害一案，大陪审团已经以杀人罪和伤害罪起诉6名警察，3名是黑人，3名为白人。

数以千计的民众走上巴尔的摩街头载歌载舞，庆祝六名逮捕葛瑞导致其死亡的警员被起诉。但更多的示威者表示只有这些警员被真正定罪，才能彰显公平与正义。

在美国，从逮捕嫌疑人到取证、起诉、寻找证人，直到最后开庭审判和定罪，通常至少需要一年时间。

到2016年7月，葛瑞致死一案正式结案，被起诉的六名警察无一获罪。因为在此之前法庭已连续裁定三名涉案警察无罪。检方之所以放弃对另外三名警察的诉讼，是因为检方认为获胜的概率极低。轰动一时的葛瑞案就这样画上了句号。

穷人区不等于黑人区

这次巴尔的摩的游行示威，除了抗议警察暴力，还发出了很多与葛瑞案没有关联的声音，如：“没有工作！”“贫穷，钱不够用！”

巴尔的摩上了年纪的黑人记得，在20世纪60年代平权运动兴起之时，巴尔的摩交通繁忙，热闹非凡。在黑人区，除了平民居住，还有很多运动明星、政治人物以及大大小小的企业主，但是后来这里的情况慢慢地发生了变化。注重教育的黑人家庭，得益于优惠倾斜的政策，孩子进入大学受到优良教育，谋职于高薪行业，收入日渐丰厚，跻身中产阶级行列，于是纷纷搬离了黑人区。其中个别好学上进的黑人学子，也把离开黑人区、荣登高尚社区作为自己人生理想中的重要规划。这就造成剩下来的普通黑人难以受到优秀分子正面激励、缺少榜样力量的尴尬局面。现在的巴尔的摩穷人区，黑人青少年打架闹事、贩卖毒品、聚众扰民已是街头常有的景象。社区经济萎靡不振，区域治安愈加恶化，警民关系严重对立。这和美国所有治安混乱的穷人区有着高度的相似性：高贫困率，低就业率，高犯罪率，低教育程度，毒品泛滥并充斥枪支暴力。

平权运动始于20世纪60年代中期。美国国会于1964年通过了《1964年民权法案》，并在此基础上制定了一系列统称为“平权法案”的法律。平权法案就是对一部分人消除不公平对待、从而达到平等的一种措施。这“一部分人”指包括黑人在内的少数族裔及妇女，措施就是在教育、就业、企业竞争等方面不但一视同仁，而且在特定情况下还给予优先照顾，包括设定入学的种族配额与选举的性别配额。平权法案废除了各式各样的种族隔离政策，禁止任何场所因种族原因而出现任何歧视，所有对黑人和其他少数族裔与妇女的歧视性作为均属非法。平权法案结束了美国自立国以来的黑白种族隔离政策，被认为是人权进步的里程碑。1968年4月，在马丁·路德·金被暗杀六天后，美国国会通过了《1968年民权法案》，又从法律上给予包括黑人在内的少数族裔自由挑选住宅的机会，任何人买房、租房如因种族原因遭到拒绝时可向住房和城市发展部提出控告。

现在的美国，已经很少有严格意义上的白人区和黑人区，只有富人区与穷人区、收入较高区域和收入较低区域、治安好的区域和治安差的区域之分。好区里有白人，也有黑人和其他有色人种，差区中不全是黑人，也有拉美裔、亚裔甚至白人。

根据总部位于首都华盛顿、美国著名智库之一的布鲁金斯学会的研究，近年来全美“黑白分明”的城市，排名第一的是威斯康星州的密尔沃基市，排第二是纽约市，排第三是芝加哥市。以芝加哥为例，以白人为主的居住区域，从2000年高居79%的比例，已经下降到2014年的71.5%。白人迁居后，有很多黑人、拉美裔和亚裔迁入。芝加哥原来黑人居住的区域，从2000年高达72%的比例，下降到2014年的64%。黑人迁出后，很多拉美裔又接踵而至。

后顾无忧的穷人

骚乱、高犯罪率总是出现在穷人区，这已是无可争辩的事实。但穷人与其他人相比穷到什么程度，以及穷人的境遇到底如何，却是一个富有意味的话题。

如果你在都市街头看到很多年事已高的老人，身边总有一个五六十岁妇女陪护，要么搀扶着漫步，要么推着轮椅走动，可能会为中华孝道在异国的弘扬光大而感宽慰。被陪护的人中既有黑人也有拉美裔，有亚裔当然也有白人。其实这些妇女很多是护工，并非老人的亲人或子女。很多年过半百、不懂英语、通过各种方式移民到纽约、洛杉矶、旧金山的华人尤其是女性，从事护理工作已经成为他们获取收入的主要职业。这里的法律并没有规定子女赡养老人的必须义务，相反的是，位于美国西部的加利福尼亚州竟然还出过一个“子女有权探视重病父母”的法律。

凯西·格森是美国广播音乐排行节目的传奇人物。从1970年到2009年，他每周的音乐排行榜节目吸引着千百万听众，在巅峰时期他的节目曾在50多个国家超过1000家电台播放。

凯西·格森1972年结婚，生养了两女一男。1980年他第二次结婚，妻子小他23岁，生了一个女儿。后来在他病情危重之际，妻子切断了凯西·格森与三个子女的联系，并把凯西·格森从加州转到华盛顿州。后来被大女儿找到，大女儿一纸诉状将继母告上华盛顿州法院。由于法律赋予配偶全部处置权，妻子不顾丈夫生前有葬在加州的遗愿，坚持要把丈夫葬在自己的母国——挪威首都奥斯陆，似乎是死了也不让丈夫落入他的三个子女之手。

凯西·格森子女的遭遇吸引了成千上万民众的关注和同情，一些人诉说自己也曾有过近似的惨痛情形，说父母在弥留之际，儿女不但见不了一面，甚至一无所知。有鉴于此，洛杉矶民主党参议员加托提出了一个法案：给予成年子女探视重病父母的权利。2015年7月14日加州州长布朗正式签署这一法案。该法律规定：法官可裁决成年子女可以通过探视、电话、电邮与病重的父母联系，如果父母去世，看护父母的人有义务通知子女。

上面说到的被陪护的老人，其中不少是低收入者。低收入者的护理，甚至包括一些因中风而半身不遂者的护理、伺候和诊疗，其开支费用皆由社会福利保障系统来支撑。

美国的公立中小学一律免费，穷人的孩子还享受免费的早餐和午餐。免费午餐的规定始于1946年美国国会通过的《全国学校午餐法》，当年杜鲁门总统签署以后就成为联邦法律，由农业部负责全面实施。到了1975年，早餐项目也成为固定项目。项目的经费由联邦政府资助，符合资格参加该项目的是公立、非营利性私立中小学以及托幼机构。比如在2013至2014学年，三口之家年收入在2.539万美元以下的学生可以享受免费早午餐，而三口之家年收入超过2.539万美元但又在3.613万美元以下的学生，可以享受低价早午餐。只要有收入证明或报税记录，即使是非法移民家庭的孩子，也享受同样的待遇。

卡托研究所是位于美国首都华盛顿的一个智库，它的成员都是学界知名人物，包括诺贝尔经济学奖得主弗里德里克·哈耶克、詹姆斯·M.布坎南和弗农·史密斯。卡托的研究人员坦纳在2013年8月发布了一份有关美国社会福利的报告，认为在美国最慷慨的八个州中，社会福利相当于时薪20美元，远远超过绝大多数州的最低时薪7.25美元，拿社会福利明显要比出去工作“赚得多”。因为联邦政府的社会福利和补助是根据收入情况发放的，包括粮食券、住房补贴、受困家庭临时补助以及免费医疗救助，多个救助项目的福利相加，往往超过工作所得的薪水。

坦纳的数据分析指出：2013年度高福利排名的州分别是夏威夷州、华盛顿哥伦比亚特区、马萨诸塞州、康涅狄格州、罗德岛州、纽约州、佛蒙特州、新罕布什尔州和马里兰州。巴尔的摩就是马里兰州的最大城市。坦纳以马萨诸塞州为例来进行分析：领取福利的家庭每年可获得4.2515万美元的收入，高出许多教师、软件工程师的起薪，而马萨诸塞州家庭收入的中位数是4.2723万美元。工作的人如果要想达到那些领取福利过生活的家庭的同等水平，就要赚取税前收入至少5.054万美元的家庭收入。这样一来，工作反而比不工作更穷。这份报告使得马萨诸塞州的福利政策一时质疑声四起，成为众矢之的。《波士顿先驱报》发表了数篇言辞激烈的文章，指现行的福利制度存在很多漏洞，引发浪费甚至欺诈，矛头直指州长帕特里克，指责麻州成为不劳而获者的天堂。

坦纳的研究报告所采用的方法，是以一位单身母亲带有两个一至四岁的孩童为样本来计算的。坦纳表示，如果人们知道她们不结婚，但有一个孩子就可以从政府那里得到钱；如果他们不工作，会得到更多的钱，那结果会怎样？会有更多的非婚生子，更多的人不去工作，因为他们不傻，苦的是勤勤恳恳辛苦劳作的纳税人。

黑人少女母亲

华裔社会学者龚小夏博士的《警察枪击案背后的黑人种族困境》一文，有过如下描述：

20世纪60年代末，黑人社会学家Joyce Ladner到圣路易斯的黑人贫民窟访问了一批十几岁的母亲。她后来的成名作“Tomorrow's Tomorrow”（《明天的明天》）就是基于这些访问写成的。在书里，她描述了这些已经为人之母的少女为子女设计的梦想：她们希望孩子长大之后能够好好读书，找到稳定的工作，或者是经商从政。Ladner得出结论说，黑人与白人的梦想其实没有什么区别。二十年之后，她再次回到同一个社区，访问二十年后的少女母亲们，结果令她大吃一惊。Ladner发现，在种族平权运动过去了一代人之后，少女母亲们的梦想变了——她们中许多人觉得，孩子长大以后，和自己一样不工作、吃社会福利并没有什么不好。Ladner哀叹道，平权运动与国家福利看来还是有许多负面效果的。

这篇文章还写道：2010年的数字显示，每1000名十几岁的黑人少女中，就有117人怀孕，其中52人当了母亲。

美国福克斯新闻频道（FOX）在2015年5月报道：在过去的五年中，巴尔的摩市得到联邦政府18亿美元的经济补助，其中最贫穷的中部城区得到8.38亿美元，当中4.67亿美元用于教育，2.06亿美元用于环保，2400万美元用于家庭协助，5000万美元用于交通。

总部设在首都华盛顿的传统基金会是成立于1973年的一个智库，其分析师瑞秋·谢菲尔德对奥巴马扩大社会福利的政策提出强烈批评，指责奥巴马政府使得民众无心去找工作，使得那些领取福利的人根本不想从公共援助中跳出来。

加州大学伯克利分校的劳工研究教育中心在2015年初公布了一份研究报告。这份报告分析指出：联邦政府以及各州政府为了补助低收入家庭，每年的支出高达1530亿美元。其中加利福尼亚州每年达到37亿美元，纽约州30亿美元，德克萨斯州20亿美元。政府的主要社会福利包括老人、儿童、残障人士和低收入者的医疗补助计划、家庭紧急救助计划、粮食券等。这部分的支出全部由纳税人承担，也就是拿高收入人群的税收收入来补助低收入者和弱势人群。

这次巴尔的摩骚乱中，一位年龄并不很大但生育了六个孩子的黑人母亲，当她从电视上认出自己16岁的儿子也参与其中，立刻上街找到儿子，狂扇耳光紧追不舍叫他回家。这个黑人妇女因而被一些网友誉为年度母亲。但有人同时反唇相讥揶揄道，如果一个把孩子从骚乱现场扇回家的妇女被誉为年度母亲，那么教育孩子遵纪守法并走在正道的黑人妇女就可以誉为世纪母亲，至于孩子考上名牌大学的黑人母亲简直可以称得上圣母了！

还有一个黑人母亲，她18岁的儿子先前就有盗窃打架的少年犯罪前科，正在服缓刑，但这次在巴尔的摩骚乱中依然勇气不减，事后还把砸车的照片贴上脸书，宣称“我不会住手，我不在乎坐牢”。这个母亲在劝儿子自首后又感到后悔。因为儿子投案后，法官判定若要保释，须支付50万美元的保释金。“这么多钱，怎么负担得起啊！”他的母亲一脸愁云，连连哀叹。

美国智库布鲁金斯学会调查全美50个大都会城市的贫富不均状况，巴尔的摩市排名第12位。但哈佛大学在2014年所做的“向上流动力”调查中，在各大都市里巴尔的摩几乎垫底。

首位踏足美国监狱的在任总统

监狱人满为患

奥巴马是美国历史上第一位踏足美国监狱的在任总统。2015年7月16日，奥巴马走访了俄克拉荷马州的一所联邦监狱。

美国是发达国家中犯罪率最高的国家之一，拥有全球最高的监禁率。暴力犯罪特别是使用枪支实施暴力和凶杀的犯罪率都高于其他发达国家。

美国监狱不仅人满为患，而且开支庞大，维持监狱系统每年花费纳税人800亿美元。单拿死刑案例来说，美国为了减少冤假错案以及保障被判死刑者的权利，投入了巨额的司法成本，一个案子往往一拖数年，司法程序繁琐。检方如果要和被告律师博弈并取胜，花费高达50万美元以上。虽然目前美国有31个州、联邦政府及军队保留了死刑法律，但被判死刑的人有多重上诉程序。康涅狄格州最高法院在2015年8月13日宣布死刑违反宪法，通过了彻底废除死刑的法律。但即使在死刑没有废除的时候，康涅狄格州自1969年以来也仅执行过一起死刑。加利福尼亚州从1978年恢复死刑，但只处决了13名死刑犯，在狱中自然死亡的远多于被处决者。因为司法争议，加州从2006年起没有处决过死刑犯，死刑犯的人数已经从2006年的646人上升到2015年的751人。在戒备森严的联邦监狱囚禁杀人犯，每年人均约需7.5万美元，包括囚犯的餐饮费、医疗费、监狱管理人员和监狱设施等方面的费用。但是这一切和起诉、审理期间动用大量社会资源的花费相比却又微不足道。

奥巴马在俄克拉荷马州的这个监狱说："美国占世界人口的5%，但我们监狱人口是全世界囚犯的25%。"奥巴马认为，过分严厉的判刑多数与毒品相关，导致了美国监狱人口暴增。他敦促国会今年进行司法改革，缩减非暴力犯罪的量刑。但也同时强调：暴力犯罪分子必须坐牢，这样才可以保障美国社区的安全。

美国国会前众议院议长贝纳也说过这样的话："美国的监狱里有很多不该关押的人。我一直认为我们的刑法体制需要改革，说实话我们的监狱里一些人被关押的理由并不充足。"

一不小心就被"严刑峻法"

美国的确是一个严刑峻法的国家，一些在其他国家要么没人管、要么忍忍也就算了、要么根本不值得大惊小怪的事，在美国就会摊上大事，甚至蹲上大牢。2015年热传的中国小留学生殴打折磨同学的事件，其中三人分别被判刑6年、10年和13年监禁就是最明显的例证。

加利福尼亚州橙县一个华人男性按摩师，被四名女性控告在按摩过程中不恰当地碰触她们的胸部、臀部及私处。这种比较难以取证的案件，后来仍被判入狱370天及三年缓刑，并强制要求终生登记为性侵犯者。

一个人养了100多只兔子，但因为放在极其肮脏的环境中圈养而被动物保护组织的维权人士举报。被捕后检方对他提出虐待动物的控罪，被判半年缓刑。

一名华人男子因为强行和妻子发生性关系而遭妻子报警。在华人的传统观念中不存在夫妻之间强暴一说，但婚内强暴在加利福尼亚州却是一项重罪。该男子被判两年监禁。因为他不是公民，仅是绿卡持有者，出狱后将被遣返母国。

出于食品安全的监管目的，捡拾贝类必须是在经过认证的水域进行。有人深更半夜在没有认证的水域以赚钱为目的捕捞贝类，遭执法人员抓获，被控以“未持有捕贝执照”的罪名逮捕，除被罚款1000美元外，又判一年缓刑。

2015年6月，俄亥俄州的一个女子坐霸王车30英里（约48千米），到了目的地拒付车费。在法庭上法官除了判她支付100美元车费外，还做出一个二选一的判决让她选择：要么坐牢60天，要么在48小时内行走48千米路再外加四个月缓刑。女子选择了后者。

一名中国留学生在学习与生活上背负了很大的精神压力，在与一个中国女生同居期间，两人买了一条小狗，以图缓解生活中压抑的气氛。但由于天长日久的矛盾积累，一天这个男生在争吵中殴打了女生，并借狗撒气，将小狗打至骨折伤残。当男生带狗到动物医院后，医生感觉异常就报了警，男生于是遭到逮捕。检方指控这名中国留学生家暴及虐待动物等五项罪名，提出七年刑期的判决诉求。动物保护协会的40多名代表也一哄而上到法庭旁听要求给予重判。2015年6月30日，由于家属所请的律师辩护得法，法官考虑到中国留学生后来的悔过表现和勇于承担责任的态度，判处他一年有期徒刑，五年缓刑。除此之外，他还得偿还动物医院治疗小狗的全部费用，并且在此期间不得接触任何动物，还要参加为期一年的“虐妻干预”指导培训。根据动物保护的相关规定，他在未来十年之内都不得拥有任何动物。尽管如此，检方对这个判决仍不满意，事后发表声明说：这是一个懦夫粗暴的行为，他残忍地对待一个脆弱的女人和一只可怜的小动物，我只能希望他在监狱的日子里逐渐明白，他的罪行是多么可耻。

引发争议的“47号法案”

加利福尼亚州希望改变这种高入狱率的状况。2014年11月4日，加州选民进行几个法律提案的公投。其中第47号法案，将六类非暴力重罪，包括小额盗窃、伪造支票、个人用途持有毒品等修改为轻罪。这个法案要求把通过减少囚犯节省下来的经费用于公共教育、戒毒计划、精神疾病治疗及协助受害人服务等项目。

支持法案的人认为：释放轻罪囚犯可节省经费，因为关押一名囚犯每年需花费六万美元，而一年为一名学生只花费9000美元。加州狱政系统的花费远远超过了加州大学系统和州立大学系统的费用。

而反对者认为，如果47号法案获得通过，加州将成为全美第一个不再对这些轻罪和非暴力犯罪判处重刑的州，这可能会给社会治安带来威胁。依照此法规定，原来为重罪的入室盗窃，如果涉及金额不到950美元，则不能够将其逮捕，这会让窃贼有恃无恐。

第47号法案还是以59%比41%获得了通过。

2015年7月8日，洛杉矶市警察局公布第47号法案通过之后上半年的犯罪统计，结果暴力和财产犯罪案增长了12.7%，其中单是暴力犯罪率上升了20.6%，是最近十年来首次增长。市长贾西提和警察局局长贝克都说：经过12年的直线下降，全市犯罪率上半年首次上升，这应该与47号法案有关。

洛杉矶县是美国人口最多的县，涵盖洛杉矶市，人口接近1000万。对此警察局局长麦克唐纳神情凝重地表示，过去10年我们减少了犯罪，许多领域的犯罪统计50年来都是低点，但是去年11月通过47号法案后，忽然犯罪率显著上升。

占榜首的黑人犯罪率

在47号法案通过之前，每年有四至六万人因为这六类犯罪被关进监狱，其中多数为黑人和拉美裔。

拉美裔人口中，墨西哥人所占的比重最大，因而就有了特朗普在2016年竞选总统时惊世骇俗的言论："美国已经成了人人乱丢的垃圾场。墨西哥输送人口时没有送来第一流的。他们带来了毒品，带来了犯罪。他们是强奸犯。不过也有一些人我认为是好的。”如此极端的言论，特朗普自然招致很多墨西哥人的诅咒。但是，黑人和拉美裔占据了美国犯罪率的榜首却是不争的事实。

黑人男性的在押率是白人男性的六倍，是拉美裔男性的三倍。有人曾这样说：美国的高犯罪率族裔，第一是黑人，第二也是黑人，第三才是拉美裔。

2014年9月苹果手机iphone6刚刚发售，很多人排队购买，不是为了自用，而是拿来倒卖。犯罪嫌疑人瞄准华人囤积苹果手机准备大赚一笔的心理，使出比华人来钱更快的绝招：持枪抢劫！

纽约一个华人男子和所雇的十几个人，辛辛苦苦通宵排队，终于买到14部手机。当他筋疲力尽回到位于布鲁克林的家门口，正准备拿钥匙开门，忽然感觉身后有人，回头一看是两个黑人青年男子。其中一人拿枪对准他，另外一人伸出右手，四个手指向里划拉，做出“把背包交给我”的手势。华人哪敢争执，只得把背包递给他们。拿了东西，两人撒腿就跑，转眼没了踪影。

另一个华人男子把购得的手机放到分类网站上加价售卖，有人和他联系并讨价还价，随后约好晚上11点在华人家门口见面。华人男子住在纽约市皇后区一向清静的白石镇。两个拉美裔男子如约来到，就在付款之际，这两个拉美裔男子拿起打包好的十几部手机转身就跑。华人青年不肯罢休，一边狂喊一边猛追。这两人显然不是吃素的，其中一个掏出手枪，回头向华人青年连开两枪，然后跳上事先停在路边的汽车逃跑。华裔男子两臂都被击中，所幸没有生命危险。

在纽约乘地铁，手机被抢虽不是司空见惯，但也不时发生。不少华人青少年或女性，由于专注看手机或玩游戏而被黑人青少年抢夺得手。有的是在等车的间隙被抢，等回过神来只看见一个跑远了的身影。有的是坐在车厢门口，在车门闭合的瞬间被夺走。更有甚者，一次有个华人女子夜晚在站台刚拿出手机，两个黑人青年一左一右站到她身后，勒令“交出手机，否则将你推下站台”。他们强劲的体力、敏捷的身手、飞一样奔跑的速度让人猝不及防。

芝加哥市的第九警察分局负责唐人街一带的治安。在2014年7月初，警局通过媒体发布提醒讯息：一是不要把贵重物品放在汽车内显而易见的地方，二是若发现有人沿着停靠在路边的车辆边走边看，就不要犹豫马上报警。

过去砸破汽车车窗盗窃财物，大多发生在小街暗巷或行人稀少的地段，时间也多在傍晚或黑夜时分，且主要针对外州车牌。后来蔓延到人口稠密、人车繁忙的唐人街一带，而且是在光天化日之下进行。这些人动作快，平均不到10秒钟就完成砸窗盗窃钱物的全过程，并且无论对本州还是外州车辆“一视同仁”。在警方发布这条提醒讯息前，至少平均一天一起。根据过去的破案记录，涉案嫌犯九成以上是黑人。

祖籍广东潮州、后来从柬埔寨移民美国的黄姓华裔，四年前在南洛杉矶开了一个炸鸡甜圈圈店。只因华人聚居区生意饱和，就选择了治安差的黑人聚居区。一家人轮流上班，小小的店面只有一张小方桌，以靠外卖为主，是典型的家庭生意。2015年1月13日，家里排行老三、年仅29岁的儿子上班，一个黑人进来抢了收银机里的钱就跑。血气方刚的儿子追出去，不料被黑人拿刀当街刺死。尽管两天后那个37岁的黑人就被抓获，但一个年轻的生命从此永远消失。

刘锋是北卡罗来纳大学教堂山分校的教授，是知名药学家，专门从事基因治疗药物的教学和研究，在抗癌药物领域十分有名，而且著述颇丰。2014年7月23日，刘锋教授照旧在饭后散步半小时。这所知名大学的周围居住的多是白人，治安向来很好。然而不幸的事还是发生了。两名黑人在抢劫刘锋时用石块重击他的头部，导致刘锋在第二天上午医治无效身亡，年仅59岁。

警方根据现场目击者的举报，当晚就抓获了这两个凶嫌。一个23岁的黑人，曾多次盗窃民宅，6月底才假释出狱。另一个27岁的黑人，曾因伤害他人和非法持枪等罪名被判入狱，还身背入侵民宅、盗窃、诈骗等指控，将在8月11日受审，正处于开庭前的保释阶段。两人均被控一级谋杀罪。一级谋杀罪的最高量刑在北卡罗来纳州是终身监禁。

低龄化犯罪触目惊心

黑人族群犯罪的低龄化，是美国社会一个严重的社会问题。透过几起华人遇害案，除了看到凶手的冷血，也透射出黑人青少年在成长过程中父母的严重缺位。

2014年8月5日在旧金山访谷区，一个华人女子走向自己的车，准备开车上班。这时从近处的公交车下来三个黑人青少年，迅即抢走了她手里的皮包。可是他们得手后跑了几步又折返回来，对着华裔女子连开几枪。

这几个黑人所持的是BB枪，这种枪的子弹一般都是由钢珠或塑料珠制成。

几天后这三个黑人被抓获，年龄分别为16、17、18岁。但当时两颗子弹打进了华裔女子的脸颊，给容貌造成了终生创伤。这使得从警多年的执法人员也无法理解凶嫌的动机，为何如此残忍。

2015年4月23日，一个来自福建的49岁华人在宾夕法尼亚州的费城送外卖，当从公寓楼走出来时，有两个黑人少年尾随着他准备实施抢劫。当华人上了自己的丰田小汽车启动行驶之际，这两个少年向汽车连开12枪，车辆失控撞到了电线杆上，华人送医抢救后不幸身亡。凶手抓获以后让人大感意外的是，两人年龄一个仅14岁，另一个仅15岁。根据宾夕法尼亚州的法律，只要凶杀案涉及人命，无论涉案者多大年龄均按成人法办。如果杀人罪名成立，最低也会被判处终身监禁。

洛杉矶市南加利福尼亚大学，攻读硕士的中国留学生瞿铭和吴颖这一对恋人，在2012年4月11日的雨夜坐在车中说话，被两个黑人青年——20岁的巴恩斯和19岁的博尔登射出的三颗子弹夺走了生命。两个凶手在2014年被判终身监禁。

然而，凶手博尔登在狱中对同监的关押者以轻松和炫耀的口气说：

“砰砰砰！只不过就这么回事。”并在审判时面露笑容。法官在发表判决感言时无不沉痛地说：“这是我职业生涯中遇到的最令人悲伤的案件之一。”他痛斥博尔登：“面对你给别人造成的噩梦，怎么能笑得出来？”

纽约市曼哈顿68岁的华人阮文辉，2014年5月在晚饭后送两个小孙女回到她们家中，自己就慢悠悠地散步回返。这时21岁的黑人丕犹从背后绕到阮文辉的前面，截住他索要钱物。阮文辉摊开手又摆一摆，表示自己没有钱。丕犹于是怒不可遏抓住老人往墙上推撞，接着出拳砸向老人的头颅，在老人倒地后再往头上猛踹三脚，然后若无其事扬长而去。阮文辉在送医第二天就离开了人世。

丕犹在打死阮文辉前几天，还袭击过至少五个人，每次出手都极其残忍。2015年9月24日陪审团裁定丕犹二级谋杀罪名成立，被法官判处25年至终身监禁（服刑20年可以申请假释）。当法庭播放丕犹施暴的录影场面时，连一向见多了作恶之人的狱警也忍不住摇头叹息。

丕犹生活在高犯罪率社区，小时候父母离异，他从来没有受到过良好的家庭教育。虽仅21岁，丕犹却有两个孩子，只因有了孩子，可以享受更多福利，他也从不出去工作，对孩子更是不闻不问。丕犹的父母对自己的孩子如此，丕犹继续如此，而丕犹的子女，以及“丕犹们”的下一代又会怎样？

有学者研究，从1965年开始，黑人非婚子女的比例逐步上升，至2010年，72%的黑人婴儿是由未婚母亲生育的。家庭结构的破坏所导致的经济上的不平等，已经成为社会治理者所面临的严峻课题。

美国有一只脚还停留在过去

“枪林弹雨”挡不住

《2014年胡润中国投资移民白皮书》公布：中国人最想移民的国家是美国和加拿大。美国和加拿大作为中国投资移民的首选国家，分别占52%和21%，尽管加拿大在2014年已经停止了投资移民计划。中国富豪最向往的移民城市是美国的洛杉矶、旧金山和加拿大的温哥华，其次是美国的纽约、西雅图和加拿大的多伦多。这份白皮书显示，教育品质、环境优良和食品安全是中国高净值人群想移民的最主要原因，其比例分别为21%、20%和19%，其次社会福利的因素所占比例为15%，医疗水平为11%，资产安全为8%。

2014年洛杉矶经济发展局的经济学家谷艾勒说：中国投资者在洛杉矶的投资金额过去五年翻了一倍，已经成为洛杉矶主要的海外投资者之一。

美国投资移民申请绿卡的金额最低是50万美元。美国在2010年一共发放1885个签证。到了2013年，投资移民签证数量大幅增加到8564个，短短四年，增长了四倍多。到2014年，还没到财政年度结束的9月30日，一万个名额就在8月1日前已用完。2015年更是重力加速度，刚到5月1日，一万个投资移民签证就已提前用完。根据美国有线电视新闻网的数据，近两年中国申请人在美国的投资移民计划中占到了80%的份额。

美国是个枪支泛滥的国家。这么多人前往美国，似乎忽略了美国的“枪林弹雨”问题。莫非他们都有刀枪不入之功?

为何感觉很安全

在纽约市东南，有一个从纽约港伸入大西洋的狭长岛屿，长约190千米，宽约20至30千米，向北与康涅狄格州和罗德岛州隔海相望。这就是媒体常常提到的长岛。

长岛苏福克县有一个叫做劳埃德港的地方，普通警察的年薪18万多美元，是纽约市警察的两倍多。警察局局长的年薪28万多美元，超过纽约市警察总局局长20.5万美元的年薪。并非因为这里的警察能征惯战、克敌制胜、无坚不摧，而是截止到2015年底，14年中这里没有发生过任何谋杀、强奸和抢劫的罪案。在这里住了30年的一位律师说，由于犯罪率低，仅有的12名警察恪尽职守，居住在这里的家庭平均年收入高达59万美元，大家心甘情愿出更多的钱，让警察更好地维护治安，以享受路不拾遗、夜不闭户的宁静生活。

有人会问，歹人们为什么不到这么肥沃的地方来“掘矿”？其实在美国，犯罪不但讲究“地缘经济”，还讲究“批发量”，越是在治安有序的区域，越做不到“批发”，连“零售额”都上不去。至于像毒品交易，非法枪械交易，都在“圈子”中进行。当圈子发生重合，就会出现帮派火并。穷人区治安混乱多源于此。美国的穷人区多在城市中心地带，富人区多在城郊。美国的犯罪率随着地理位置的不同存在着巨大的差异，有些司法管辖区几乎没有严重的犯罪案件。这就是为何有人感叹“美国犯罪率很高，却感觉很安全”的原因。

Airbnb中文翻译为“爱彼迎”，是联系旅游者和家有空房出租的房主的一个服务网站，用户可以在上面发布、搜索度假房屋租赁信息并完成在线预定。它的总部设在加利福尼亚州旧金山市。

在很多治安良好的区域，一些旅游者在Airbnb的网站预定好房间之后，背着行囊径直来到房主的家中。主人可能不在家，门也没有上锁，有的只是把钥匙放在门前的花盆里。旅游者待住宿日满之后，拿上行李，拉上房门就可离去。

2015年6月的一个晚上，一部真人版的警匪追逐大戏在纽约市皇后区上演。一部白色的小货车在前面飞驰，警车警灯闪烁、警笛大作，紧随其后穷追不舍。几架直升机同时出动在空中盘旋搜索，射下的光柱撕破层层夜幕。警察地空联络，空地一体，远处准备堵截。白色的小货车在狂奔中先撞了一辆正常行驶的黑色丰田车，后又撞了一辆灰色丰田车，然后失控跃上人行道，飞过一户人家门前的草坪，直扑这个民宅的砖墙，随着一声巨响这才戛然而止。

先前，三个黑人青年头戴面罩，手持仿真手枪，在一个通讯商店内准备实施抢劫，忽然发现已被报警，便驾车逃跑。现在车已撞毁，三人下车分头逃窜。不过仅仅几分钟之后，有两人当即落网。其中一个故作镇静走进餐厅佯装点餐，被赶来的警察擒获。

餐厅老板说，这一带治安一向很好，十多年没发生过什么事。

被撞墙的屋主在惊恐之余看着警车、消防车、救护车停在这里，说自己在这个宁静的社区住了十多年，第一次遇到这样的场景。

同样是皇后区，2015年在华人聚居的法拉盛东北部，发生歹徒冒充警察入室抢劫的事件。两个20多岁的白人男子先是在华人屋主放松警惕之际进入家门，然后给屋主戴上手铐，接着以枪威胁，抢走现金后逃跑。住在附近的居民听说后颇为震惊，一名意大利裔男子说在这里住了20多年，从来没听说发生过这样重大的罪案。

暴力之城芝加哥

2015年7月美国独立日的三天假日里，伴随着烟花冲上夜空的轰鸣，芝加哥有10人在枪击案中死亡，55人受伤。而在2014年的独立日，枪击死亡人数达到14人，有82人受伤。

芝加哥在美国享有暴力之城的“美誉”久矣！

2015年独立日被枪杀的人里有一个年仅七岁的黑人小孩，他的名字叫布朗。当时老布朗听到枪声还以为是节日放烟花的礼炮声。原来，与老布朗结怨的黑帮派出的杀手，不知是因为紧张还是技法欠缺，无辜的儿子被当场打死，妻子被打伤，劣迹斑斑的老布朗反而大难不死。警察无不惋惜地说，如果小布朗他爹待在监狱里，这次悲剧可能就不会发生。老布朗不久前因枪击问题被捕，但随后释放。这个老资格的帮派成员，有过44次被捕经历，其犯罪记录长达22页。

2015年10月，原为黑帮成员的芝加哥男子麦克，曾在谋杀案中告发另一黑帮成员，为求自保，从黑市购买了一把手枪，回家用睡裤包着放在冰箱上。麦克的两个儿子玩警察抓小偷的游戏，六岁的哥哥从冰箱上拿到这把已经上了膛的真枪，击中三岁的弟弟的头部，致其死亡。麦克因危害儿童重罪而被警方逮捕。

面对此起彼伏的枪杀命案，芝加哥警方开始利用一款专业开发的软件打击暴力犯罪。警方通过运算程序，输入各项数据，如犯罪记录、帮派争斗、被捕经历、曾遭受枪击次数，从而推演出哪些人最有可能卷入枪杀和被枪杀可能。警察通过电脑资料库掌握这些重点名单，来对付帮派武装犯罪。虽然批评者说这个机密系统把一些人纳入暴力犯罪清单违反自由原则，但警方坚信，这个系统可使他们集中资源对付枪支犯罪，并保护受到威胁的人。

香港导演李安在纽约大学求学时有一个同学名叫斯派克·李，曾在2015年被奥斯卡组委会授予终身成就奖。斯派克·李导演的一部电影《芝拉克》在2015年上映。这部电影以芝加哥的治安状况为创作题材，暗讽芝加哥的黑人区枪案频传，好似伊拉克战区。

但是，芝加哥又是美国经济发展最均衡的城市。它是具有世界影响力且为美国GDP排名第三的大都市，是全球最重要的四个商业中心之一，又是美国最大和世界第三大的会展中心，也是全球最重要的一个金融中心，拥有美国最大的期货市场。芝加哥交响乐团创立于1891年，是世界最著名的交响乐团之一。芝加哥大学是世界经济学重要的研究中心，这里走出了约40%的诺贝尔经济学奖得主，截止2015年，有91位诺贝尔奖得主在芝加哥大学工作或学习。奥巴马也曾长期在这里任教。

如此巨大的反差，用“东边日出西边雨”来形容颇为恰当。

芝加哥的黑人占全部人口的31.5%。在黑人聚居的南城区和西城区，毒贩之间为了争抢毒品地盘，枪击案频发。

据警方统计，芝加哥警察在2012年总共向57人进行过开枪射击，其中50人为黑人，占比87.72%。

耶鲁大学在2013年开展了一项研究，调阅了从2006年至2011年警方的涉枪凶杀案记录，结果发现，涉及芝加哥市凶杀案案发率最高的地方仅为15.54平方千米内的居民，这些居民中6%的人参与了70%的杀人案。

芝加哥警察局局长盖瑞·麦肯锡说：“我们在全国范围内发现一个现象，不是说一个人以前从来没有犯过罪，然后突然杀了人。大都是惯犯，反反复复，一直都是同一帮人。”

朱利安尼的“种族歧视”言论

2014年11月23日，前纽约市长朱利安尼在《与媒体见面》的电视访谈节目上引用黑人犯罪统计数字时说：“你们为何不讨论全美93%的黑人受害者都是被其他黑人所杀？”然后又问另一位讨论嘉宾——乔治城大学的黑人教授迈克尔·埃里克·戴森：“为什么你们不把这个数字降一降？如果你们不互相残杀，就不用让这么多白人警察巡逻黑人社区了。”

节目播出后，有人猛烈抨击朱利安尼，称这是种族主义思维。

加利福尼亚州的奥克兰市，华人称作屋仑，是旧金山湾区的一个重要城市，美国西海岸最主要的三大港口之一。

奥克兰市西区即西屋仑是黑人和拉美裔聚居地，由于贫穷、毒品和枪支的相互作用，使得这一带枪击案不断。西屋仑社区组织发起了一项壁画绘制活动，力图改变环境，启发人们减少犯罪，至少为心灵疗伤添加一些绿意。然而就在2015年9月29日，27岁的画家拉莫斯在高架桥下的墙壁上进行绘画创作将要完成之际，被一个20岁的黑人男子开枪打死。

这一年3月份，同样是西屋仑，一位年轻母亲傍晚下班后带着七岁的儿子和九岁的女儿，当快要走到家门口时，街上两拨人忽然开始枪战。这位母亲大喊“快躲起来！”两个小孩立刻冲进家门，趴在楼梯下面。等枪声平息后，两个孩子走出门时，看到母亲已经倒在家门口的血泊中，被流弹击中身亡。

2015年1月9日，旧金山警方接到报警，立刻前往事发地点。在一个黑人社区，四个年龄分别为19、20、21和22岁的黑人男青年在一部偷来的汽车内遭到枪杀。

几天后，黑人社区的居民举行烛光集会，在事发地点呼吁年轻人“停止杀人、自救自爱、开始疗伤”。这当中的很多人，都是孩子曾经遭到枪杀的悲伤的父母。旧金山市新任女议长布里德和警察局局长索尔也前来参加。作为黑人女议长的布里德无不沉痛地说：在这里长大的黑人，经历都和她相同，必有亲朋好友在暴力中死亡。她说：我从政的心愿就是替大家争取就业机会和改善生活，但也希望黑人社区要自强，保护年轻一代，不要再让孩子死亡。

然而仅仅过了两个月，凶手还没有抓获，3月9日又有两名黑人青年在汽车内被枪杀身亡。警方怀疑这和黑人帮派活动有关。

2015年在3.5万名纽约警察中，黑人警察占比15%。时任纽约警察总局局长布莱顿曾对英国《卫报》记者说：黑人男性警察在纽约市警察局的数量，从人口比例上来看有非常大的差距，因为许多黑人曾犯法坐牢，正因为这样，我们不能用他们。布莱顿还说：假如黑人少犯点罪，纽约市就可多招聘到几个黑人警察。

报考警察的人必须通过广泛的背景调查，首先是不能有犯罪记录，然后要通过体力、心理和书面考试。洛杉矶警察局表示，每100个报考者当中，只有3个会被挑选并毕业。全国其他地方也大致如此。

根据2010年的人口普查数据，纽约市人口约840万，黑人的比例是23%，拉美裔的比例是28.6%；但2012年纽约市因持枪杀人而被捕的人中，黑人占了73.2%，拉美裔占了21.5%。

数百年未能消解的痛楚

在纽约市和其他大城市的街头，时常会看到一些男性黑人青少年奇怪的衣着方式。他们不系腰带，裤腰下垂，内裤裤头外露。其实这既不是时尚装，也不是流行风，因为监狱里面的犯人是不许系腰带的，穿裤子大抵如此。这种装扮，是对监狱囚犯的刻意模仿，隐含了勇猛威武的意味，是一种敢于向警察发起挑战的象征。

根据《纽约时报》报道，2015年1月至8月，威斯康星州密尔沃基市被杀的人数达到了104人，而2014全年仅为86人；路易斯安那州新奥尔良市已经有120人被杀，2014年同期的数字是98人；马里兰州巴尔的摩市的谋杀案上升到了215起，2014年同期为138起；首都华盛顿的遇害人数是105人，而一年前同期是73人；密苏里州圣路易斯市已经有136人遇害，一年前同期的数字是85人。

密尔沃基市40%的人口是黑人。这篇报道说，这个城市大部分犯罪活动包括命案的嫌犯都是30岁以下的黑人男性所为。

报道没有提及另外几个城市黑人在凶杀案中的比重，但这几个城市的共同特点是高比例黑人人口：新奥尔良市三分之二人口是黑人；巴尔的摩市有64%的黑人；圣路易斯市约有三分之一的黑人。

首都华盛顿常住人口约58万，黑人约占全部人口的60%。在20世纪90年代初期，华盛顿被认为是美国的“谋杀之都”，1991年凶杀案曾达到最高的479起，自本世纪以来才有开始下降的趋势。但华盛顿现在仍然是美国最不安全的城市之一。

卡姆登是位于新泽西州的一个小城市，根据2000年的人口普查数据，人口不到八万人，黑人占比53%。根据联邦调查局公布的数据，卡姆登在2002年是美国第三危险的城市，而2004年和2005年“荣登”美国最危险的城市榜首。“最危险的城市”是按照谋杀、强奸、抢劫、严重伤害、夜盗和偷车这六种犯罪统计数据测定的。

时任总统奥巴马2015年5月18日乘坐空军一号在费城国际机场降落后，换乘直升机来到卡姆登市的一个社区，对300名听众发表了演讲，称赞卡姆登市过去几年在对抗犯罪方面取得的进步。他说：“卡姆登市自2012年以来，暴力犯罪下降了24%，凶杀案件下降了47%，户外的毒品市场下降了65%，而警方的911响应时间也从过去的1小时降到了现在的5分钟。”

民主党总统参选人希拉里，2015年4月29日在哥伦比亚大学发表演讲时这样说：当有三分之一的黑人在其一生可能面临监禁时，那么某些地方必定有问题。

桑德斯作为佛蒙特州的联邦参议员，和希拉里角逐2016年总统大选民主党内提名。他在一次演讲中说：“我们不能再继续掩盖问题，问题必须得到解决。如今，美国黑人男性新生儿中，最终坐监狱的比例是4：1，这简直无法形容。”

桑德斯所说的四个黑人男性中就有一个将会进监狱的言论并非哗众取宠，也非惊世骇俗，只不过是道出了一个黑人群体和黑人民权人士避而不谈的事实。

美国经济研究局是一个私人的、非营利的、中立的经济预测组织，由著名经济学家韦斯利·米切尔成立于1920年。它追求用科学的无偏见的方法研究经济现象，但并不提供经济政策建议。美国经济研究局的一项数据显示：20多岁没有高中毕业文凭的黑人，入狱的可能性比受雇工作的可能性要大；在高中未毕业的中年黑人中，近70%的人有入狱经历。

ProPublica是一个总部设在纽约市曼哈顿的独立的非营利新闻编辑部，它的宗旨是为公众利益进行调查。ProPublica在2014年10月，对2010年至2012年之间警方开枪击毙嫌疑人的事件进行了分析，结果发现，年轻黑人男性被警方击毙的可能性是白人的21倍。

在弗格森事件爆发后，芝加哥市长办公室的大厅被示威者占领了28小时。这是因为，在美国差不多每28小时就有一名黑人被警察枪杀。

黑人青年男子意味着危险、意味着更容易施暴的印象已经形成了警察的潜意识。有位神经科学家将警察置于一个虚拟但危机四伏的环境，通过测试证实，即使是黑人警察，面对突然出现的一个持枪的黑人，向黑人开枪会更加迅速，而面对突然出现的一个持枪的白人，在向白人开枪前则会略加迟疑。

英国《金融时报》专栏作家爱德华·卢斯，在2016年3月9日撰文时写过这样一段话："就像上世纪90年代宣扬的'历史的终结'一样，美国的种族史并没有随着奥巴马当选总统而终结。它只是掀开了新的篇章。似乎许多国家都患了同样的人类痼疾——在性格形成时期发生的事情永远地塑造了他们的性格特征……第一批非洲人被用船从非洲运至大西洋彼岸500年后，美国有一只脚还停留在过去。"

拥枪权的伤痛与荣耀

抬着棺材上街游行

2015年9月1日晚上，加利福尼亚州蒙特利公园市，很多辆警车疾驰而来包围了一个电影院。警察在高度戒备下进入影院，中断影片播放并指挥观众撤出，后又叫来影院员工逐个检查，并对放映厅进行了彻底搜查，但是没有发现任何异样。后来终于搞明白，当晚一个女子和几个好友一起来看电影，这个女子看到一个男子手持一把长枪在影院出口徘徊，马上给她的父亲发了一个短信让即刻报警，并让警察速来解危。原来那个男子是影院的清洁工，当时手里拿的是一个扫把，被这个女子误当成了长枪。

这听起来是个笑话，但在一个枪击案频发的国家，出现这种风声鹤唳、草木皆兵的情形并不奇怪。

阿拉巴马州的一所公立学校，一个不到六岁的小女孩用蜡笔在纸上画了一支手枪，画面中的手枪指向一个同学，并在旁边配上了开枪时“砰”的声音效果示意。老师和学校得知此事，立刻对她进行心理测试，慎重地要她回答写有各种问题的答卷，借以评估她是否有自杀或杀人的倾向，并要她去看精神科医生。随后校方又要她在家长的陪同下签下安全协议，保证不会自杀或杀人。

这看起来确实有些神经过敏，但是触目惊心的现实让人不得不真实面对。

2000年2月，密歇根州芒特莫里斯镇的比尔小学，一个六岁的男孩几天前与同班的一个女孩发生争吵后怀恨在心，这天上学偷偷拿了家中的手枪，在班上多数同学去了图书馆，教室里只剩下五个同学之际，这个男孩从裤兜里掏出武器，对准这个女孩开了一枪。子弹打中了女孩的颈部，导致女孩死亡。这个男孩因此成为美国历史上年龄最小的作案枪手。

2015年1月，在佛罗里达州北部的一个偏远小镇，一幢独立别墅内居住着一对中年夫妇和他们16岁的儿子及三个年龄分别为15、11、3岁的女儿。因为男主人是货车司机，和女主人几天前一起出了远门。当他们在6日凌晨返回家时，才知道发生了对他们而言惊天动地的事情。在头一天，因为哥哥殴打了15岁的妹妹，并把她推进她的卧房锁起了门，不让她出来。到了晚上哥哥睡着以后，11岁的妹妹帮助打开房门，15岁的妹妹于是伙同11岁的妹妹从父母的卧室偷取出手枪，将自己的哥哥开枪打死，然后从家中逃离。后来姐妹俩被警方拘捕，父母也因照顾儿童不良而双双被捕。

在康涅狄格州的桥港市，2015年6月的夜晚，一个女子正在家里浴室洗澡，忽然祸从天降，一颗流弹穿墙击中了她的背部。警方展开调查，得知当晚在这个住宅区停车场内，九个聚集在一起的人遭到枪击，其中七人轻伤，一人重伤，一人被打死。警察说这一带的暴力犯罪多由于帮派纷争而引起。

旧金山警方在2015年6月逮捕了制造多起抢劫案的两个嫌疑人，一个56岁的白人和一个31岁的华人。警察在华人男子家中搜获38支各类枪支、手榴弹以及制造爆炸物的工具和原料。

2015年9月9日半夜，在德克萨斯州第三大城市达拉斯市，一伙胆大包天的歹徒用偷来的一辆小卡车，撞破一家枪店的大门，冲进店内打开枪柜，劫掠93支各式枪支逃走。

2015年10月，洛杉矶警察局的警员抓获两名重罪嫌疑人，在其家中起获39件武器，包括5支攻击性步枪，还有675千克各种弹药，真像一个军火库了。

纽约市布鲁克林的一个社区，因在2015年6月的一个月内发生多起枪击案，社区居民忍无可忍，抬了一口棺材上街游行，声称“受够了”，要求警方采取果断行动遏制枪支暴力。

遭遇枪杀连总统也未能幸免

允许私人合法持有枪支的国家除了美国，还有加拿大、瑞士、德国、以色列、巴西、南非等国。占全世界手表销量60%的钟表之国瑞士，是人均枪支拥有量最大的国家。瑞士平时只保留极少量的职业军人，男性公民接受军训后便从事其他职业，每隔一两年接受一次为期三周的训练。为保证迅速动员，这些人平时可以携带单兵装备和弹药回家。不过瑞士死于枪杀的人数远低于美国。根据2012年的统计，每100万人死于枪杀的人数，瑞士是7.7人，美国是29.7人。在美国，枪支暴力成为严重的社会问题，成为民主和共和两党争论不休的永恒议题。

英国广播公司（BBC）报道，根据“大规模枪击事件追踪”数据，2015年美国共发生372起大规模枪击事件，475人丧生，1870人受伤。这里的“大规模枪击事件”是指一起单独事件造成的受伤或死亡人数超过四人。

2015年6月19日时任总统奥巴马在参加旧金山全国市长会议的演讲中说：美国在2013年有超过1.1万人被枪杀。每个国家都有暴力事件，但不是每个国家枪支都如美国泛滥。

美国历史上有四位总统因为枪击而结束生命。

1865年4月15日，第16任总统亚伯拉罕·林肯遇刺身亡。

1881年7月2日，第20任总统詹姆斯·艾布拉姆·加菲尔德被人开枪击中，9月19日不治身亡。

1901年9月6日，第25任总统威廉·麦金莱被凶手开枪击中，八天后身亡。

1963年11月22日，第35任总统约翰·肯尼迪在德克萨斯州达拉斯市区遭狙击者开枪刺杀。

尽管枪杀事件并非普通民众所“专享”，连一国总统也不能幸免，但是美国在控枪问题上，无论是在民间还是国会从来没有达成高度的一致。当年里根总统遇刺之后，作为共和党人的他，依然对加强枪支管制表示反对。

2013年，由民主党和共和党议员联合提出的一项控枪法案得到时任总统奥巴马的支持，主要内容是将购枪背景审查的范围从零售店扩大到展销会、互联网等领域，但4月17日遭到国会参议院的否决。奥巴马掩饰不住内心的怒火直言：“对华盛顿来说，这是非常耻辱的一天。”

美国国会近年来推出的扩大背景调查、禁止攻击武器等法案都未能获得通过，舆论认为很大的阻力是来自美国步枪协会。美国步枪协会势力强大，他们代表着那些参与政治、表达意见、参与选举十分活跃的人。美国步枪协会在全国拥有400万会员。至2015年底，步枪协会在过去的三年时间里，花费了1000万美元进行维护枪支权利的游说，通过不断游说来阻挡通过切实可行的控枪法案。选举中主张控枪的政党候选人往往遭到全国步枪协会的抵制。民主党2016年总统参选人希拉里，在2015年6月20日旧金山举行的全国市长会议上，呼吁国会尽快通过合理的枪支管理法案。她表示：大部分枪支的持有者都守法，在尊重持枪权利的前提下，必须把武器从罪犯和有暴力倾向的人手中夺走，而国会不通过民意广泛认同的背景调查法案是不合理的。美国步枪协会的总裁拉皮埃尔却针对民主党候选人希拉里放出话说：我们将选出下一位伟大的美国总统，但绝对不是希拉里。

美国步枪协会在文宣方面也是不遗余力，2016年初推出了持枪版的童话《小红帽》：由于手里有枪，野狼在靠近奶奶、张开大嘴之际却忽然中止了要吃掉她的念头，因为野狼听见了奶奶拉枪栓的声音，而小红帽因为手里有枪，吓得野狼屁滚尿流、狼狈逃窜。

纽约州立大学科特兰分校的教授斯皮策出版过四本研究枪支管制的书。他用相当多的篇幅谈及枪支管制所遇到的阻力。斯皮策这样说：近几年没有任何与全国枪支管制法修改相关的运动，因为共和党在全国占优势，加上枪支游说团体在动员支持者方面非常有效率。枪支游说团体总在传播着这样一个信息，即管制枪支无济于事。但有越来越多的证据显示，枪支管制很重要，特别对不应该持有枪械的人而言，但这不是许多或多数美国人所能听到的政治主流信息，大家听到的是，枪支管制法只能约束诚实的人民，对带枪做坏事的人没有效果。

面对控枪法案在自己任内注定无法通过的情形，时任总统奥巴马有些无奈地说：“除非美国民众感受到足够的紧迫感，并对自己说‘这不正常，我们可以改变这种局面而且我们将做出改变’，否则我不认为会有什么真正的行动。”

《华盛顿邮报》援引一份美国国会研究服务部2012年的报告说，美国私人拥枪数量呈逐年增多态势，1996年为2.42亿支，2000年增至2.59亿支，2009年则达3.1亿支，首次超过美国人口总和。如果把非法进出美国的黑枪计算在内，实际数量可能更多。

根据全国广播公司报道：2013年美国枪支和弹药制造业的年营业额高达135亿美元，利润超过10%，至少接近15亿美元。各地枪店的年收入为31亿美元，利润是4亿多美元。枪支行业带来的就业机会，从2012年的20万个增加到2013年的26.32万个。

2016年初，美国出现一个特殊商品购物频道，这就是名为Gun TV的枪支电视购物频道，它所销售的商品就是枪支、弹药及其他配件。这个频道有专家解说并示范各种武器的性能，当你看中某一款枪，就可以上网或拨打免费电话订购。所不同的是，你订购的商品不会直接邮递到家，而是根据规定，枪支销售商把你订购的枪械交给距离你家最近的联邦政府认可的枪支零售商，在你填写相关文件之后，进行过必要的背景调查被认为可以持枪，就能把所订枪械拿到手中。

控枪与反控枪

康涅狄格州议会在2013年4月4日通过了被称为全美最严厉的控枪法案，并经州长正式签署成为法律。

因为在四个月前的2012年12月14日，一名20岁的有人格障碍的男子杀死自己的母亲，然后驱车到一所小学，枪杀了20名孩子和6名成人。这是美国历史上所遭遇的最严重的校园枪击事件。

这部控枪法把100多种枪支列入了禁止销售的清单，把弹匣的子弹容量限制在10发以内，对所有购买和销售武器的人实施更严格的背景调查，相关调查涵盖心理健康等潜在的风险性因素。

2015年6月，洛杉矶市议会通过的第一项控枪法案正式生效，取缔超过10发子弹的高容量弹匣，并禁止制造，也禁止枪店销售，已经有的须转出洛杉矶市，或交警方销毁，或出售转让。8月，议会又通过了第二项控枪法案——锁枪法案，要求洛杉矶所有的手枪枪主，如果手枪放在家里，必须存放在上锁的容器内，或者将手枪的扳机上锁。唯一不需要上锁的时间是手枪佩带在身上或放在枪主可以控制的地方。

加利福尼亚州有关持枪的法律，从2002年起就规定，若有暴力轻罪前科，如攻击、殴打、威胁证人等，自定罪之日起，此人十年内禁止持有枪支。

2014年6月14日，数千示威者呼喊口号，手执标语，跨越布鲁克林大桥，游行到纽约市政府前。标语上写着“别再有下一个”“够了就是够了”“为什么我们的孩子因枪而亡，国会却毫无作为？”还有人手持丧命于枪击案的亲友照片，要求政府拿出更严厉的控枪法案。

这次活动的赞助资金来自前纽约市长彭博。多年来为支持控枪而不断投入，使这个亿万富翁再度成为全美枪支管控维权人物中最耀眼的领袖。

彭博曾在2014年4月表示，将斥资5000万美元，将市长禁黑枪协会、美国母亲觉醒协会等旗下的几大组织合并成为一个大型控枪组织——城镇枪支安全组织，组建一个全美基层控枪网络，在年内召集至少100万名支持者，遏制枪支暴力和犯罪，挑战美国步枪协会，与美国步枪协会形成力量上的制衡，并力求促成更加严密的控枪法案。

世界最大社交网站脸书也在2016年1月29日宣布：禁止私人用户在网上进行武器销售和广告宣传，包括旗下的图片分享网站Instagram。

奥巴马2016年1月6日在白宫阐述他即将颁布的控枪令时说道："在康涅狄格州通过一项要求背景审查和枪支安全课程的法律后，枪支引发的死亡事件减少了四成。与此同时，在密苏里州取消了一项要求全面背景审查和购买许可的法律后，枪支引发的死亡事件比全国平均值增加了近五成。"

强大的民意基础

一名31岁的德克萨斯州女子，是美国海军陆战队的退伍兵。2015年8月她从德克萨斯州飞到费城，并依照规定将她的手枪装入带锁的箱内作为随身行李托运到目的地。到费城以后她和朋友租车开到纽约。当她来到"9・11"遗址向安检人员询问在哪里可以存放她的手枪时，这才知道德州的隐蔽持枪证在纽约不但不管用，而且触犯了纽约州的枪支管理法，将面临携带武器的控罪。因为在德州，拥有纽约枪支许可证的人是允许携带枪支的。

这个女子被抓时，她的丈夫正在参加全国步枪协会的表演。她的丈夫说，他的妻子在离开德州时，认为德州和纽约有隐蔽持枪许可的互惠协议。他说包括工作在内，他们一般都是带枪的。他坚定地认为，拥有并携带枪支是我们神圣的权利。

引人注目的是，美国独立民调机构皮尤研究中心2015年1月的一份最新研究报告显示，半数以上的美国人认为，维护自己拥有枪支的权利，比政府控制枪械更重要。这是在20年来对枪支态度的调查中，赞成拥枪的人数第一次超过支持控枪的人。皮尤的这份报告指出，52%的受访者认为，公民拥有枪支的权利，比枪支管制更为重要；持相反看法的人有46%。这一转变横跨男人和女人、老人和青年、白人和黑人、共和党和民主党等几乎所有调查统计范畴。

这个结论显示，拥枪的力量并不全部来自如美国步枪协会这样的利益团体。拥枪，在美国有着强大的民意基础。

康涅狄格州在2013年4月对那个最严控枪法进行投票时，控枪反对者赶往议会的讨论现场，高举“康涅狄格州违宪”“美国步枪协会站起来抗争”的标语，反对通过这个法案。当时康涅狄格州议会的一些议员就说，这是他们经历过的最分裂的立法讨论。

在康涅狄格州通过史上最严控枪法的当天，《华尔街日报》刊载一篇报道，称一系列枪击惨案发生后，不少地方的枪支管理反而出现愈加宽松的趋势。如阿肯色州改变了原来禁止在教堂和大学校园携带枪支的规定，南达科他州允许学校给老师配枪，田纳西州允许雇员在雇主反对的情况下把枪带到工作场所或存放在自己的车里。

2014年9月，路易斯安那州的一个餐馆老板贴出广告：带枪用餐九折优惠。这样每天都有二三十人冲着这个折扣携枪而来。这个餐馆的老板说：禁止让人带枪，才会让一般民众处在危险的境地，我要采取相反的做法，让这里更安全。很多顾客也赞同老板的做法，说因为我们手中有枪，坏人就不敢伤害我们。

德克萨斯州北部的阿盖尔学区，2014年9月开始允许特定教职员携带手枪到学校。这些教职员通过精神评估，接受枪支使用培训和危机处理训练，授权他们在必要时保护学生。支持者认为枪如果掌握在好人手里就是保护人的工具而非杀人武器。反对者则认为以暴制暴的办法并不能完全阻止枪支恶性事件的发生，当枪支管理不善时反而带来危险因素。

内华达州的州众议员蜜雪儿·费奥里在2015年圣诞节，把全家十口人的照片制作成一张圣诞卡放在脸书上作为问候卡片。这张全家福里除了三个婴幼儿外，其他七人每人一把枪，有的挎在腰际，有的握在手中。费奥里表示，这张全家拥枪的圣诞卡是为了表明对宪法第二修正案的支持，表明捍卫美国要靠美国人自己。

从2016年1月1日起，德克萨斯州的公开佩枪法正式开始实施。只要有持枪执照并且为合法枪支，按规定把枪放在枪套内或专用皮带中，就可以把自己武装起来在公共场合公开亮相。只有部分公开场合如学校、医院、运动场馆等不允许携枪进入。有些商家也贴有不允许携枪进入的告示，但有些商场并不反对。

2015年6月6日，位于纽约州北部、距加拿大边界只有30千米的克林顿监狱，两名杀人犯越狱出逃。这是纽约州最大、安全级别最高的监狱，自1865年建成以来从未发生过越狱事件。周边的居民纷纷提高了戒备。有人不仅在卧室放上一支上了膛的步枪，在车库里也放了一把手枪。很多人在家中备足了武器和弹药。一个独居的中年女子也准备了一支上了膛的散弹枪，准备必要时开枪自卫。宪法第二修正案关于拥枪权的争论，这里的居民认为可以偃旗息鼓了。他们的理由很简单：限制守法的好人拥枪，等于是陷好人于不利的地位，因为坏人仍然可以在黑市买到枪，岂不是让好人坐以待毙？

2015年12月2日，加利福尼亚州圣贝纳迪诺市发生严重枪击案，造成14人死亡、21人受伤，两名枪手被警方击毙。《纽约时报》12月5日在头版发表一篇剑指美国枪支管制松懈的社论。社论说："平民竟能合法购买残忍、高效的杀人武器，真是罪大恶极、举国之耻。"

马上就有人拿出枪，用子弹给这篇社论做了回应。一名电台主播，当天在网上晒出用子弹打穿这张报纸的照片，并配上文字说明："这就是我对《纽约时报》社论的看法。"他说："美国遭受了自'9·11'以来最严重的恐怖袭击，而《纽约时报》的反应居然是让守法公民放下枪。滚蛋去吧！"

据皮尤研究中心2014年7月的调查，美国人拥有枪支的几大特点：一是全美三分之一的家庭拥有枪支，其中白人拥有枪支的比例最高，是黑人及拉美裔的两倍，另外，年纪越大拥枪率越高。二是居住在乡村的家庭一半以上拥有枪支，而住在城市的家庭则只有四分之一有枪，不到住在乡村家庭拥枪率的一半。三是共和党家庭拥有枪支的比例比民主党家庭高出一倍以上，政治立场保守的家庭拥枪率几乎是自由派家庭的两倍。

自卫权利与“收归国有”

公权力能否做到无时无刻、无所不在地保护每一个公民不受侵害？答案当然是否定的。如果法律把公民的自卫权利全都“收归国有”，动辄以防卫过当惩罚自卫者，客观上就会纵容犯罪，使犯罪分子无所顾忌。而弱小群体为了自救，很可能寻求私力救济，这样，具有保护伞性质的黑社会组织就会应运而生。

随着美国犯罪率的下降，专家们也在讨论其中的原因。一个大部分专家能够接受的观点是，枪支在一定程度上遏制了犯罪，为人们提供了保护。《华盛顿时报》曾报道，美国的凶杀案在1980年达到高峰，比现在多过一倍。

生命尊严，个人权利，正当防卫，合法持枪，这构成美国人如同金字塔一样稳固的四个面，而法律则是金字塔的正方形基座。

2015年4月29日下午，在德克萨斯州休斯顿市，著名侨领、华人客家会的第一任会长邓传金正和往常一样坐在屋内看报，忽然听到后院有异样的声音。他走过去看时，一个黑人正用手臂勒住他80岁老伴的颈部。老人情急之下拿了一根木棍打向这个歹徒，因用力过猛，一下把棍子打成了两段。歹徒遇到抵抗，就把老太太拖进卫生间并反锁了门。老人赶紧报警，但为时已晚，歹徒抢劫未成反而用刀割颈，致使老太太死亡。警方出动直升机搜寻，当时虽然未果，但在五天后将40岁的黑人抓获。

此凶案发生以后，激起了很多华人买枪的欲望，以图在关键时刻能派上用场。枪店老板也乘机推销自己的枪支，说居家用枪建议买散弹枪，歹徒只要听到散弹枪上膛的声音马上就会落荒而逃，而且在近距离射击效果最佳。

在德克萨斯州休斯顿市，一个越南裔华人因为“该出手时就出手”，博得华人圈交口称颂，并有人前去观摩，给他以“威武”“神勇”的赞誉。

这家华人开的便利店，百分之八九十的顾客都是黑人。在事发前12天已经被抢一次。老板于是到中国城购枪，把自己和店员都武装起来。2015年7月13日下午果然又有黑人进来抢劫，而且拿枪托打伤店员。老板果断开枪，击中两个黑人。

由于这个华人有合法持枪证，德州又是一个奉行“不退让法”的州，就是如果别人侵害你或对你有非正义行为，而公共权力又不能给你保护时，你就有权反抗，保卫自己的权利尤其是人身安全的权利。尽管第二个黑人是在逃到门口时华人老板向他背后开的枪，但因为黑人是持枪抢劫，华人老板并没有遭到刑事控罪。

2007年12月，在佛罗里达州迈阿密市的一个路口，正开着车的一个黑人被两辆车截停。这时从车上下来两个白人男子，因为他们之前有过节，这两名男子用力拍打黑人的车，还用不干净的带有种族歧视的脏话咒骂他。更要紧的是其中一个白人手里还拿着刀，要强行打开黑人的车门。这时黑人向白人开枪射击，打死一人，打伤另一人。由于这个黑人有持枪许可，更由于佛罗里达州自2005年首开先河对“自卫法”的扩充解释，法律允许民众在受到侵害时自卫反击而不会获罪，因此这名黑人没有被控罪。

在2005年以前，这项法律是指当有人入侵民宅时，受侵犯者可以自卫反击，但是有一点，受侵害者应当把逃避伤害作为第一选择，反击只能作为第二选择。而“不退让法”则允许民众在受到侵害时可以不用采取逃避方法而直接反击，即使在公共场合受到侵害也可以如此。

目前，美国已经有20多个州去除了有关退让的义务，这些州的就地防卫法规定，只要你处在一个不容侵犯的地点，当生命遭遇外来威胁时，无须退让就可以使用武力，包括致命武力。

这涉及美国的另一法律原则——堡垒准则，又叫“城堡法”。这是最早源自英国的法律概念：“人的房屋是其城堡，是他最安全的避难所。”堡垒准则赋予被侵犯人在特定情况下对入侵其住宅的进犯者，可以使用武力包括致命武器进行防范和对抗、而免于法律起诉的权利。有些州的法律将堡垒的解释扩充到院子、车库和自己的汽车内。

德克萨斯州属于强城堡法的州，法律允许住宅的主人可以主动向入侵的陌生人开枪，甚至可以坐在自己车里向试图强开车门的人开枪。

2016年1月4日晚间，也是休斯顿市，一对华人夫妻在自己家门口刚一上车就中了埋伏。早就躲在暗地的两个黑人冲出来，强行拽拉华人的车门，要求将钱和车全部交出来。坐在驾驶座的华人男子假意要拿出钱包，不过令对方没有料到的是递上了黑洞洞的枪口。华人对准离自己最近的歹徒连发三响，另一歹徒还没跑出几米，也被补上两枪。旁边接应的同伙见势不妙，一轰油门就要准备冲撞。华裔男子朝着汽车的挡风玻璃连连射击，直到子弹打光。接下来，就像电影中的枪战场景，那辆失控的轿车撞到树上接着倾覆。受伤的黑人从车中爬出来，这时华人的妻子已经冲进家门又跑出来，手持一把长枪，准备火力补充。大难不死的两个黑人见状仓皇逃命。而刚才第一个被击中的歹徒在十多辆警车迅速赶来之时，已因失血过多死亡。

加利福尼亚则属于弱城堡法的州，房屋的主人遇到入侵者，必须先警告、再退却，走投无路时才能防御性地开枪，而且仅限于家中，不能是在车里。

加州长滩市一位80岁的老翁汤姆·格利尔，在窃贼已经逃出家门的情况下，开枪将其打倒，而且再补一枪致其死亡。按照加州的法律，格利尔应该被控罪，但是后来检察官决定不予起诉。

这里面的关键情节是，两个先前已经偷过格利尔家两次的女贼再次光临，被晚上回家的格利尔撞个正着。她们毫不客气地给老头一顿痛殴，锁骨也被压断。格利尔趁她们一门心思撬保险柜之际，到房间拿了一把左轮手枪，果断向她们开火。结果一名逃跑，一名跑出门外。跑出门外的女贼虽假称自己有孕在身，但仍被追出去的老翁开枪打死。重要的一点是，窃贼撬开的保险柜是枪柜，她们不只抢走了两万元现金，还抢走了枪。警察局局长后来说：这个案子不起诉，关键不在于自卫行动地点，不在于他身在何处，而在于他是否感到生命有危险。

拥枪权的豪迈与荣耀

威廉是在美国出生长大的第二代华人，毕业于纽约大学斯特恩商学院。当有一次我问他这个年轻的共和党人，美国是否考虑过禁枪的问题时，他惊奇得睁大双眼，似乎我是在问“是否可以考虑人不吃饭”这样荒唐的问题。当我说到因拥枪权而造成无辜生命丧失这个问题时，他说了这样一番话：

这可以说是美国的痛苦与哀伤，但这不是美国的耻辱。全世界每年有125万人、每天有3425人死于交通事故，有谁说过要禁止汽车？有谁说过要禁止所有动力交通工具？因为这些交通工具改变了人们的生活方式，推动了人类的发展进程。我和我身边的人都不反对合理的枪支管控，至于说禁枪，简直不可想象。如果把持枪仅仅看作是为了打猎或对付盗贼，完全曲解了持枪的根本意义。在殖民时代，因为没有正规军，平民就是靠手里的枪，反抗任意搜查民宅和横征暴敛的宗主国，用八年时间打败英国军队而赢得独立。“不自由，毋宁死”，美国人把自由看得比生命还重要，而枪是捍卫自由和权利的保证。事实已经证明，我们的政府不但会做错事，而且还会干坏事。仅仅有看上去很美的法律是不够的。一旦公权力撇开法律程序公然侵害人民的权利，人民就可以持枪反击。当你手里有枪，在与它抗衡时就保持了力量上的暂时平衡，哪怕是很短的时间，哪怕只有几天，但事情就可能发生转机，当其他力量如媒体和舆论介入，人民的怒吼会让政府缩回伸出的黑手。所以，没有人敢掠夺我们的财产，没有人敢拆毁我们的房屋，没有人敢抢走我们的土地。我们监督权力，靠言论；我们防范权力，靠枪支。当一个社会的极少数人垄断了持枪权，而绝大多数人的生命和尊严仰赖他们、期待他们慈悲为怀济世拯民的时候，就处于绝对危险的境地。当绝大多数人手中持枪，那极少数人想要胡作非为时，就会有所顾忌，可能会放弃图谋不轨的打算。

拥枪权是美国人的豪迈与荣耀。宪法第二修正案给美国人做了保证："纪律优良的民兵部队对自由州的安全实为必要的，因此，人民拥有并且佩带枪支的权利不可受侵犯。"有拥枪权，才能有自由州；有自由州，是因为有自由的人民。曾经是共和党籍众议员的温·韦伯这样说："拥有枪支是我们国家的核心标志，是美国神话般生活体验的一部分。"

一把锋利的刀

容易沾血的一种权力

如果把政府比作一个厨房，里面的米面、蔬菜、肉类就相当于民众交的税，做好的饭菜就相当于政府提供的公共管理与服务。这当中的锅碗瓢盆等器具，就相当于“烹制”公共管理与服务的工具。在这些工具里面有一样东西不能缺少，那就是用来切菜、剁肉、砍骨头的刀具。

警察力量就相当于厨房里的那些刀，很多难解的问题都需要用上它，因而常常沾上血迹。也因为它在所有工具中最尖锐、最锋利，在具有正面解决力的同时，也具有反面的破坏力。

2014年获得奥斯卡最佳影片奖提名的《塞尔玛游行》，就以美国人勇于自我解剖的方式，展现了这把刀的破坏作用。

从影片中看到，1965年3月7日，以黑人为主的600多人组成的队伍，从塞尔玛要游行到州府蒙哥马利去争取投票权。桥头的另一端，头戴钢盔、全副武装的骑警和其他步行警察严阵以待。当游行人群行经埃蒙特佩特斯大桥时，警察们在一声令下之后，施放催泪瓦斯，然后蜂拥而上，用皮鞭、警棍把和平示威者打得头破血流，七零八落。这个“血腥星期日”的强力镇压场景，通过当时的媒体传遍千家万户，引起整个社会的强烈震撼。

电影的这个场面既展现了一种正视历史、自我反省的情怀，也表现出美国人对警察力量从不放弃的怀疑与警惕。

警察是国家机器的一部分。国家制度赋予警察合法使用暴力的权力。暴力的特性，决定了它不可能将冷漠、无情、残忍、邪恶这些元素拒之千里。权力的扩张性和侵略性决定它必然具有危害性。

美国的“城管”

美国的“城管”相较于他国，恐怕是权力最大的执法者。他们配备致命武器，轻则开具罚单，重则开枪处置。他们让你不许动你就得立刻就范；即使和他们争吵几句，也有可能以妨碍公务的罪名将你逮捕；如果你暴力对抗，他们就武力伺候；如果对他人生命构成威胁，“城管”有权将其击毙。

这其实就是美国警察。他们执法范围广泛，包括行使工商管理、城市管理之类的职权。他们还会假扮普通消费者，知假买假，钓鱼执法，拿到证据以后，亮明身份，来个人赃俱获。

在纽约市曼哈顿区中国城的坚尼路，一个叫尹春的华人妇女这天照看自己的摊位，“城管”过来查验证照不符，又一次给她戴上手铐将其逮捕。这已经是2014年春节前后的第九次了。和前几次一样，华人妇女苦于无奈只得认缴罚款。

按照纽约市的法律规定，没有证照在路边摆摊贩卖商品属于轻罪，罚款最高可达1000美元，而且可能坐牢。

尹春的丈夫早年通过抽签在这个位置拿到了普通摊贩执照，在这个地方摆摊设点经营了20年。纽约市的摊贩执照分为普通摊贩、流动食品车摊贩、花鸟字画摊贩和退伍军人摊贩四类。尹春丈夫的这种普通摊贩执照，在全市数量只有853个，有的人排队申请等候已经超过十年。尹春的丈夫前些年不幸中风，身体瘫痪只能以轮椅代步，这个摊位成了全家重要的经济来源。因家中还有12岁和10岁的两个儿子，小儿子又患有自闭症，妻子便硬着头皮出手接管。为了避免招致不必要的麻烦，只要妻子出摊，丈夫都坐着轮椅随她而去，妻子在摊前忙活，丈夫就佩戴着经营牌照坐在一旁。

按照规定，执照上是谁的名字，谁才有权经营。这种执照除了退伍军人的配偶，其他人一律不能转让，因而无法转到尹春的名下。正因如此，尹春动不动就被警察“关照”。尹春有心去对簿公堂，但因自己不是公民仅有绿卡，若被判有罪将会招致遣返。因为心存恐惧，每次只有认缴罚款这一种选择。

尹春的遭遇激起了一位富有同情心与责任感的华裔社区人士的义愤。他叫李宗宝，聘请律师四度陪她上庭抗辩。李宗宝批评警察为了“完成任务”，毫不理睬坐在轮椅上的尹春丈夫的再三说明和苦苦哀求，实在不近人情。

最后一次上庭，法官终于判决尹春无罪。曼哈顿的区长对尹春一家人的遭遇很是同情，并在最后一次上庭时到场支持，同时致函纽约市消费者事务局局长，建议解决经营执照过户问题。

但这事也一时难倒了纽约消费者事务局局长。她让同僚彻查相关法律条文，最终找到了一种法律未禁止的方式，将丈夫名下的执照“临时”转让给妻子。李宗宝对此深感欣慰，但表示下一步要推动修法，让法律能够照顾到弱势群体，让类似尹春的棘手问题得到彻底解决。

客观地说，警察对尹春实施逮捕并不违法。在任何一个社会，都需要警察出演“恶”的角色。在这类事情当中，警察只是把法律的张力扩充到了极致，因而显得冷酷无情。有一年春节之前，离尹春不远处摆水果摊的一个华人，只因增添了执照上没有的鲜花，华人摊主就被警察抓去关了一夜，在监狱中度过大年除夕。

警察的滥权

不可否认的是，在很多时候和很多场合，粗暴与蛮横也几乎成了警察的一个特征。一些美国警察的渎职和违法行为也重创了这个队伍的形象。

2015年初，波士顿警察接到举报，说有几个青少年携枪上街。几个警察立即赶往事发地点，收缴了一个14岁少年手里的一把手枪。结果虚惊一场，只是一把玩具仿真枪。

一个叫杜根的摄影人刚好在现场，就打开相机的录影功能开始记录。

看到有人录影，一个名叫史丹斯的警察走过来厉声喝问："没有经过我们许可你为什么录像？"杜根不但不予理睬，还将镜头对准面前的这个警察。史丹斯恼羞成怒，将那把玩具手枪的枪口对准镜头吼道："这就是我们在这里的原因！"

杜根将这段影像放到网上以后，波士顿警察局局长下令对事件进行调查，并马上代表警察向摄影人杜根公开道歉，同时声明，任何人都可以在警察执行公务时录影。这对于警察既是学习时刻，又是训练机会，警察不但要诚信，还要有专业水准。

警察史丹斯对自己的作为表示后悔，愿意接受任何惩处。随后找到杜根，向杜根当面做了道歉，得到了杜根的谅解。

2015年6月5日，在德克萨斯州东北部的麦金尼市，一群青少年在一个社区游泳池派对，不知什么原因人群出现混乱，接着一些人打起了群架。接到报警后，十几个警察赶到现场处理。其中一个白人警察拽住一个不听指令的黑人少女的手臂，把她摔倒在草地，又用膝盖顶住她的背部，并且用枪指向其他青少年，喝令不准乱动。

这个场景被录下来放到社交媒体，引起黑人群体的愤怒。次日500多黑人市民走上街头游行抗议。他们标语上分别写着"肤色不是犯罪""停止对少数族裔的暴力"，要求警方将滥用暴力的警察革职。一件警察滥权的事情，被升级到了种族歧视的高度。

几天后，这个警察在舆论的压力下黯然辞职。对此警察局局长说，按照警局的规定，从来都没有让警察这样对待青少年，并解释说当时到场的12名警察，其他11名警员的行为都符合警局的要求。

2015年8月，纽约市的前卧底警察布拉吉斯科，站在纽约市曼哈顿的刑事法院，接受了法官的量刑。

早在2013年9月，华裔连姓男子开着一辆越野车带着妻子和两岁的女儿出游。当他们行至曼哈顿上西区的高速路上时，遭遇一群轰鸣而过的摩托车飞车党横冲直撞。在一辆摩托车撞到华裔男子所开车辆的后视镜之后，他的妻子一怒之下将一个水果李子和半瓶矿泉水扔向了对方。但没有想到这样一个举动，成了一个噩梦的开始。

这伙向来张狂的飞车党加大油门，围追堵截在前面由于紧张而疾驰的华裔男子，连追50多个街口后，在一个有红灯的路口将车辆截停。一个飞车党成员拿下头盔，砸烂驾驶座的车窗玻璃，将连姓华裔男子拖下车，当着他妻子和孩子的面，十几个人围上来痛殴这个华裔。这一切都被飞车党头盔上的摄像机传送到网上，这也成为后来法庭进行定罪量刑的重要依据。

2015年5月，连姓华裔男子出庭指证飞车党成员，其中一名就是纽约市卧底警察布拉吉斯科，当时他骑着一辆红色的雅马哈摩托车。

布拉吉斯科34岁，2011年9月曾在“占领华尔街”的大规模抗议活动中被纽约市警察局派去做卧底。这次同样为卧底警察的他，不但没有报警，反而扮演了帮凶的角色。布拉吉斯科和其他飞车党成员参与追逐连先生，最终将车子团团围住。虽然布拉吉斯科并没有参与动手打人，但他当时动手打破了后车窗玻璃。

此前涉案的11名飞车党成员中，9人已判罪名成立。这天在庭审中，检察官要求法官判处布拉吉斯科三年半徒刑，指他身为警探却没有做出任何努力，阻止其他飞车党成员殴打连先生。但布拉吉斯科的辩护律师则请求法官轻判，说当时布拉吉斯科没有任何后援和保护，没有参与殴打，只是选择离开，而且布拉吉斯科在警察局服务13年，如今丢掉了饭碗，连养老金也拿不到，还有两个孩子需要抚养。

法官则认为布拉吉斯科和其他飞车党成员围追堵截受害人，给对方造成严重恐惧，这就足以定罪。最后法官判布拉吉斯科入狱两年。

沉重的财政负担

由于警察不当执法、越权执法和暴力执法，不但损害公权力维护正义的形象，也给地方财政带来沉重的负担。这也是每次示威抗议都有包括白人在内的其他族裔人群参加的一个重要原因。

前面所述的巴尔的摩骚乱，当局在2015年9月18日同意支付给葛瑞的家人640万美元的民事和解费。

芝加哥警方在2015年之前的10年中，用于同起诉警方的人达成和解以及支付其他赔偿费用，总计支付超过5亿美元。

2013年7月，芝加哥三名警察突击检查一个美容沙龙。当时的经理是一个有公民身份的华人女子，持有合法按摩师执照。因这位经理表示出不满和不配合，结果遭到警察殴打。一个警察给她戴上手铐使其跪在地上，用带有种族歧视的词语恶语相加，威胁她将会被人谋杀，并扬言用UPS箱子把她打包发回她的国家。另一个警察在华人女子跪地时还敲打她的头部。后来华人女子聘请律师，把几名警察告上法庭。一年多后芝加哥财政委员会与华人女子和解，赔偿华人女子15万美元。

德克萨斯州哈里斯县，一个名叫古德温的男子因为涉毒被单独关押在监狱的一个房间。由于他精神出现异常，房间里到处是污秽不堪的粪便，好几个星期都没有人去清理打扫。负责监管的狱警却在检查报告上陈述环境清洁、一切正常。肮脏的一幕后来被曝光，6名狱警遭到开除，2名负监管之职的警员被撤销职务。古德温的家人聘请律师提起诉讼。两年后的2015年，哈里斯县和原告达成和解，给予古德温40万美元的赔偿。

一个名叫马犹的男子，2009年因为他的邻居和房东发生争执便出来调解。有人打电话报警，这本来没他什么事，结果被错误抓走。在警察局里马犹告诉警察自己身体异常，并说自己难以控制小便，提出要求就医。警察不但拒绝，其中一名警察还警告他，如果把尿尿到地上，就要用他穿的毛衣擦干净，然后再给他穿上。

医生后来确诊他中风。由于病情严重，在一家医院住院20天，并留下后遗症。马犹向纽约市政府提出了5.4亿美元的高额索赔要求。经过很多个回合，纽约市政府在2014年11月5日与马犹最终达成和解协议，给予98.9万美元的赔偿。

在2014年2月，一名曾经是美国陆战队队员的56岁犯人死于雷克岛监狱的一个精神病观察囚室里。当时至少有四个小时没有人到囚室巡视，等发现人已经出了问题时，他的体温已达华氏103度（摄氏39.44度）。

囚犯的母亲控告市政府，提出2500万美元的赔偿要求。2014年8月中旬，纽约市政府与囚犯的家人达成和解协议，支付给他的母亲225万美元赔偿金。

加利福尼亚州圣地亚哥市一名流氓成性的警察，因为猥亵女性，并诱骗多名女性与之发生性关系，后来遭到起诉被判刑八年。但受到侮辱的女性并没有就此罢休，她们向圣地亚哥市政府提起索赔，其中12件诉讼案市政府付出了总计230万美元的赔偿。最后一件是在2011年，一个妇女因交通违规被那个警察拦下，结果遭到警察的猥亵。这个妇女连续几年控告市政府，最终在2014年9月得到590万美元的赔偿。

林雄是一个越南华裔，家住加利福尼亚州圣荷西市。2015年1月3日由于精神受到刺激，他叫嚣要自戕。当警察赶来，其中一个有着从警23年经历的女警喝令他放下刀子、趴在地上，然而林雄并未理睬。女警于是开了两枪，击中了林雄的背部。由于伤及脊椎，双腿瘫痪，从事舞蹈工作的林雄将终身无法离开轮椅。2015年12月，陪审团在法院经过三周的审理，通过现场证人作证，确认林雄当时只是声言要伤害自己，手里拿着刀指向腹部，并没有严重威胁警察的言行。最后陪审团做出了对林雄有利的裁决，认定女警使用武力过当，必须承担65%的责任，裁定给予受害人1130万美元的赔偿。

最后要说的是一个喧嚣一时的案件，而且充满了种族色彩。

白人警察安德鲁是一个入职加利福尼亚州公路巡警局刚刚半年的新手。事情发生在2014年7月1日，地点是洛杉矶市的一条高速公路，被打者是51岁的黑人妇女宾诺克。按照安德鲁的说法，当时宾诺克要走上高速公路，他把宾诺克拦了下来，但后来宾诺克又走上高速公路，安德鲁要拉住她，却被她一把推开。安德鲁于是忍无可忍，在高速路中间的隔离带上，压在她的身上挥拳击打，才使宾诺克安静下来。但是宾诺克为什么在炎热的中午光着脚要徒步走上高速路，这是一个没人能弄清楚的问题。宾诺克的律师只是解释她患有躁郁症，事发前两三个月才停止服药。这件事之所以轰动一时，是因为当时一个过路司机录下了警察打人的过程并放到网上，视频中白人警察骑在黑人妇女的身上，照着头部打了11拳。

9月24日，加州公路巡警局和宾诺克及其律师展开协商，经过长达九个小时的商议，最终达成一致：公路巡警局赔偿宾诺克150万美元，安德鲁辞去警察职务。

美国的民权运动，始终伴随着对警察滥用暴力的抗争。在1965年3月7日“血腥星期日”的两个星期之后，民权领袖马丁·路德·金率领黑人民众从塞尔玛步行到蒙哥马利的示威游行，遂演变成为席卷全美的民权运动。这场运动成功促成1965年8月6日美国总统约翰逊签署《投票权法案》。国会通过的这项全面性法律确保每一个美国人都有权投票，规定任何人都不应该因种族和肤色而被剥夺这项权利。塞尔玛的埃蒙特佩特斯大桥在成为美国民权运动地标物的同时，也成为显示警察力量作为国家机器具有危害性的警示物。

2015年3月7日，时任总统奥巴马携第一夫人米歇尔，以及前总统小布什夫妇来到这里，参加“血腥星期日”50周年纪念活动。奥巴马说：“50年前的血腥星期日，50年后的今天，至今为止，我们的游行还没有结束，但我们越来越接近目标了……与此同时，投票权法案，经过这么多血，这么多的汗水和眼泪，这么多牺牲，肆意的暴力已经在慢慢削弱……”

以暴制暴的怪圈

致命的寻常动作

一个来到美国不久的华人，先是在佛罗里达州购买了一辆汽车，后来开到芝加哥。他不知道每到一个州就需要为车辆更换本州的车牌。每个州规定的时间长短不一，这天他刚一上路，就被警察拦下。

美国绝大多数州都不允许汽车车窗玻璃像国内那样贴深色防爆膜。警察透过车窗，可以清楚看到车内驾驶人和副驾位置乘客的面目与举动。这个华人不谙英语，也不知警察为何让他停车，心想那就给雇主打个电话吧，于是伸出右手掏左上衣口袋里的手机。手刚伸进去，只听警察大喝一声，以迅雷不及掩耳之势拔出手枪，将黑洞洞的枪口指向了他。这阵势，华人男子从小到大别说被人拿枪瞄准，就连一把真枪都没见过。

在美国这样一个枪支泛滥的国家，警察始终高度戒备。驾驶者遇到盘查，必须要将双手放在方向盘上，警察才会接着询问。警察的举动，一下子把华人吓得小便失禁，弄湿了裤裆。其实他这个动作，也着实吓警察一跳，以为他要掏枪。

假如当时这个华人不中止动作，而是继续要“拔出”手机，警察随之就会扣动扳机。华人可能连一个“为什么”都没来得及问，就已经魂归他乡。

这样说没有丝毫夸张的成分。2014年4月14日的夜晚，在美国北部蒙大拿州，从警五年的警察莫里森在执勤中拦下一辆汽车检查。当时车内乘坐了四个人，后座的一个人是正在被通缉的抢劫犯拉米雷斯，但这时莫里森并不知道他的身份。莫里森要求四人举起手，这四人听从了警察的指令。拉米雷斯原本很配合，将双手举了起来，但忽然把左手放下，疑似要从腰间拔枪。此时莫里森立刻开枪，拉米雷斯当场死亡。

当经过检查，发现被击毙的拉米雷斯身上并没携带任何武器时，莫里森爬在警车的引擎盖上握拳猛捶，放声大哭。

后来的医学检验报告显示，拉米雷斯被击毙时体内有大量冰毒，可能他当时正处在难以自持的状态。

莫里森在法庭上说："这是我一生中做出的最艰难的决定。我希望我没有开枪，我希望我能够提早知道他没有武器。但是我不能冒这个险。"最后陪审团裁定莫里森无罪。

"半秒钟"理论

美国警察有时候开枪杀人，在那些严格禁枪的国度的人看来，就是滥杀无辜。

2014年8月14日夜间，一辆载着华人的大巴从康涅狄格州的一个赌场出发，行驶在返回纽约的路上。此时很多人都在睡意中，车上的一名男子忽然持刀划伤一男一女两位乘客，并且自残也受了伤。在一片混乱和尖叫声中，司机刚好看到前面有警察，就把车停靠过去。

车门一开，持刀男子和另一个试图制止他的一位男性两人同时摔出车外。但这时持刀男子并没有听从警察的命令放下凶器，反而持刀走向警察，在距离警察几步远的地方警察向持刀男子开枪，并误伤了那个试图制止事态的男子。行凶男子当场死亡。

事后调查得知被打死的这名男子年仅32岁，来美12年，一直在华人餐馆打工。早年从福建偷渡美国，欠下巨额债务。当死讯传到家乡，债主纷纷登门逼债，将家中值钱的东西一扫而光，家庭一时陷入绝境。

他年迈的父母来美给儿子料理后事，亚裔社团为他们筹集了8000美元善款。

这名男子的亲属颇为愤恨，说这天他在车上行凶，并未向任何人索要钱财，应该是精神出了问题，而且当时他已走出车外，对其他人并不构成威胁。即使开枪，也不能直击要害，警察存在过度执法的嫌疑。很多华人也都认为该男子罪不至死，警察应该射击他持刀的手臂，达到制止他并将其控制的目的即可。

警察在什么情况下可以开枪，法律标准是这样的：当警察或他人正在面临可能危及生命或严重伤害的不法攻击行为时，警察可以开枪。当警察用枪对准嫌疑犯时，在来得及的情况下可以口头警告，来不及则可以直接射击，无需鸣枪示警。美国警校的训练大纲，没有规定开枪首先击伤手臂或腿部的规定。警察在实际训练中被指明要向整个身躯射击，因为此时目标体积最大。因为在危机存在的巨大压力之下，让警察瞄准一个运动中的局部体位如手臂，命中的概率会大大降低。而且警察即使开枪，也由过去的“一击”改为“双击”。过去曾发生暴徒被击中一枪后又爬起来用刀将警察刺死的事件，以及嫌犯被警察击中受伤又继续朝警察开枪的案例。就是说一旦开枪，就须向嫌疑犯射出两发子弹。警察开枪的目的就是中止暴力犯罪。

加利福尼亚州圣地亚哥区域的公共安全训练学院，其武力使用专家、防御战术训练师肯·克里斯说：我们训练警察的核心是在不可知的情况下做出快速反应，警察须在0.25秒内感知到危险和可能造成的伤害，在0.25秒内拔枪，最后在0.06秒内扣动扳机，总计约半秒钟内决定一个人的生死。

与华人男子相似的另一个案件发生在纽约市。2014年10月26日，一个黑人青年到皇后区的皇后医院就医，说自己胸口疼痛，但医生检查后认为并无大碍。一小时后此人又返回医院，手持美工刀威胁医护人员要做注射治疗。警察接警赶来，黑人男子已经离开，但一小时后两个警察在一条大道上发现形似举报的那个男子。当增援的另两名警察到来，四个人靠近这名黑人时，黑人青年突然拿出美工刀刺向其中一名警察。在这名警察躲过的时候，另一名警察向黑人男子开了两枪，黑人男子一枪被打中胸部、一枪被击中头部而死亡。

因一把美工刀而毙命，的确太过残酷。但很多时候犯罪嫌疑人的意外出击，又会让警察猝不及防，处在生死边缘。

最危险的职业

前美国联邦调查局局长科米，于2015年1月4日代表联邦政府出席纽约警察刘文健的葬礼。他在致悼词时说：对我而言最艰难的就是与各地警局联络有关警员在执行公务时丧生的事，去年一年，我们国家失去了115名警员，增幅令人震惊。

在一个民众可以拥枪的国家，加之帮派分子大都握有黑枪，无时无刻不给警察的生命安全带来巨大的危险。为了保护自己，往往先发制人。即使如此，很多时候也是防不胜防，警察工作因而成为美国最危险的职业之一。

2013年8月14日凌晨，两个盗贼进入长岛纳苏县的一户华裔家庭盗窃。正在睡觉的房主夫妇被惊醒后报警，立刻有30多名警察赶到现场。其中一个盗贼在慌忙逃窜中向追赶的警员连开三枪，一颗子弹射中一个警察的下腹部，警察送医救治十天后出院 。被抓获的另一个盗贼是23岁的华人，来美只有几年，大学尚未毕业。2015年2月，这个华人被判30年监禁。

纳苏县巡警工会主席说：这个判决传递出一个信息，任何人向警察开枪，都会受到应有的惩罚。

2014年2月26日，纽约两名华裔警察在布鲁克林巡逻时，发现两个黑人青年乘坐公共汽车逃票，就准备上车带他们下来。两人看情况不妙，跳下车就跑，警察于是紧追上去。眼看甩不掉警察，其中一个黑人掏出手枪，在不足三米的距离照着警察射出三枪，三枪击中一个警察的大腿。受伤的警察倒地后仍然拔枪还击。另一名警察也未退缩继续追击，很快在增援警察的协助下将袭警的两个黑人抓获。

2015年5月2日傍晚，纽约市25岁的警察穆尔和搭档身着便装，开着没有警察标志的车辆巡逻。当行进到皇后区的一个交叉路口，看到有一个形迹可疑的男子正在腰间整理什么，穆尔便问他："你腰里带着什么东西吗？"这个男子粗暴地答到："当然有。"掏出手枪向警察连发三枪，其中一枪打中穆尔的面部。由于这一幕瞬间发生，警察根本来不及拔枪还击。穆尔被紧急送往医院，但由于子弹打中头部，从后颈穿出，击碎了脑干，即使生还也是植物人。5月4日穆尔的家人同意停止对穆尔生命延续的支持。凶嫌很快被抓获，是一个多次被捕的黑人累犯。

2015年6月13日零点之后，一名枪手驾驶一辆有装甲防护的厢式货车来到德克萨斯州达拉斯市警察局总部前，向着警局疯狂扫射，弹孔遍布楼前的警车、接待大厅以及二层的设施。在遭到警方还击后枪手逃跑，后来在双方交火对峙时被狙击手击毙。

根据事后调查，枪手35岁，曾三次犯下家庭暴力案。因有犯罪前科，一直难以找到好的工作。此次，因为失去了对儿子的监护权，于是敌视执法机构从而迁怒于警方。

尽管这次开枪滥射奇迹般地没有造成任何伤亡，但达拉斯市长表示不论耗资多少，都必须加强警察局的设施。

2015年8月1日深夜，白人警察博尔顿和同伴在田纳西州孟菲斯市执勤，在一个劳工聚集区执行拦截检查时，遭一个有抢劫前科的黑人男子连开数枪。博尔顿送往医院后不治身亡。博尔顿年仅33岁，曾作为美国陆战队队员赴伊拉克作战，2010年进入警界。

在2011年和2012年，孟菲斯市分别有两名警察被枪击身亡。博尔顿是近些年在工作中遇难的第三位警察。

面对此情此景，警方在表达了深沉的悲哀之后也发出了自己的质问：民众经常说，"黑人的命也是命"，现在我们也要问，所有人的生命包括警察的生命是不是也是命？

借警察之手自杀

正是由于警察时常处在一个危机四伏的环境，神经高度紧绷，也导致一些悲剧发生。

2014年11月22日，在俄亥俄州的克利夫兰市，警察接到报警，说有一个黑人男孩手持一把枪，曾在某一刻举枪瞄准路人。警察赶到后要求这个男孩举起手，但是这个黑人男孩掀起T恤要拔出腰间的枪。一个白人警察于是连开两枪打中男孩的腹部，男孩送到医院后第二天死亡。

事后证实这个12岁的男孩手里拿的是一把玩具枪。本来作为假枪应该在上面安装橘黄色的塞子作为安全标识，但这个玩具枪上的标识被拿掉了。应小孩家人的要求，警方公布了现场录像。

2015年12月28日，当地的司法部门宣布，现场的警察并不知道该男童手持玩具枪，警察虽然存在错误，但并没有犯罪，开枪的警察不会被起诉。

对于这个结果，男孩的家人十分悲痛和失望，但表示不惊讶。

有一个自杀者，就是利用警察对持枪抗拒者格杀勿论的准则，借此来了断自己。

2015年1月，一个30多岁的白人男子走到旧金山一个警察局停车场。这个停车场明示不对外开放，警察让他离开，他却把手放在衣服前面的口袋里，面对着警察后退。这个举动意味着警察面临威胁。警察命令他举起手来，他却拔出枪指向警察。这促使两个警察向他连开数枪。在送医不治身亡之后，警察发现他当时拿的是没有杀伤力的空气枪。从他的手机里警察发现他留下的三封遗书。其中一封是写给警察的：请不要自责，我利用了你们，情况非你们所能掌控，你们别无选择。他说自己是个懦夫，感到伤心和寂寞却不敢自我了结，只得出此下策。

警察正当开枪在刑事上虽然不承担责任，但作为公权力一方，在民事上却不能完全撇清干系。

家住加利福尼亚州罗斯蜜市的一个缅甸华裔女子，在大学毕业后就被诊断罹患了精神分裂症。2012年1月的一天，这个华裔女子再次来到名为“罗斯蜜亚太家庭中心”的诊室就医。当时医生看到她大腿上放着一把小铁锤，问话也没有任何回应，为防意外，就打电话报警，但电话中特别说明这属于“低度威胁”。

这个华裔女子看到四名警察到来，情绪一时失控，手持铁锤又喊又叫。其中一个警员拿出电击枪向她射击，但是华裔女子并没有被电击枪制服，继续冲向警察。这时另一名警察向华裔女子开了三枪，致其当场死亡。

洛杉矶县检察长办公室在调查之后，认定开枪的警察属于合法自卫，将不会予以刑事起诉。法医的验尸结果显示，当时电击枪只击中了华裔女子的衣服而未击中身体。

华裔女子的家属认为警察本应使用不致命的武器控制局面，但由于执法过当酿成惨剧，在与洛杉矶县政委员多次交涉后，经双方的律师协商，最后以支付180万美元的赔偿金达成和解。

危险时刻的迟疑

当警察或他人正在面临可能危及生命或严重伤害的不法攻击行为时，警察可以开枪。但是，可以开枪并不是必须开枪，开枪只是万不得已的最后手段。

尽管目前并没有全美范围内的数据，不过根据2012年联邦调查局的一份调查报告，警察本来可以合法开枪，但是在93%的情况下都限制使用致命武力。以纽约市为例，警察局保存了每年警察执行公务时的枪支使用情况，从1991年的犯罪高峰期以来，每年纽约警察涉及的枪击事件，已经由当时的332件下降到了2013年的81件，死亡人数由39人下降到8人。

一个曾是退役军人的华裔警察这样说：自己刚刚进入警察队伍到黑人居住区巡逻时，常常遭到黑人青少年的奚落、嘲笑甚至捉弄。因为你的个头没有人家高，你的体格看上去没有人家强壮，在执行任务时常常遭到言语侮辱和身体冲撞，但是当有一次彻底把他们打趴下的时候，他们反而像霜打的茄子蔫了。其实我们也挺怕死的，我们也怕早上出了门下午不能够回家。在一个可以合法持枪的国家，我们要时时提防、处处小心。有一次去抓捕凶嫌，当那个黑人拿着刀向我走过来的时候，我喝令他把刀放下，然而他还是逼近我。这个时候我是有权利开枪射击的。幸好他在离我仅1.5米的地方放下了手中的凶器，否则我可能会在刹那间夺走他的生命，但这绝不是我愿意看到的。

2015年1月的一个晚上，在纽约市曼哈顿区的哈莱姆黑人居住区，警察的汽车截停一辆可疑的雪佛兰休闲旅游车。被截车辆停住以后，驾车男子从车窗伸出双手，用一把疑似手枪的东西瞄准警察。在这千钧一发之际，举枪男子意外地中止了举枪动作驾车逃跑。按照警察的武力使用准则，此时可以马上开枪射击，因为对警察而言已经是生死攸关的时刻。当这辆车再次被警方截停以后，车上还有另外七人。当时瞄准警察的男子手中拿的并不是一把手枪，仅仅是一个有护套的手机。他只是借机向车内的人炫耀，说“射击一名执勤中的警察是多么容易的事”。这名男子旋即被捕。

仅仅由于警察稍许的迟疑，才使那个男子保住了性命。

加利福尼亚州从2016年1月1日起实施一项新的法案，用以改善执法机构和民众之间的信任关系。所有警察开枪射伤或射杀平民的事情必须呈报给州司法厅，这些资料连同犯人被扣押期间死亡的资料、不同族裔人群被捕的资料、执法人员受到攻击和伤害的资料，全部公布在一个名为“公开司法”的系统，供所有人查阅。

美国政府目前还没有可靠的每年被警察枪杀人数的报告。因为美国没有统一的中央警察机构。各州的警察机构执行本州的法律，行使本州所赋予的权力，不受联邦警察的领导。像联邦调查局这样的执法机构隶属于美国司法部，和各州的警察没有上下级关系。联邦警察机构的主要职能是执行联邦法律，打击全国性的重大违法犯罪。面对缺乏相关信息的批评，联邦调查局正在着手建立一个被警察枪杀人数的数据库。

《华盛顿邮报》通过记者的采访、警察的报告、当地媒体的报道以及其他信息来源，做出的统计数据显示，在2015年前5个月，有385人被警方击毙。数据同时还显示，将当地人口比例计入在内，黑人被击毙率是白人或其他族裔被击毙率的三倍。

美国政府1.7万个执法部门收集上报的数据显示，自2008年以来，每年大约有400人丧命于执法人员之手。

画地为牢的警察权力

破窗效应与“合理怀疑”

美国斯坦福大学的心理学家菲利普·津巴多曾经做过一项实验。他找来完全一样的两辆汽车，一辆停放到美国西海岸加利福尼亚州帕罗奥图市一个中产阶级社区，另一辆停放在东部海岸纽约市布朗克斯区治安混乱的街道。帕罗奥图被称为硅谷的中心，拥有很多高科技公司，享誉学界的斯坦福大学就坐落于此。布朗克斯区的居民以黑人和拉美裔为主，这个在纽约市拥有最多公园绿地的区域，以高失业率和高犯罪率雄踞美国前列。菲利普·津巴多把布朗克斯区那辆车的车牌拿掉，天窗也给打开，结果当天就被人偷走了。帕罗奥图市那辆车原封不动放了一个星期，安然无虞。但是当这个心理学家用锤子把那辆车的玻璃敲了一个大洞，结果几小时后这辆车也被偷走。

以此实验为基础，政治学家威尔逊和犯罪学家凯林提出了“破窗效应”的犯罪学理论。这个观点认为，如果对轻微犯罪打击不力，就会助长更严重的罪案；如果在混乱和无序的情况下，犯罪就会滋生发展。这就好似在一个不干净的地方，当有人丢弃烟头、随地吐痰，后来就会导致乱扔垃圾甚至随地便溺。而在一个洁净的环境之中，人们就会抑制损害环境、破坏环境的念头。

纽约市警察总局基于破窗效应的犯罪学理论，并以联邦最高法院对

“特里诉俄亥俄州案”的裁决结果为依据，从1994年朱利安尼担任纽约市长以后，建立起了防范并打击犯罪的拦截盘查制度。

“特里诉俄亥俄州案”始于1963年10月31日。

警察麦克法登这天身着便衣，在俄亥俄州克里夫兰市巡逻。期间他发现有三个男青年在一家商店前面来回走动、反复徘徊并向内张望，形迹十分可疑。麦克法登仔细观察之后，凭借自己多年的经验，判断这几人可能图谋不轨，于是走上前去，亮明了自己的身份。在询问过程中，麦克法登发现他们神色慌张，似有隐情。麦克法登让其中一个名叫特里的转过身去，用手去拍他的外衣，感觉藏有疑似武器的硬物。麦克法登就把三人叫进店内，结果从特里和凯顿的身上各搜出一把手枪。

这两人之后以携带隐匿武器的罪名被起诉。

在法庭上，被告的律师认为搜出的手枪不能作为犯罪证据，因为在这个案件中，警察的行为违反了宪法原则。宪法第四修正案这样规定：“人民的人身、住宅、文件和财产不受无理搜查和扣押的权利，不得侵犯。除非有合理的理由，以宣誓或代誓宣言说明搜查的地点和扣押的人或物，否则不得发出搜查证或扣押状。”律师认为，警察在没有搜捕令的情况下，当街拦截、询问并拍身搜查，这构成了对公民合法人身自由权和隐私权的侵害。

这个案子一直打到联邦最高法院。1968年6月10日，联邦最高法院对此案做出最终裁决：警察从特里身上搜出的武器可以作为证据使用。裁决意见认为：在这个案件中，警察凭借多年的执法经验而产生“合理怀疑”，在特殊紧急的情况下，为了保护自身和他人的安全，对嫌疑人进行拦截、询问和拍身搜查是正当的，警察在这个过程中所做的每一步都符合当时的实际情形，警察的行为并未违反第四修正案“禁止不合理搜查和逮捕”的总原则。

这里就涉及如何界定“合理怀疑”的问题。

“合理怀疑”，是指一个理性的人在当时环境下经充分评断、相信事件可能为真的情形。它的要点在于，强调以客观事实做判断基础，而不是凭主观出发单纯臆测。

拦截盘查制度的是与非

朱利安尼从1994年至2001年担任两届纽约市长。朱利安尼上任之时，纽约的治安和犯罪问题十分严峻，凶杀、枪击、抢劫、贩毒、强奸案不断发生。在1993年一年，谋杀案达到2420起，强奸案达到5008起。在担任市长之前，朱利安尼曾出任过联邦检察官，起诉过各种罪犯和很多犯罪集团头目。上任之后，他铁腕治理，重拳出击，以打击犯罪作为要务，与警察局局长联手，首先向轻微违法行为开刀，对那些跨越地铁闸口逃票、当街酗酒、随地小便、在他人汽车和墙壁上涂鸦、使用大功率音响、强行擦车索费等这种先前屡见不鲜的行为，进行强有力的“彻底清洁”。事实证明这些人当中，不少是通缉犯，还有的非法持有枪支。

以拦截盘查作为事前打击犯罪的战术，使得贩毒者和枪支从街头大幅消失，受到纽约市民的称赞，也使纽约犯罪率持续降低。当时在街头，尤其在黑人和拉美裔聚居的地区，当巡逻的警察看到黑人或拉美裔青少年形迹可疑，比如四顾环望、神情诡异，或者非同寻常地接触和交易，就会喝令站住，接受警察盘问，接着拍身搜查。根据统计，在这种情况下大约有十分之一的人，被警察从身上查获了枪支或毒品。

根据《纽约时报》报道的数字，在朱利安尼当政结束之时，纽约的凶杀率下降70%，强奸率下降40%，抢劫率下降68%，汽车被盗率下降74%，枪击受害者减少71%。

彭博从2002年至2013年连任三届纽约市长，延续强力打击违法犯罪的策略，在拦截盘查处于高峰的2011年和2012年，分别达到68.5万多人和53.3万多人。

在彭博担任市长的12年中，超过500万纽约人遭遇拦截盘查，其中430万是黑人和拉美裔。在拦截盘查人数最高的2011年，成为警察拦截盘查目标的人中有九成是年轻的黑人或拉美裔。

问题的另外一面是，这些被拦截盘查的人中，其中接近90%都是无辜的。一些黑人父母也告诉自己的孩子，即使遭到警察骚扰也不要提高声音，要让警察一直能看到自己的双手，这个时刻切记千万不能伸进口袋掏东西。在这种情况下，拦截盘查制度受到广泛质疑。批评者称，只因为某个族裔的犯罪率高，就怀疑这个族裔的人都有犯罪意图，让这个族裔的全体成员承受警察过分的执法力度，这是间接的种族歧视。

在2008年2月，布朗克斯区的黑人弗洛伊德，当他这天走到祖母家时，住在地下室的租客请他帮忙，因为租客自己将钥匙锁在了房间无法进入。弗洛伊德于是跑到楼上，拿了一串钥匙下来，和租客一起一把一把地试开。当试到第六把钥匙时，门终于打开了，不过这时警察也赶来了。警察以警觉的目光锁定他们，依照既有的思路，弗洛伊德的肤色和行为已经“具备”了犯案的基本特征，于是对弗洛伊德及租客进行了盘查和搜身。

2013年3月，“弗洛伊德诉纽约市”一案，在位于曼哈顿的联邦地区法院开庭审理。包括弗洛伊德在内的四名黑人和总部设在纽约的民权组织“宪法权利中心”，起诉纽约市、时任警察总局局长凯利及市长彭博实施拦截盘查带有种族歧视，违反宪法。

8月12日，法官谢恩德林做出裁决，认定拦截盘查的政策违宪。法官认为，在犯罪率持续降低的情况下，拦截盘查的次数在过去十年之中出现猛增，这是对宪法平等保护条款的无视。虽然法官谢恩德林并没有下令禁止实施拦截盘查，但建议在联邦机构的监管下实施改革，并设立独立职位监督警方执行此项政策，以防止针对特定族裔的种族侦防。

市府官员则认为，成功地将谋杀案及重大犯罪的数量降至历史最低点，这要归功于警方的截停盘查举措。纽约市在过去12年里，犯罪率下降了大约40%，在过去20年里，犯罪率下降了大约80%，拦截盘查功不可没。拦截盘查截获了数千枪支，实际上拯救了数以千计黑人青年和拉美裔青年的生命。面对这个裁决，市长彭博怒斥法官谢恩德林故意拒绝给予纽约“一场公平的审判”，表示将提起上诉。

白思豪2013年在竞选市长之际，因激烈批评纽约警察拦截盘查行动而获得了黑人和拉美裔的广泛支持。白思豪说，拦截盘查违反宪法，涉及种族歧视，因为绝大多数拦截盘查发生在黑人和拉美裔青年身上，明显只与肤色有关，而没有足够合理的依据。但白思豪闭口不谈纽约刑事犯罪案件中，只占人口23%的黑人，在犯罪比例中占到了61.9%，以及黑人和拉美裔犯罪率居高不下的事实。

2014年白思豪上任的第一个月，就和挑战纽约市拦截盘查制度的民权律师达成协议，撤回前市长彭博向上级法院提起的上诉，终止了这场十多年的拦截盘查是否违宪的诉讼。

纽约市在20世纪80年代被称为犯罪之都，到现在被评为美国最安全的大都市之一，执法权力的扩张和公民权利的声张始终没有停止博弈。纽约市从2015年9月21日开始进行了拦截盘查制度的改革。针对那些被拦截问话、搜身但最后证明没有问题、也未被逮捕的人，纽约巡逻执勤警察会递上一张卡片，上面写有警察的名字、工号、被拦住盘查的原因，包括对警察进行投诉的渠道和方式。

人们期望通过这种探索，这种透明公开的作业方式，能够在打击犯罪和保障民众权利之间找到最佳的平衡点。

没有逮捕令也可实施逮捕

需要说明的是，当警察处在一个特定场合，对一个可疑的人的观察达到“合理怀疑”的程度，对此人进行拦截问话并进行搜查，警察并不能理所当然地对被盘查人进行随心所欲的搜身，一般情况警察只能对被盘查人进行身体外部拍触，即所谓“拍身”，确认没有问题就必须放行。如果警察询问被怀疑人姓名、住址、在外逗留的原因及去处，而被怀疑人无法合理解释自己的行为，警察才可以临时拘押嫌疑人并带至警察局继续盘问，但是时间不能超过两个小时。若无任何证据，就必须立即释放，并不得留下任何官方记录即所谓案底。若疑点重重，有重大嫌疑，两小时无法搞清楚问题，则须向法院申请逮捕令。

但是逮捕令并不是美国警察抓人的必要条件。警察在执法当中，如果有“相当理由”认为该嫌疑人正在实施或已经实施了犯罪行为，没有逮捕令也可以将其拘捕。“相当理由”的定义是合理确信此人有刑事责任，也就是说，已经掌握了相当的事实和证据来“让一个谨慎的人相信，需要逮捕的人已经或正在犯下罪行”。这样的理由必须要在实施逮捕前就已存在，而不能是在逮捕后再找到这样的理由，否则实施逮捕后所获得的证据在法庭上将被认为是无效的，并且逮捕行为本身也是非法的。“相当理由”是一个比“合理怀疑”更高的标准。

有一位美国学者对证据把握的确信度做了以下排序：绝对确定为100%，毋庸置疑为95%，确切证据为80%，相当理由为50%，合理怀疑为20%，怀疑为10%，合理疑虑为5%，征兆为0%、无证据为0%。

在美国被逮捕并不是什么大不了的事，很多人都被警察逮捕过。逮捕并不代表你有罪，最重要的是不要被法庭定罪。如果遭到错误逮捕，政府须承担相应的责任。

2016年2月纽约市皇后区一家人的炉灶忽然失火，消防人员赶来灭火之后，发现烤箱里面有一把已经无法使用的手枪（美国人的炉灶与烤箱大都是一体化设计）。消防人员没走警察就闻风而至，因为没有持枪证，警察以非法持枪的罪名将母女二人逮捕。后来弄清楚，这把手枪与她们无关，是她们在购买这个二手炉灶时“捎带”过来的。

无辜被抓，母女俩以警察滥用权力控告纽约市政府。经过和解，市政府赔偿她们7500美元。

21岁的乔治就读于加利福尼亚州的波莫纳学院，同时在谷歌兼职做电脑程序编码设计。波莫纳学院在2014年《美国新闻与世界报道》全美文理学院的排名中位列第四。

乔治从家乡费城要飞往加州，到了机场，过安检时被拦了下来，机场运输安全局的工作人员扣押了他。因为工作人员从他的包里发现写有“炸弹”“杀死”的阿拉伯文字卡片，还发现他去过几个阿拉伯国家。

在侦讯半个小时后，运输安全局的工作人员将他移交给费城警方，在那里又被拘留了四个多小时，期间有一半时间给他戴着手铐。后来联邦调查局的人员到来才排除了嫌疑，确认他在学习阿拉伯语，那些卡片只是用来记单词而已。

乔治以违犯言论自由和限制人身自由的罪名将当局告上法庭。法官裁定，司法部赔偿乔治2.5万美元。

“米兰达告诫”

人们看美国警匪片，常常有警察抓获犯罪嫌疑人时千篇一律说着这么一段话：“你有权保持沉默，否则你所说的一切，都能够而且将会在法庭上作为指控你的不利证据；审问之前，你有权与律师谈话，得到律师的帮助和建议；你受审问时有权让律师在场；如果你想聘请律师但却负担不起，法庭将为你指定一位律师。”

这就是著名的“米兰达告诫”，又叫“米兰达宣言”。美国警察（包括检察官）在讯问刑事案件嫌疑人之前，必须明白无误地告知其享有行使沉默权和要求得到律师协助的权利。

米兰达是一个罪犯的名字。1963年，米兰达涉嫌抢劫、绑架和强奸被警察逮捕，经过两个小时的审讯，全部招供，后来在简单的法庭审判中被判监禁20年。

在美国公民自由联盟指派的两名律师的帮助下，此案一路上诉到联邦最高法院。美国公民自由联盟是一个创立于1920年的大型非营利组织，它的宗旨是“捍卫和维护美国宪法和其他法律赋予这个国度里每个公民享有的个人权利与自由”。这个组织的参加者包括教授、律师这样的义务工作者。那些社会底层的弱势群体和少数族裔，以及那些寂寂无名的小人物，越是受到打压，这个组织就越是“亢奋”，常常站在政府的对立面，义不容辞地为这些人辩护，在法律上为他们寻求公平与正义。

1966年，联邦最高法院以5：4的一票之差通过裁决：警察有义务在告知嫌疑人所享有的权利之后，才能进行审讯。联邦最高法院同时判定地方法院对米兰达的判决无效，并发回重审。

后来法院重新开庭，以前米兰达的证言都不能再作为证据使用。米兰达第二次获刑，被判11年有期徒刑，不是因为自证其罪，而是米兰达的女友作为证人，提供了对他不利的证词以及其他证据。

如今在警察系统的操作中，一般是让嫌疑人阅读印有“米兰达告诫”及相关权利的文字，并要求其理解之后在上面签字，或者用录音录像记录备案。在法官面前，只有具备一份原始的、嫌疑人宣布放弃沉默权和其他权利的原始证明，嫌疑人的口供才能为法庭所采信。

饶有意味的是，米兰达假释出狱后的1976年，在一次斗殴中被刺杀身亡。警察抓获一名嫌疑人后向他宣读了“米兰达告诫”，但由于这个嫌疑人“沉默是金”，又没有其他佐证，米拉达被刺案最终没有一个人遭到起诉。

假如被警察抓到的这个嫌疑人真的是米兰达的加害者的话，可以说凶手没有受到应有的惩罚，与“米兰达告诫”直接相关。

这样说起来，米兰达未能报仇雪恨，他实在是死得冤。但是，由于嫌疑人享有的沉默权和请求律师的权利，避免了无数人被屈打成招的命运，保障了被扣押人的权利，把因为刑讯逼供而造成的冤假错案降到了最低点，从这个意义上讲，米兰达功莫大焉。

当时“米兰达告诫”在警方办案过程中实施以后，全美的破案率一度严重下降，但与此同时，这也迫使警方把大量精力从审讯和拷问，转移到刑事勘察和证据科技分析以及主动侦查出击上，包括通过钓鱼执法获取犯罪证据。

美国也有钓鱼执法

钓鱼执法是执法机构打击犯罪的必要手段。只要执法人员能够证实其未故意引诱他人犯罪，而只是向调查对象提供犯罪的机会，法官都会裁定“钓鱼执法”合法。钓鱼执法对于执法机构，比起刑讯逼供获取口供，需要付出高得多甚至是巨大的执法成本。

2014年11月，纽约警方一举破获了一个利用长途巴士走私黑枪的贩枪团伙，没收70多支非法枪支，抓获8名嫌疑人。犯罪嫌疑人在佛罗里达州的枪展上购枪，利用的就是不进行背景调查这个漏洞，然后通过华人经营的长途巴士贩运。当然华人并未卷入此案，因为他们毫不知情。为了破获此案，警方派出卧底扮成买家，在长达半年多的时间内与贩枪团伙频繁联络，在布鲁克林面对面交易11次，购买了33支枪，同时进行隐蔽的录音摄像，搜集到往来传送的大量文字与图片，以此作为法庭控罪的证据。

2015年3月，美国移民与海关执法局和国税局的执法人员突袭加利福尼亚州的50多个月子中心，展开专门针对中国孕妇来美产子的执法行动。为了这次突袭，卧底用两年的时间以孕妇身份进入月子中心，从如何申请签证，如何应对领事馆人员的询问及海关人员的盘问，到如何联系医院，如何延长签证，如何办理婴儿出生文件，以及月子中心如何逃税，如何怂恿部分中国孕妇利用针对美国贫穷或低收入无保险家庭的优惠政策，少付或者不付就医的费用——调查涉及多家月子中心的营运。

周国祥案，可以说是联邦调查局进行钓鱼执法的一部精彩剧作。

周国祥出生于香港，16岁移民来美。联邦调查局为了坐实周国祥案，追踪时间竟然超过10年。

2010年，联邦调查局先派一个会讲粤语的华裔卧底与周国祥周旋一年，假扮经纪人与周国祥见面六次。华人卧底称可以介绍投资者，将第二名化名乔丹的卧底牵线与周国祥相识。乔丹假扮来自东海岸意大利黑手党的家庭，潜入旧金山华埠洪门致公总堂内部，花了一年的时间才取得周国祥的信任。因为周国祥过去曾做过联邦调查局的线人，了解暗中查案的技巧，对卧底而言这项工作风险极高。只是乔丹看起来像十足的黑道中人，既贩毒又走私军火。在充满危险的三年多时间里，卧底侦查黑社会的脉络，搜集犯罪证据，同时借由这层关系接近加利福尼亚州华人参议员余胤良，伙同另外的卧底又为余胤良提供政治献金。2014年3月，执法人员决定收网，将周国祥一干人连同余胤良等悉数逮捕。

2016年1月，旧金山联邦法院陪审团裁定，旧金山洪门致公总堂老大周国祥合谋有组织犯罪、谋杀前致公堂老大梁毅、洗钱和走私烟酒等162项罪名全部成立，判处周国祥终身监禁。

程序正义

前面说到的“米兰达告诫”，并不是一种形式化的操作，而是程序正义理念在司法过程中的必要体现。

美国有个别华人打着按摩店的幌子操持色情行业，有的为了规避风险，独辟蹊径在公寓楼租房从事秘密行当。加利福尼亚州的阿罕布拉市，一男二女就这样遭到邻居举报。警察观察一周之后敲开房门，华人男子在惊愕之余只得由警察搜查。虽然没有抓到现行，但华人男子在警察凌厉的攻势下承认自己拉皮条，并承认另外两个女子为自己所雇，相互配合，坐地生财。华人男子于是遭到逮捕。

然而到了法庭上情况完全逆转。在华人男子所聘请律师的要求下，法官宣布撤销此案。

因为律师抓住了警察低级而致命的错误：在没有搜查证的情况下进入民宅搜查，侵犯了这个人的宪法权利。警察由此获得的证据，其来源不具合法性。

2007年7月19日傍晚6点55分，家住纽约市布朗克斯区的22岁黑人女子丹尼尔，被带到了警察局。

四年前，家住布朗克斯的一位91岁妇人，在自己家中被人用塑料袋套住头，后拿围巾活活勒死。死前还遭到丧心病狂的殴打，并被强迫喝下放了毒药的酒。

丹尼尔刚开始装聋作哑，但随即招认，这起杀人案是她和另外一个名叫潘顿的女子所实施。

到了7时10分，警察向丹尼尔宣读了“米兰达告诫”，并录下她招供的全部内容。

随后丹尼尔和潘顿分别被法院判处25年到终身监禁（服刑20年可以申请假释）的刑罚。

然而到2014年，上诉法院推翻了丹尼尔的杀人罪名，撤销了下级法院给她做出的25年到终身监禁的判决。因为警察晚了15分钟宣读“米兰达告诫”，上诉法院将案件发回重审，之前丹尼尔所做的所有供词，都禁止检察官在未来的诉讼中使用。而被判同样刑罚的潘顿，其杀人罪名维持不变。

这就是美国法律文化中的程序正义传统。程序正义是相对于实质正义而言的，它强调对规则的恪守，强调规则体现出的形式上的合理性。1939至1975年间担任美国最高法院大法官的道格拉斯说：“权利法案的绝大部分条款都与程序有关，这绝非毫无意义。正是程序决定了法治与随心所欲或反复无常的人治之间的大部分差异。坚定地遵守严格的法律程序，是我们赖以实现法律面前人人平等的主要保证。”

“画地为牢”这个成语，本意是说在上古时期人们都很自律，如果某人犯了错，就在地上画个圈把他限制住以示惩罚，即使无人，这个人也决不会走出圈子半步。在地上画圈如同后来的牢狱，比喻只许在指定的范围内活动而不得逾越。美国警察看起来有极大的权力，在特定情形下甚至具有开枪致人死命的权力，但是，警察权力又都是画地为牢的权力，这个“牢”，就是不能逾越的规则与程序。

一英里与一百年

女教授与“22个淫荡的中国女性”

国内一所大学的一位年轻女教授，2015年到美国做短期学术交流。在入境时海关人员单独向她问话，对其教授身份表示怀疑。因为她穿着入时，相貌美艳，海关人员的言语中隐含着是不是到美国来卖淫的意思。这种暗藏玄机的质疑，将她混同于那些赴美别有所图、以色牟利的人，让这个知识女性深感屈辱。

这与一百多年前“22个淫荡的中国女性”一案虽然并无可比性，但就歧视而言，却有某种相似性。

1874年8月24日，一艘从香港驶来的轮船停靠在旧金山码头。加利福尼亚州的移民官踏上轮船检查上面的所有船客。当时船上的600多人基本上全是华人。其中有22名女性乘客让移民官感觉十分可疑，因为她们既没有丈夫陪同也没有孩子随行。移民官于是按照加州的法律，要求船主为她们每人支付500美元的保证金才准许下船。在遭到船主拒绝以后，移民官下令将这些女子拘留，并强迫要船主将这些人带回香港，理由是这22人可能是妓女。

这22位中国女性于是聘请律师控告州政府。在法庭上尽管每个女性都强调自己是无辜的，但还是有一个传教士作证，说中国那些淫荡的女性所穿的内衣都会是大红大绿的。当法官以及双方的律师透过她们宽大的衣袖，看到里面果然穿着花色的内衣，法官于是判定，这些人都是妓女。

这22位女性上诉到联邦巡回法院，法官菲尔德做出了裁决。菲尔德说：州政府尽管有权利拒绝罪犯、麻风病人、绝症患者以及其他可能成为公共负担的人，但外国人来到本国，就不受州政府的控制和干扰，州政府如果虐待外国人，有可能引发战争，联邦法律不能为州政府的法律所绑架。菲尔德裁决22位华人女性胜诉。州政府又将这个案子上诉至联邦最高法院，1878年3月最高法院维持巡回法院法官的判决，以22位中国女性的最终胜利而告终。

前面这位女教授被歧视性地影射固然冤枉，然而有道是无风不起浪，在美国，确实存在一个为数不少却又难以统计的从事色情行业的华人群体。在美国许多大中城市，尤其是纽约州和加州，华人开的按摩店遍地开花，其中不少从事色情行业或游走于灰色地带，这已经是人所共知的事实。

从事色情业的人每个族裔都有，目前尚未得到华人在此领域“一枝独秀”的数据。不过，这位女教授遇到这种歧视，完全不同于华人在美国历史上遭遇的种族歧视，因为那完全是制度性的施加与外力压迫。

曾有一部《排华法案》

根据现有资料记录，在1849年之前，美国的华人只有300多人。自旧金山发现金矿以后，到1852年已有两万华人来到旧金山。1869年美国西部的太平洋铁路通车，其中近1100公里的太平洋铁路西段，有95%的工作是华工加入筑路大军后在四年时间里完成的，华工最多时占到了铁路工人的80%。虽然这项工作充满了艰辛，在恶劣的环境中有很多华工付出了生命的代价，但在民不聊生的清末，漂洋过海到美国谋生做苦力仍然是上乘的选择。到1870年，华人占加州总人口比例虽然只有8.6%，但劳动力人口比例高达25%。到了1880年，旧金山地区的华工已占总劳动力的三分之一。

在旧金山的淘金热后期，当黄金变得难以寻觅、竞争日渐激烈的时候，本土居民对包括华人在内的“农民工”的敌视也随之加剧。在华人被强行驱逐出金矿之后，他们通过在餐馆、洗衣店打工挣得微薄的薪水来维持生计。到了1870年之后，由于经济低迷，本土居民把这一切归咎于承担繁重劳动却只拿低廉工钱的华人，认为华工夺走了他们的工作机会，使得他们收入下降，反华情绪日益高涨。尽管华人在提供价格低廉劳动的同时并不占用诸如学校、医院等政府的基础设施，因为华人移民的全部人口中成年男性占绝大多数，但加州议会仍然通过制定各种法律，日益强化对华人的差别待遇。

早在1852年，加州政府就通过“外国矿工执照税法”，用高额收费盘剥华工。1854年加州最高法院宣布不准华人在法庭作证。为了整治手抬肩扛走街串巷的华人“棒棒军”，旧金山市议会在1870年通过“街边挑担法规”，不准市民在人行道上肩挑竹篮走动，否则罚款5美元。1876年又通过“洗衣馆法规”，不用马车送货者每季需缴税15美元，目的也是剥夺华人“棒棒军”的赚钱机会。报纸从各方面质疑和谴责华人，警察也尽可能寻找一切微小的机会来逮捕华人。尽管华人当时已经是加州最大的移民群体，但面临比美国黑人更严厉的种族歧视。

1882年美国国会正式通过《排华法案》。法案的主要内容是：绝对禁止华工入境10年；其他居美华人，如果没有适当的证件一律驱逐出境；今后各地均不得准许华人加入美国国籍。1892年，美国国会立法把所有的排华法案都延长了10年，而且又新增了歧视华人的条款。1902年再度立法延长所有排华法案10年。1904年美国国会议决，《排华法案》永远有效。

法案通过之后，美国的男性华人几乎丧失与他们的妻子团聚或者组建家庭的机会。尽管《排华法案》在1943年被废止，但在1948年之前，加州仍未废除禁止华人与白人通婚的法律。而1879年加州通过的禁止政府与公司雇用华人的法律条款，直到1952年才被废除。

《排华法案》是美国通过的第一部针对特定族群的移民法。这部使种族歧视完全制度化、合法化的法律是美国历史上最臭名昭著的法律之一。

127年后的2009年6月23日，加州众议院通过正式决议，为曾经通过针对华人的歧视性法律道歉。130年后的2012年6月18日，美国国会通过正式决议，为《排华法案》向全体在美华人致歉。

严控种族仇恨

如今每一个离开故土，移民到异域的华人，无不关心自己作为少数族裔，会不会遭受歧视，是不是二等公民。在民权运动过去半个世纪以后，历史显然已经翻到了新的一页。

2015年9月初，旧金山的波托拉社区，在篱笆、外墙、公共游乐场和人行道等地方出现了“No More Chinese”（“别再有华人”）的文字涂鸦。旧金山的华裔有17.22万，约占全市人口的21%，属于当地人口最多的少数族裔，事发地波托拉社区的亚裔人口约有50%。

警方立即开始侦查这个案件，很快就抓获了犯罪嫌疑人，是当地一个62岁的意大利裔退伍军人。

在法庭审理中，尽管这名白人的律师辩称：每个人都有宪法赋予的表达意见的权利，他的当事人并非针对某个个人进行威胁和攻击，也没有对某个个人造成身体伤害。但陪审团还是一致裁定，其被控的6项仇恨犯罪和7项故意破坏公物罪共13项罪名成立。2016年3月被告被判三年缓刑，赔偿受害人及商店清除涂鸦的费用和损失，在社区服务400小时，其中最少要在亚裔和华裔社区服务100小时。如果在未来三年缓刑期间违反规定，将会被判刑13年。大概是嫌惩罚还不够重，旧金山地区的检察官解释说：由于被告过去没有犯罪记录，在事件中没有伤害任何人的身体，难以争取到更长的刑期；但他如果在缓刑期违规，等待的将是严厉的惩罚。旧金山是一个多元化和包容性的都市，对任何种族仇恨事件必将严加检控。

2015年4月23日，在旧金山的一辆公共汽车上，一名华裔妇女因身体不适吐口水在车上，结果招致一名黑人妇女的不满，先是嘲讽既然来美为何不学好英语，接着就她的亚裔背景进行辱骂。可能觉得只是骂仍然难解心中之气，上去又一阵拳脚相加。

这个黑人妇女随后被逮捕，被控以仇恨犯罪、伤人、殴打等多项罪名。

华人社区的问题

“法律不能使人人平等，但是在法律面前人人是平等的。”这是英国法学家波洛克的话。如果一个族裔如今身处美国这样一个由移民组成的多种族国家，在平权运动过去半个世纪的今天，认为自己的族裔在遭受着不公平对待，受到了多数族裔或其他族裔的歧视，那就需要检讨是不是自身出了什么问题。

加利福尼亚州巴沙迪那市的无家可归者关怀服务协会，42年来每年都会在中央公园举行圣诞餐会，让那些流浪汉和弱势、清寒人士前来就餐。这些食物均来自各方捐助，每年准备500个以上的座位，很多来自学校、教会和社区的义工自愿到这里服务。但因为进场并不确认身份，总有一些年长的华人前来“赏光”。他们衣着光鲜，打扮入时，手拎名牌包，用餐期间还不时用手机自拍，并自我解嘲说“现在我们可是穷人啦”，高声喧哗说笑，格外引人醒目。

在华人聚居区的图书馆里，时常有华人旁若无人长时间拨打电话，见面放声打招呼，互相聊天毫不顾及他人感受，更有华人为争看报纸而互相唾骂竟至推搡。很多中文图书的页面遭画线批注，虽然言不及义却都以金圣叹、毛宗岗的徒子徒孙自居。有的页面还夹带着饭粒，留下类似汤汁的印迹。其中中文装修与美食食谱书籍，不少或被撕页或被挖了天窗。

加利福尼亚州尔湾市华裔人口约占全市人口的25%，但全市一半以上交通违章罚单开给了华裔车主。在纽约华人聚居的街区行走，到了有STOP牌子的路口，常会遇到不礼让行人的司机，抬头看去，绝大多数都是华裔面孔。

美国商场允许退货，向来是不问理由的。有的华人举行婚礼之前购买一部摄像机，婚礼结束后摄像机的使命完成了再退回去。有人购买一台电暖器，因为允许退货的时间较长，使用到最后一天退给店家，然后到另外一个商场再买一台，如法炮制，等到天气暖和重又退给商场。更有人将放在车上已经融化的巧克力拿去退货，占小便宜的阴暗心理让一个善意的制度常常遭到挑战。

粮食券本来是政府给低收入者提供的一项福利。一些华人身着名牌服装、开着豪华汽车招摇过市，却又以当仁不让的心态享用它。2015年7月，伊利诺伊州政府展开追讨行动，有多个华人提供不实资料，申领粮食券填写的金额与实际收入不符，涉嫌造假，被追回之前发放多年的粮食券补助。

申领粮食券的另一个极端则是高调炫富。根据美国CNW市场研究公司分析，中国留学生2012至2013年在美国购车金额达155亿美元。中国留学生集中的纽约州、马萨诸塞州和加利福尼亚州，大学校园及其周边常见刚刚成年的留学生们动辄驾驶玛莎拉蒂、兰博基尼、宾利等豪车风驰电掣，引发不少当地美国人对中国学生的负面看法。

纽约皇后区艾姆赫斯特的华人，在2014年6月至7月间，因为纽约市游民服务局为无家可归者建立庇护所而进行示威抗议一事，在华人社区曾经喧嚣一时。

6月17日近千华人聚集在泛美酒店门口，将这里围得水泄不通，口号声震耳欲聋。现场的呼声是“不要再建收容所了！”“在三个学校间设立收容所真是天大的笑话！”“漠视社区意见一意孤行！”“不要在这个地方！”“搬走！”这样近千人的大规模抗议一共发生过三次。有些华人家庭倾巢而出，孩子手里也拿着抗议标语，上书“我们不要生活在恐惧中”。这种现象让一些人颇感意外。华人平时对公共事务大多不甚关心，此次蜂拥而出，一定是涉及了华人的切身利益。

白思豪接任纽约市长以来，在皇后区新增了三个无家可归者庇护所（即收容所）。其中这个名叫泛美的酒店因废弃多年，由市政府游民服务局和一个非营利机构将其改建为泛美游民庇护所。政府做事确有欠妥之处，木已成舟才通知当地社区，让华人有了抗议的口实。另外华人指出，有一些游民（即无家可归者）小偷小摸，顺手牵羊拿走商家的物品，甚至有人吃霸王餐。

但当地居民最担心的是游民的子女大举进入学校。根据1987年联邦政府通过的“协助游民法案”，游民的子女可自行选择入读所在区域的公立学校，被选中学校不能拒绝，哪怕他们的子女没有免疫证明。而这一带的学校已经比较拥挤。因为到了8月中旬，泛美游民庇护所里55%为双亲家庭，676名居民中有363名是未成年人。

《纽约时报》的一篇文章引用了现场华人居民对游民的激烈言辞：“你看到他们，就觉得他们会来抢劫你，这让我觉得不舒服。”因为无家可归者中有黑人也有拉美裔，抗议活动显然已经牵扯到种族议题。一位加入第一次抗议活动的市议员说，因为对华人居民的回应立场感到担忧，表示不再参加接下来的活动了。

鉴于这种情况，纽约市游民服务局的局长与皇后区的17位教堂神职人员进行了一次电话会议，呼吁他们协助市政府，改变社区居民对游民的态度。一位信教的义工无不遗憾地说：“当你们抗议的时候，有没有想过那些躲在窗帘后面向外看的游民的孩子？”

两位纽约市华裔议员就此发表了一封公开信，呼吁华人对游民保持正确的心态。公开信说：“作为几十年前从香港移民至此的纽约人，我们很感自豪。但我们很痛心地看到这样的话从本市华人社区成员之口说出。我们希望艾姆赫斯特的华人社区对这些无家可归并努力维持生计的游民们保持宽容和同情。这些游民并不能选择自己被安置的地点。我们希望所有的抗议者都能暂时停止抗议活动，希望能够站在游民的立场想一下，他们生活中所面临的挑战，一个新的机会和新的开始对他们来说有多么重要。”

由约翰想到骆家辉

纽约市皇后区的丘园是一个犹太人聚居的区域。在温暖的时节，这一带绿意盎然，树木葱茏，公寓和别墅掩映其中，宛如都市里的村庄。

应约翰之邀，我又来到这里。快到一个十字路口，我看见一个犹太人拉着一条小狗迎面走过来，在离我不太远的地方，小狗汪汪汪地叫了起来。我环顾左右，并无他人，看来它是针对我的。主人拽了几下手中的绳子，意思是对狗说“别多嘴！”便和我交错而过。

走过两个路口，又见一个犹太人牵着两条斗牛犬走来。在狗的种类里，我唯独不喜欢斗牛犬。我欣赏不了它们那种故作深沉的面相。正这么想着，两只狗忽然向我狂吠起来。我心里一惊，莫非它们给我定了一条腹诽之罪，此时不但不住口，还使劲往我这个方向冲。我站住不动，狗的主人于是猛喝一声，把它们的气焰给压下去一半。这个犹太人接着对我歉意地笑笑，把手里的绳子往回收了一大截，拉着它们绕开我走过。两只狗走过以后，还几次回头朝我张望。

我短暂地纳闷了一小会儿，便明白了其中的原委。我自己也养狗，了解狗的习性。这一带居住的几乎全是犹太人，冬天男人们的穿着打扮差不多是清一色的黑色大衣黑色礼帽，当它们看见一个身着“奇装异服”的人，马上断定你不属于这个圈子，于是“非我族类其心必异”的简单心理模式和“心直口快”的特性决定了它必然有所表达。

约翰的家就在丘园的中心地带。此时他正在照旧喝他每天都不能缺少的咖啡。我和约翰聊了半天之后，忽然想到刚才三条狗对我的严重“敌视”，我便问他：你在犹太人聚居区住了这么多年，作为一个华人，你有没有过遭受歧视的经历？

约翰用疑惑的眼光看着我，大概觉得我的问题很奇怪。他不屑地说：“有什么歧视不歧视的。你看不起我？我也看不起你呢！”

约翰本姓朱，约翰是他的英文名字。约翰的父亲原来是国民党空军地面部队的一个军官。1946年在他四岁之时，父母带着几个孩子去了台湾。后来他在台湾上了大学，读化学工程专业，毕业后在台湾工作、结婚。虽是戒严时期，但留学的大门并未关闭。1971年约翰来到美国，在纽约大学攻读硕士学位，主修机械工程。和当时的大多数年轻人一样，约翰读书期间勤工俭学，自食其力，还能靠打工所得，寄一些钱回去补贴家用。毕业后他留了下来。刚开始工作并不好找，他曾经去加油站应聘，因为个子矮而被拒绝。去唐人街给华人打工，也没有机会，因为他不懂广东话，当时唐人街的第一语言是粤语。不过这样的时间并不是很长，后来他就找到了与所学专业相吻合的工作，从此机械工程的工作伴随了他大半生，直到65岁退休。因为他的技术才干和双语背景，在中国大陆改革开放之后，作为美方的技术专家，约翰经常被派驻中国大陆进行中美大型工程项目的合作。他曾经在曼哈顿110层的世界贸易中心，即在“9·11”恐怖袭击中被撞毁的双子塔大楼上班。这座建筑曾经是纽约人的骄傲，人还没有踏上纽约的土地，就看见这两座高耸入云的地标建筑。那时候他把家安在与纽约一河之隔的新泽西州，上下班只需转一次车即可到家。新泽西的别墅占地约1000平方米，房子330多平方米，临近常春藤名校普林斯顿大学。

和绝大多数华人一样，他和太太极其重视孩子的教育。他的女儿毕业于常春藤宾夕法尼亚大学沃顿商学院。宾夕法尼亚大学自不必说，沃顿商学院是全球最著名的商学院之一，学术声誉首屈一指。女儿现在有自己的金融公司，从事资产管理。他的大儿子毕业于密歇根大学安娜堡分校。这是美国也是全球顶尖的公立大学，与加州大学伯克利分校、弗吉尼亚大学并称美国公立三强。他的小儿子毕业于常春藤名校哥伦比亚大学。除了小儿子正在创业，他的女儿和大儿子早已事业有成。当我说到“你的女儿和大儿子都已迈入中产阶级的行列”时，约翰特意给我纠正了一下，“应该说是有产阶级”。

像约翰这样的华人，在追逐个人梦想的同时，将第二代人推上了更高更宽阔的平台，事实上在为美国这座大厦添砖加瓦。约翰现在已经不太习惯用中文来写作，他用英文思维完全融入了这个社会。在小儿子考上哥伦比亚大学以后，他们卖掉了新泽西的房子，常住纽约市。如今他在纽约有几处房产，除了退休金，每月还有丰厚的租金收入，日子过得悠闲而自在。对他这样有底气的人而言，歧视的确是一个很遥远的概念。

有记者在采访前美国商务部长、前美国驻华大使骆家辉时，说你一路走来，华裔背景是否影响过你的从政生涯。他的回答是：华裔背景既未在我竞选金县县长时影响我、阻碍我，也未在我竞选州议员时影响我。即使在我竞选华盛顿州长时也是这样。我知道有一些人不投票给我，是因为我是华裔美国人或者说是亚裔美国人，但是，那部分人少到微不足道。

骆家辉的爷爷最初来到美国，在华盛顿州帮人洗碗、扫地、洗衣服做佣工。骆家辉的爸爸在十二三岁的时候由爷爷带来美国。1997年骆家辉宣誓就任华盛顿州州长后搬进州长官邸，官邸离他爷爷最早工作的民宅仅仅一英里（约1.6千米）。骆家辉说，这一英里的距离，我们一家用了一百年的时间。

一百年时间，沧海依然是沧海，桑田也还是桑田，但是任何一个族裔，只要有一种不断向上的流动力，就会用一英里的路途跨越一百年的时间。

两个华人警察的结局

2014年底，在寒气逼人的纽约市，前后相隔仅仅30天，两个华人警察的命运成了万众瞩目的热点。

一个26岁的华人警察开枪打死了一个28岁的黑人男子，一个32岁的华人警察被一个28岁的黑人男子开枪打死。接着，被黑人打死的华人警察成为了国家英雄；随后，打死了黑人的华人警察被送上审判台成为了罪犯。

在波诡云谲的2014年底至2016年初，很多华人无论出于什么动机，都有意无意把华人警察致死黑人青年而后被送上审判台的事件和种族议题捆绑到一起。不过这次与以往有所不同的是，在传统的黑色与白色之间，又加进了新的颜色——华人的黄色。

纽约市现在有2100名亚裔警察，占全市警察总人数的6%。这和1990年的200人相比增长了10倍。亚裔警察中约有一半为华人。在20世纪70年代，纽约市警察局曾有过身高1.73米的门槛，这让很多祖籍为广东和其他南方省份、在唐人街成长起来的年轻人，因为身高而被拒之门外。随着这条规矩的破除，华人社会代际更替不断向上游动的趋势，使得已经操持本土语言的新一代，不愿再像他们的父母那样在餐馆、制衣厂、洗衣店里沉默寡言埋头劳作，警察职业也就成为一个新的重要选项。

“黄河在咆哮”

梁彼得从警察学校毕业，2013年7月来到纽约市警察局工作。他面容泛着青春的光泽，目光里透着华人的内敛。案发时他在纽约市警察局还处于试用阶段，工作不到18个月。

2014年11月20日晚，梁彼得和搭档——白人警察蓝道在政府楼执行自上而下即所谓垂直巡逻任务，由于手枪走火，子弹飞出后击中墙壁反弹，恰巧射入正走下楼梯的黑人青年格利的身体。这种概率为百万分之一的事，竟像虚构的故事一样，奇迹般地发生了，而且致人于死命。格利曾有前科，但事发当时并没有任何违法行为，也没有携带任何武器。他们两人当时甚至还没打照面。

2015年2月4日，大陪审团对梁彼得开枪致死格利一案进行审议。经过几天讨论，大陪审团在2月10日做出对梁彼得立案起诉的决定。

2016年2月11日，12名陪审员一致裁定，梁彼得包括过失杀人和渎职在内等五项罪名全部成立。最终的量刑决定将在4月中旬做出。依照这些罪名，最高的入狱刑期为15年。梁彼得因此成为十年来首名因枪击案而定罪的纽约市警察。

梁彼得的搭档，白人警察蓝道在这一天也被警察局炒了鱿鱼。

梁彼得事件在华人社区本来已经成为一个重大话题，当裁决宣布，华人社会舆论大哗，中文微信世界一时间呈现出一种“风在吼，马在叫，黄河在咆哮”的气象。

2月20日，全美40多座城市同时举行挺梁游行集会，表达在美华人的抗议心声，其中纽约的规模最为庞大。当天我随着川流不息的人群来到布鲁克林区的卡德曼广场公园，只见人头攒动，比肩接踵，呼声震天。后来组织者宣称有六万人参加，虽然数字不免夸大，但有规模有气势却是不争的事实。

纽约市前主计长刘醇逸慷慨激昂、义愤填膺。他说：司法对亚裔警察有双重标准。“不要再有替罪羊！亚裔别再沉默！”他的振臂高呼，引来现场惊涛骇浪般的回应。

此前在社交媒体上，刘醇逸做过如是表述：在那么多手无寸铁的黑人不幸身亡之后，总要有警察付出代价；梁警员是被单独拎出来的，受到了不公平的对待；亚裔群体的感觉是，惩罚一个亚裔更加容易。

刘醇逸的说法，代表了华人普遍的看法。

刘醇逸出生于台湾，五岁时随家人移民美国。和很多自小在美国成长起来的华人一样，父母都讲中文，他却只懂英语。他曾以压倒性的优势击败竞争对手，在2009年1月1日宣誓就任纽约市主计长，成为纽约市历史上担任此项职务的第一个华裔。主计长监督和审计整个城市各个财政部门的财政预算和运转情况，影响力仅次于市长。

刘醇逸在2013年3月17日高调宣布竞选下任纽约市市长，成为首个加入竞选的华裔。不过，2013年9月12日，在民主党内的初选中意外惨败，党内五名参选人中，刘醇逸得票率仅7%。这是因为他担任主计长时的竞选募款人潘氏遭到逮捕，政治献金的丑闻对他造成致命的冲击。

根据纽约市选举法的规定，每个人的捐款上限是175美元，参选人每获得一美元捐款，政府财政将资助六美元。联邦调查局的一个华裔卧底探员冒充德克萨斯州的商人，在取得刘醇逸的竞选募款人潘氏的信任后，表示要高额捐助竞选款额。在这个过程中，潘氏告诉这名华裔“商人”，他可以安排空头捐款人来分摊大额的捐助款额，这样就不会超过法律的限制，而且可以得到政府提供的竞选补助。卧底在与他的交接过程中收集了录音录像证据。与此同时，联邦调查局在获得授权后，通过检查刘醇逸的竞选财务主管侯氏的电邮、电话和聊天记录，掌握了更为确凿的证据。

2013年10月，刘醇逸的竞选募款人潘氏被控以“合谋电汇欺诈”的罪名判刑四个月，外加三年监管期。刘醇逸的竞选财务主管侯氏被控以“企图电汇欺诈”“妨碍司法”“向联邦调查局做假证”的罪名获刑十个月，同时外加三年监管期。

判决宣布之后，刘醇逸发表声明说：基于他个人无法理解的理由，检察官办公室一直通过侵犯、令人厌倦的方式试图摧毁他，在无法找到他个人的违法行为后把矛头转向他人。

被定罪的两人向纽约联邦上诉法庭提起了上诉。2016年1月25日，法庭宣布有足够的证据显示他们参与了为刘醇逸选举所进行的非法募捐活动，宣布维持两人的判决。

刘醇逸现在的激烈态度和他过往的经历，引出了三个令人深思的问题：一是刘醇逸从一个无背景无靠山的普通新移民一跃成为全球GDP第一的纽约市的主计长，是不是亚裔遭受不公平对待的结果？二是作为最具世界影响力的大都市的主计长，其竞选募款人和财务主管被追究刑责，是否凸显了司法运作的独立与不受外力干扰？三是先前为“体制内”人的刘醇逸，对曾经“戕害”过他的司法机关是否有情绪上的排斥与对立？

话题还是回到梁彼得案上来。

我在亲临纽约集会现场的前后几天，曾向很多熟识和不太熟识的人了解他们对梁彼得案的看法。一些人认为，陪审团受到了来自检方与被害人家属的压力，做出了不正确的裁决。大部分人基本持这样的观点：因为我们是少数族裔，所以就被他们欺负，包括华裔学生上哈佛大学这些常春藤名校，人人都知道美国华人成绩最好但机会最少——这是典型的种族歧视！

我曾发问：你说的“他们”指的是谁？有人一时语塞，有人想一想说，那就是政府。我说，梁彼得的有罪裁决可不是政府做出的。于是有人马上亢奋起来，并做出自己的推论：不管是谁做出的裁决，白人警察杀了黑人，一个个全都没事，华人警察杀了黑人，就被判定有罪，而且要坐牢15年，这不是歧视又是什么？

我说：假若说前面几个白人警察杀了黑人确属有罪，但免除了刑责；当现在华人警察杀了黑人，我们要求也得免罪，是不是意味着黑人该杀？

我的问话显然激怒了一个40多岁的人，他开始言辞激烈地斥责我，就差没说我是汉奸了。但我无意和他争执下去，因为争执不是我的目的，我只是想了解华人群体对这件事的看法。这位仁兄拿到绿卡在美国已经生活了近十年，但他对美国的陪审团制度一无所知。这种状况，在法庭筛选梁彼得案的陪审员时得到了印证。很多华人和美国主流社会之间，始终存在着一种“盈盈一水间，脉脉不得语”的景象。

手枪问题还是人的问题

梁彼得一案于2016年2月在主审法官丹尼·田的主持下进行陪审员的筛选。54岁的丹尼·田出生于韩国首尔，1973年移居纽约，多年来树立了客观公正的名声。“他是一位喜欢沉思默想、思维缜密、细致勤勉的法官”——业界这样评价他。

这天来了约有100名陪审团候选人，在初选中刷掉了50多人，其中包括不少华裔，他们均声称自己英语不佳，因而被排除在外。接下来在剩下的不到50人中，由控辩双方继续挑选。

梁彼得的律师将焦点集中在询问候选人是否受到媒体影响、对去年爆发的反警风潮持什么看法、对梁案有没有先入为主等问题上。后来法官在宣读陪审员规则时，一名华裔举手说，由于语言能力有限，不能完全听懂陈述；另有一名华裔男子说一个星期后要做一次手术，但他表示手术并不会影响他履行陪审员义务；还有一名亚裔表示，她因宗教信仰以及丈夫是传教人员，不愿随便评判他人。这样，包括华裔在内的三名亚裔都没能入选。陪审团最终确定由八名白人、三名拉美裔和一名黑人组成，同时确定了四名候补陪审员。

梁彼得案的案情相对简单，传唤超过20名证人，经过三周听证，陪审团审议两天后做出了裁决。

在庭审中，梁彼得在律师授意下一口咬定是由于手枪的问题而走火。检察官于是提出让陪审员试枪。在这种情况下梁彼得的辩护律师自然无法反对。陪审团中唯一的黑人、69岁的史克林在裁决后接受媒体采访时这样说：这个案子最重要的部分在于走火，如果枪没走火，我们也不会在这里审案；证据显示梁彼得如果没把手放在扳机上手枪是不会走火的，要怪只能怪他自己——我们都试过这枪，很难扣动扳机的。

扣动这把手枪的扳机需要11.5磅（约5.18千克）的力，由于手枪问题而“意外”走火的说法显然不能成立。这让陪审团对梁彼得失去信任，认为他在撒谎，不够诚实。

此外，陪审团认为梁彼得“见死不救”。当格利倒在血泊中，梁彼得既没有按照警察培训所示马上实施心肺复苏术，也没有呼叫救援。他对搭档说该由谁来向上级报告，两人争执了四分钟之久。梁彼得的搭档蓝道在法庭上作证说，梁彼得哭着说“我意外开枪打死人了，肯定要被开除”。还是格利的女友自己打电话叫来了救护车。梁彼得的律师为此辩护说，他那时“痛哭发抖忘了急救”。但梁彼得搭档的证词又证实他清醒地担心自己的警察前途，因而不能自圆其说。尽管当时即使施救也可能回天乏术，但陪审团更看重动机。

弗格森的警察威尔逊是在生命受到威胁的情况下开枪的。史泰登岛的警察潘塔雷昂是在对方拒捕的情况下实施锁颈而致人死亡的。而梁彼得是在没有任何威胁的情况下开的枪。这是他很难被无罪开脱的一个重要原因。

梁彼得一案的检察官汤普森是布鲁克林区的第一位黑人检察官。他在20日接受采访时说到了替罪羊的问题。汤普森说：所谓替罪羊，是对别人的行为负责，而梁彼得是对自己的行为负责，那就是开枪导致一个无辜者的生命被剥夺。

如果说陪审团的这12个人全部都有严重的种族歧视倾向，因而对梁彼得做出有罪裁决，恐怕是难以成立的。倒是华裔“神探”李昌钰明确地指出了问题的症结所在，即辩护技巧。李昌钰说：很可惜辩护方向错了，辩护的重点不该在有没有开枪，而是为什么开枪。李昌钰强调：应该找专家在现场做灯光测试，看那里的能见度到底是多少；再调查政府楼过去几年发生过多少起刑事案件；然后做弹道测试，计算楼梯间的斜度与宽度，再评估一个人紧张时会不会因地面高低不平或灯光昏暗容易走火。

危险的政府楼

说到政府楼，人们想到的可能是公务员住宅区，想到的是宁静的小区和优雅的园林。其实在美国，政府楼是专指由政府补贴差价、住户缴交的房租不超过自己收入的28%至30%的公有住宅楼。纽约市房屋局监管着全国最大的公共住房系统，在全市拥有344处公共房屋楼群，其使命是为中低收入者提供合适又负担得起的住房。目前约有41.4万名纽约居民住在纽约市房屋局的公共住房里。在这个最大的资本主义国家的最大都市，拥有这么多公有住房，实为一大奇观。

纽约市政府楼中，入住黑人约占50%。有些政府楼治安状况乏善可陈，有的地方用“危险”二字来形容也毫不为过。

在纽约市布鲁克林区的皇冠高地，有一个由9幢13层高的公寓楼组成的政府楼群。起初这里总共只有三户华裔家庭居住。一户姓王的华人住在一套三卧的居室，每月只需付月租520美元。但是他们在入住两年里，几次遭遇黑人青年的打劫和袭击。后来知道政府的相关规定，即遭遇治安恶性事件两次，报警备案后就可要求换房。在社区组织的帮助下，他们一家离开了这个是非之地，入住到治安好的区域。

华人到政府楼送外卖被黑人青少年抢劫，甚至无辜遭打早已不是什么新鲜事。有一个在皇冠高地开餐馆的华人，几年当中不胜其扰。送外卖的到了大楼门口，看见一堆黑人就不敢进去，只有打电话叫顾客出来取餐。差不多一两个月就会被抢一次，要么抢钱，要么抢餐，都是十四五岁的黑人少年所为。因为年龄小，上庭以后的处理结果往往只是被判社区服务，故而累犯。

在布鲁克林区的康尼岛也有一个政府楼群，因为这一带风景优美，这些年有不少华人入住。令华人苦恼的是经常被黑人青少年骚扰，轻则辱骂，重则打劫。经过多次报警投诉，在本区市议员的争取下，大楼内外安装了摄像头，华人这才安稳一些。但是好景不长，不久摄像头就遭到破坏，2015年6月警察介入调查，查看监控中心留下的最后画面，竟是四个黑人青年用重物将其砸毁。

住在康尼岛政府楼旁边的华人张小姐，虽觉得这一带治安不好，却也勉强居住了15年。令她和母亲胆战心惊的是，在2014年7月至11月间，竟有四颗子弹飞入家中。第一次是早上出门，发现自家的铁门上嵌入一颗子弹；第二次是一颗子弹穿透铁门飞进客厅，另一颗从窗户射入，打到墙角又反弹到墙面；第三次子弹从窗户飞进来后穿过木制墙壁嵌入邻居的墙内。为了保命，张小姐最终决定搬家。

2016年2月4日，也就是梁彼得案做出裁决的前几天，两名警员在布朗克斯区的政府楼进行垂直巡逻。当走到一个楼层，警察看到有两名男子在喝啤酒，便上前询问，并要求查看他们的证件。其中一人假意说带他们去看，谁知刚走几步，突然拔枪射击。一名警察被打中脸部，另一名警察被击中腹部。枪手袭警后自杀身亡，两名警察送医后没有造成生命危险。

为了用家庭的力量遏制犯罪，美国政府竟然实行一项“连坐”制度。实施的地点就是政府楼。纽约市布鲁克林区一个政府楼里48岁的黑人住户柯尔曼，她的儿子在五年前因贩毒被逮捕，2014年9月她和女儿收到驱逐命令，要迁出这个已经居住了25年的房屋。柯尔曼如果同意永久禁止儿子上门探视或永久禁止一同居住，原本可保住房子，但她的律师拒绝接受这种规定。在上诉五年败诉之后，必须搬出这个地方。当然政府不会让她们流落街头，要住进游民庇护所，但条件远不能和政府楼相比。联邦政府20年前制定的这个政府楼政策，据说是为了保护其他住户的安全。然而时至今日，政府楼依然是犯罪高发地带。

2014年6月的一天早上，天刚蒙蒙亮，一架直升机飞抵哈莱姆社区，在两个政府楼群的上空低飞盘旋，轰鸣的引擎声把人们从睡梦中惊醒。地面上，大批警察头戴钢盔，身穿防弹背心，荷枪实弹，十几个人组成一个分队，一声令下之后，五六个分队以迅雷不及掩耳之势冲进事前锁定的政府楼群中的若干个住宅，带走几十名犯罪嫌疑人。他们大多睡眼惺忪、衣衫不整而束手就擒。

哈莱姆是纽约市曼哈顿区北部的黑人聚居区。1950年哈莱姆中部的黑人占人口总数的98%；1970年黑人人口占整个哈莱姆人口的64%。在20世纪40年代，这里每年发生约100起谋杀案。在60年代，这里的吸毒率比纽约其他区域高10至12倍。20世纪80年代高居不下的犯罪率仍然让人对这里敬而远之。这次是纽约警方打击青少年黑帮计划中的一次行动。纽约市的犯罪案件虽然在降低，但是政府楼的枪击案却在走高。

峰回路转的量刑判决

就在宣布梁彼得具体量刑临近之际，2015年3月23日，检察官汤普森发布一份声明，说鉴于该案的当事人没有犯罪前科，以及梁彼得对公众安全不会带来任何威胁，因此他认为监禁梁彼得没有必要。

汤普森向主审法官丹尼·田提出量刑建议：对梁彼得判处五年缓刑，条件是对他进行为期六个月的在家监禁，期间佩带电子监视设备，并进行500个小时的社区服务。

关注梁彼得案的华人刚刚松了一口气，这时又发生一件有可能令事件峰回路转的奇闻。

陪审团的12名成员中，一个名叫巴尔加斯的62岁退休木匠，针对汤普森的声明，在发表他的看法时不小心抖落了一个秘密。这个白人陪审员说：这种不用坐牢的惩罚就像是挠痒痒，我的父亲曾经因为开枪误伤朋友，就被判刑入狱而且坐了七年班房。

这一下，让梁彼得的律师捞到了一根救命稻草。

这是因为，如果陪审员有亲人坐过牢，为了不使一个对警察有偏见的人在做最后决断时投下对梁彼得不利的一票，被告的律师一定会拒绝这个人进入陪审团。但是巴尔加斯隐瞒实情“混入”了陪审团，这就影响了裁决的公正性。那么，就有可能出现这样一幕：2月11日对梁彼得做出的有罪裁决无效。还有可能出现：重新组成一个陪审团后，律师改变辩护策略，裁决将有可能呈现另外的结局。

梁彼得的律师于是提起动议，要求法官推翻此前陪审团做出的裁决。

退休木匠巴尔加斯为此接受了主审法官为期两天的聆讯，并经历了梁彼得的律师穷追猛打的质询。这个木匠给“亲人”一词做了相当另类的解释。他说当时筛选陪审员时，问“亲人”中有没有人遭遇逮捕，他之所以回答没有，是因为他们父子俩在感情上并不亲近，他是在几个孤儿院中长大，而父亲只是他的“家人”。尽管主审法官丹尼·田认为他对“亲人”的解释不着边际，但一系列证据又显示，巴尔加斯并无任何仇警倾向。法官最后判定，巴尔加斯的陈述对有罪判决的做出并无影响，否决了要求撤销梁彼得案裁决结果的动议。

2016年4月19日，梁彼得案在布鲁克林高级法院宣判，梁彼得被判五年缓刑和800小时的社区服务。韩裔法官丹尼·田将过失杀人罪名降为“刑事疏忽他杀”。法官说：从记录案发前警员走入政府楼执勤的录像证据来看，梁彼得是在认真保护楼内居民，杀死格利纯属意外事件；而来自各界的四万多封求情信，加上梁彼得的背景及事后的忏悔，让自己相信梁彼得无需入狱；梁彼得对社区并无危害，六个月的居家监管没有必要，不如增加社区服务时间。因而做出上述判决。

亚裔的另一种声音

宣判之后，梁彼得的辩护律师表示要上诉，希望推翻全部定罪，而检方也因不满法官将罪名降低也表示要上诉。

华人社区则普遍认为，这是华人大规模的抗议争取到的胜利，更有人认为，正是全美40多个城市的华人一起发出愤怒的吼声，改变了此次的量刑结果，否则梁彼得将会被囚禁多年。

其实在美国，公权力有所忌惮的常常是黑人而非亚裔。在美国最具“权利意识”的族群是黑人，包括华人在内的亚裔群体只能甘拜下风。

早在2014年底，即梁彼得误杀格利的事件发生一个多月后的12月

27日，纽约市举行被枪杀警察拉莫斯的下葬仪式。尽管市长白思豪在头一天再三劝告黑人社区保持克制，但这一天仍有250多人组成的示威群体，先在格利死亡的政府楼前聚集，然后游行到梁彼得所属的警察分局门前高声抗议。到达这里以后他们转过身体背对着警察局，有人高声尖叫，然后向天空竖起中指。当他们看到有警察从楼上向下观望时，就大声起哄：“跳啊！跳啊！”有人大声嘲笑：“对我们来说，要求停止抗议是荒唐可笑的！”

在纽约华人集会抗议的那一天，现场虽然有几十辆警车和近百名警员，但警力全都部署在一条马路中间，因为道路另一侧有大约20名黑人抗议者与华人示威大军对峙。他们举着格利的照片以及“让杀手警察坐牢”的标语，与华人的标语“不做替罪羊”“我们要公平”针锋相对。其中一名黑人妇女手里拿着的一幅放大了的格利入殡时的照片，显得分外醒目。由于有警察坐镇，天空有两架直升机盘旋，最终没有酿出事端。

梁彼得一案在陪审团裁决宣布之前，纽约市警察已经做好了万全的准备。如果宣布梁彼得无罪，将随时应对黑人社区可能发生的骚乱。但如果宣布梁彼得有罪，纽约警察则不用担心什么。

在检察官汤普森提出较轻的量刑建议后，一些黑人社区明显被激怒。在发生此案的政府楼所属区域，纽约州众议员、黑人巴郎发表了惊悚的威胁言论：如果轻判梁彼得，我们就要停摆整个纽约市！尽管时任纽约市警察总局局长布莱顿痛斥巴郎违背了一个民选官员应该承担的责任，已经接近煽动暴力罪，但是所有警察丝毫未敢懈怠，不怕一万就怕万一。

黑人群体早已形成了一种一呼百应、快速响应的运作机制。一旦生变，马上由各民权组织进行“起事”，并与各大媒体联动，同时律师介入。更有一些民权人士，总是以最劲的风头不失时机出现在各种抗议现场。而少部分黑人群体的极端行动，可能伴随着巨大的破坏力。弗格森和巴尔的摩的骚乱就是例证。

对于法官丹尼·田来说，他不但面临来自黑人群体施加的压力，即使亚裔内部，也存在着截然不同的声音。

纽约市华人市议员陈倩雯在案发不久的2014年末就表示，梁彼德应该被送上法庭："警察伤人致死，无论原因是什么，都应当被起诉。"面对华裔社区的不满，陈倩雯强调："我不仅代表华人，我代表（纽约市）每一个人。"

在洛杉矶的挺梁大游行中，有一个亚裔男子与一个黑人女子，以对抗的姿态出现，并毫无惧色地与华人舌战。他们提出了一个让华人示威者凭良知难以回答的问题：如果将梁彼得与格利的位置对调一下，开枪者是一名黑人警察，而被无辜打死的是一名华裔，陪审团判黑人警察有罪，你们华人还会不会上街游行，替这位黑人警察鸣不平？

在2015年4月23日，即大陪审团决定起诉梁彼得两个多月之后，亚裔反暴力联盟等50个亚裔团体发表一份公开信，支持检方起诉梁彼得。亚裔反暴力联盟成立于20世纪80年代，是一个因针对亚裔的暴力事件不断增加而成立的组织。它抗议警方对任何人的不公正对待，无论受害人是什么背景。

这封公开信明确表达了反对警察暴力的立场：

"作为全国各地亚裔美国人的社区领袖和机构，我们强烈反对亚裔美国人社区中的一些人要求取消纽约警员梁彼得为格利死亡而遭受的刑事检控。我们坚信梁彼得一定要为他的行为负责任。"

"我们亚裔美国人不能因为梁彼得警员是亚裔美国人而无条件支持他。相反的，我们应该要思考什么是正义，而且也要思考亚裔美国人如何可以为更广泛的种族正义，以及向警察问责而做出贡献。"

"在这一刻，我们站在一起支持格利家人和其他因警方暴力而失去亲人的家庭，以及整个向警方问责的运动。"

亚裔反暴力联盟行政总监、华裔邓丽君说："援引杀害黑人却脱罪的百名警员例子，以此呼吁撤销对梁彼得的控罪的做法欠妥。无论是从人道主义还是法律精神层面上考虑，梁彼得的行为令格利家失去家庭成员，他应该为自己的行为承担法律责任。"

当法官宣布梁彼得量刑的第二天，纽约亚裔反暴力联盟、费城亚裔联合会、奥克兰亚太环保网络、洛杉矶华埠公平发展会、旧金山华人进步会、波士顿华人前进会，以及全国性的美国亚太裔劳工联盟等组织，联合发表声明，明确反对法官对梁彼得做出的轻判判决，认为“这个判决意味着只要是警察，就可以轻易杀害无辜的宝贵生命”，表示“我们对于梁彼得杀死格利后开脱应有的责任感到愤怒”。

刺杀总统者的后续故事

如果说像梁彼得这样一个普通刑事案件，法官的量刑都会被社会舆论与抗议示威所裹挟，那么向一国总统开枪的刺客，其判决以及后来的处置又会不会被某种强大势力所操控？

在2014年的弗吉尼亚州威廉斯堡，有一个年龄快到60岁的男人，为了避免被人认出，时常压低了帽檐去公众场所，而更多的时候，则是独自一人到森林边的小路上散步。按照法院的命令，他的自由仍然受到限制，需要定期去看精神病医生并进行治疗，还要在社区做义工。

这个人名字叫约翰·欣克利。

1981年3月30日，时年25岁的欣克利为了吸引他所痴迷的影星朱迪·福斯特的注意，开枪击中了上任仅69天的美国总统罗纳德·里根。当天中午里根总统在华盛顿的希尔顿酒店和工会团体代表一起吃午饭并发表讲话，离开酒店时遇刺。虽然子弹击中肺部造成严重的内出血，但由于抢救及时，里根总统的身体得以迅速康复，在4月25日就回到了白宫椭圆形办公室。刺杀虽没有造成任何人丧生，但白宫新闻发言人詹姆斯·布拉迪由于被子弹击中头部而终生瘫痪。

1982年4月27日，对欣克利的审判正式开始。辩方四名律师和六名精神病专家认为欣克利过去的一系列反常举动，都证明欣克利的谋杀动机和行为都是在精神错乱的情况下进行的，因此不能对自己的行为负责，但是控方报告所做的结论则与辩方完全相反。由七女五男组成的陪审团在开始审议时意见分歧严重，从6月18日起辩论了三天，到6月21日，陪审团做出了欣克利无罪的裁决。法官宣布被告无罪，并立即将欣克利送往华盛顿伊丽莎白精神病院治疗。审判结束后欣克利这样写道，这次枪击是“世界历史上最伟大的爱情表白”。

再将时间后推到20多年后的2003年，这时被誉为美国人心目中最伟大的总统之一的里根，已经患有严重的阿兹海默氏症（俗称老年痴呆症），这一年的12月17日，福莱德曼法官宣布，允许欣克利离开目前居住的精神病院，在院方无人监督的情况下探视自己的父母。

法官在做出这个决定之前，遇到了来自联邦政府、里根家属和布拉迪家属的强大压力。

美国司法部在2003年9月2日所举行的听证会上指出：在已经过去的16年中，欣克利出现过一系列的危险举动，显示了“其个人欺骗和暴力的历史”，表达了对欣克利出院的坚决反对。里根的女儿帕蒂则在欣克利三个多月前提出探亲之时就表示：“我从来不认为欣克利精神上存在问题，如果法庭最终判决他享有无监视探亲权利的话，那我们将不得不对美国司法制度中存在的严重问题提出疑问。”前第一夫人南希·里根对法庭的裁决说：“虽然法官将欣克利的探视范围限定在华盛顿特区内，但我们仍然担心公共大众的安全。我们是站在所有受害者立场上说这番话的，因为他们直到现在还在那次刺杀未遂事件的悲惨结局中惨淡度日。”在遇刺案中受伤瘫痪的布拉迪的妻子在早些时候向法院递交了一份信件，请求法院驳回欣克利的出院探视请求，她说自己一家人仍然在为安全担心，她不想看到丈夫因为这件事受到更深的伤害。

福莱德曼法官听取了控辩双方以及医疗鉴定机构长达五天的辩论。欣克利的辩护律师表示：如果欣克利不再对他自己和他人造成危险的话，法庭没有理由不准许他在没有监视的情况下和自己的父母共处，而且几个主治医生都认为欣克利的精神失常和压抑状态正在全面康复之中。

福莱德曼法官为欣克利探视父母设定了严格的条件：在任何外出探

视中，欣克利不得离开华盛顿特区半径50英里（约80千米）的准许探视范围，连前往自己父母位于弗吉尼亚州威廉斯堡的老家过夜也不允许。欣克利在探视父母前两周就必须向法庭递交其行程的详细报告，而且他不得与任何媒体和他的前女友进行任何接触。对于现在已经是白发苍苍的欣克利父母，法庭也给他们和儿子的团聚设定了限制，他们必须严密监控自己儿子的活动范围，每天至少和精神病院通一次电话保持联系，证明自己儿子精神正常。

福莱德曼法官最终独立做出了允许欣克利在无人监视的情况下探视其父母的决定。

梁彼得一案，华人在打种族牌，黑人也在打种族牌。起诉梁彼得的检察官汤普森是黑人，给梁彼得量刑的主审法官丹尼·田是韩裔。依照坊间的理解，汤普森准会偏向黑人，丹尼·田也会倾向华人。

地区检察官由民选产生，所以华人在纽约市的那次集会抗议中，当主持人高呼要用选票把歧视华裔的公职人员选下去时，气氛顿时达到高潮。梁彼得的量刑宣布以后，有媒体以煽动性的语言说“格利的生命并不重要”，因为法官和被告都是亚裔。而格利的姑母也用强烈的语言抗议：“亚洲法官！”

但人们无论如何评说，无论是支持还是反对，梁彼得从被起诉到定罪再到量刑，一波三折，每一个环节都在公开透明的程序下进行，检察官和法官的人格素养、道德操守和专业水准，审判是否合乎程序，判决结果是否公正，任由所有的人来检视。

爆头枪杀无关乎黑白

2014年12月20日下午3点时分，即梁彼得误杀格利刚刚过去30天，又成为一个惊心动魄的日子。

在纽约市布鲁克林区，两名警察当时坐在巡逻车内，没有受到任何警告，没有遭遇任何挑衅，甚至可能没有看到凶嫌的样子，也没有任何还击的机会，一切发生在极短暂的时间——一个黑人男子走近警车拔出手枪，以行刑的方式将车内两名警察爆头枪杀。凶手逃到不远处的地铁站，在警察追上来时，对着自己的头颅又是一枪，当即倒地身亡。

枪手是28岁的黑人布林斯利，在乔治亚州曾因危害治安和恐怖威胁至少被捕过19次。在行凶的前一天，他在马里兰州巴尔的摩市开枪打伤前女友。在枪杀警察前几个小时曾经在Instagram上贴了一张银色手枪的照片，图片旁边配了文字写道："他们（警察）夺去我们一条人命，那让我们夺走他们两条。"这张照片还添加了布朗和加纳两个关键词。

按照黑白对立的观点，布林斯利锁定的目标应该是白人警察。然而被这个少数族裔的黑人当街夺走性命的两名警察皆非白人，而是少数族裔，一位是华人警察刘文健，一位是拉美裔警察拉莫斯。

刘文健，这个12岁移民来美、祖籍广东台山的年轻人，是美国第一个在工作岗位上因公殉职的华人警察。

2014年12月27日，副总统拜登夫妇专程到纽约参加拉莫斯的葬礼，之后到布鲁克林刘文健的家中悼念，给刘文健的父母及刘文健新婚两个月的遗孀送去安慰，并对一直守候着刘文健家属的九名警员表示感谢。

2015年1月4日刘文健的葬礼在纽约举行，成为自"9·11"事件以后纽约市最高规格的送葬仪式。联邦调查局局长科米、纽约州与纽约市的民选官员，还有数万名来自全美各州的警察以及加拿大的警察齐聚布鲁克林区。当刘文健的灵柩从殡仪馆抬出缓缓送上灵车，天空飘着细雨，低沉的苏格兰风笛应声而起，近千摩托骑警在前面开道，盘旋的直升机呼啸而过，道路两侧身着深蓝制服的警察敬礼致意。场面庄重肃穆，哀荣备至。

2015年4月国会参众两院通过《拉莫斯—刘文健全国蓝色警报法案》，在全美范围内建立警报系统，当有警察或执法人员受伤或被杀害时，嫌疑人的信息会迅速在全国分享。5月19日，总统奥巴马正式签署这项法案。刘文健的父亲和母亲受邀前往白宫，参加了这天的签字仪式。

2015年5月20日，在纽约市皇后区的“9·11”纪念公园树立了刘文健和另外两名警员的纪念碑，并举行了隆重的揭幕仪式。

2015年6月13日，刘文健生前所居住的街道被命名为“警探刘文健路”，纽约市长、警察总局局长、市议长等出席揭牌仪式。之前在1月份，纽约市议会就通过了这项法案，后经市长白思豪签字正式成为纽约市的法律。

2015年12月20日，是华裔警探刘文健和搭档拉莫斯牺牲一周年的日子，纽约市长白思豪和时任警察总局局长布莱顿出席隆重庄严的纪念活动。警察总局上空的国旗下半旗志哀，刻有刘文健和拉莫斯名字与形象的纪念铜匾悬挂到了他们工作过的分局大门之上。在铜匾揭幕时，一架直升机轰鸣着从现场上空飞过，代表人们向他们表达的深切敬意。

如果一定要说华裔警员梁彼得被起诉定罪，是种族歧视阴影之下司法不公正的牺牲品，那么，在生命向下陨落中被层层鲜花以敬重的力量缓缓托起的刘文健，其身后的荣誉，难道是特意给予一位华人的褒奖？

过度敏感的种族议题

种族歧视与种族成见

2014年9月30日，在新泽西州的一个家用电器商店，一个黑人男子花3000美元购买了一台索尼液晶电视机，又花1000多美元购买了其他电子产品。他用信用卡付款，同时出示了具有身份识别号码的驾照，在POS机上刷卡也无异常，但他还是被店员围了起来。店员报警说一名可疑的黑人男子可能使用了盗窃的信用卡，驾照可能也属伪造。警察到来将这个黑人男子留置了两小时，之后弄清了他的身份。这名40岁的黑人名叫马尔康，是纽约市的一名警察，在史泰登岛警察局工作。

发生这样的事情，一般都会认为这是种族歧视在作祟。

2014年时任总统奥巴马和夫人米歇尔在接受《时人》杂志专访时谈到种族议题。奥巴马说起他曾经有过的经历——从餐馆用餐出来站在门口等候汽车，旁边有人过来把车钥匙交到他的手里，认为他是这里的一个泊车小弟。还有一次奥巴马穿着燕尾服出席一个正式晚宴，有人打发他去买咖啡，认为他是这里的服务生。米歇尔在入主白宫后，有一次去华盛顿一个大卖场购物，也有人指使她把货架上面的东西拿下来。因为很多黑人妇女都从事这种不具技巧性的体力劳动。

出现这样的事情，人们认为是种族成见所导致。

所谓种族歧视，是指按照种族将人划分为一个阶层并区别进行对待的行为，被歧视族裔不享有平等的社会地位与法律地位。

所谓种族成见，是指由于惯性作用而导致的对某一族裔人群所抱的一成不变的看法。

2015年7月28日下午，在纽约市曼哈顿麦迪逊大道的香奈儿专营店，4个黑人男子走进来，以高超娴熟的手法，在极短的时间内拿了11个名贵手袋，然后推开门口的保安夺门而出，跳上一辆接应的轿车逃走。被劫掠的商品价值达15.49万美元。

前面那个黑人警察被怀疑进行信用卡诈骗，就是基于黑人在类似事件中出现的概率而推导的结果。

对仇恨犯罪的惩罚

如果有这样一家广告公司，在招聘一名平面设计师时，列出了以下条件：

白人，男性，不超过30岁，同性恋免谈。

在这种情况下，一个黑人设计师、一个女性设计师、一个50多岁的设计师和一个同性恋设计师，分别控告这家公司涉种族歧视、性别歧视、年龄歧视和同性恋歧视。这家公司就因为发了这样一则广告，即使接下来没做什么，也会惹上官司。

这就是真实的美国。

如果同样是这家广告公司，发出一则招聘信息，内容仅仅是“招设计师一名”。前来应聘的有一名黑人设计师、一名女性设计师、一名50多岁的设计师、一名同性恋设计师，最后又来了一名25岁的性取向正常的白人男性设计师。公司让这五人各做一个设计效果图以作最终的定夺。尽管最后那名设计师的水平略逊于前四人，但老板最终还是录用了这个年龄25岁、性取向正常的白人男性。

这也是美国真实的一面。

在任何国家、任何地域、任何时期，都程度不同地存在着一部分人对另一族裔、另一地域人群或另一收入群体的蔑视、厌恶和排斥。美国也一样。只要存在经济文化上的巨大差异，那种在言论和行为上表现出来的歧视，或不明确表示出来但真实存在的歧视就不会消失。

一名在芝加哥动物园工作的22岁黑人员工，一天打卡上班后，用手机拍了一张穿着制服、带着工作帽的自拍照，贴到脸书上之后加了简短的文字："大家在干嘛呢？我正在服务粗鲁的混蛋白人。"

她的文字和照片为她引来疯狂的点击率，但几乎全都是负面的抨击。动物园的官方代表随即出面，表示不会容忍任何种族主义的言论，决定即日起将这名员工解雇。

尽管这名"黑妹"一再表示这是她在心情不好的情况下做出的举动，自己非常后悔。但木已成舟，于事无补。

在纽约市布鲁克林区的一家女性服饰商店，一个阿拉伯裔的也门小伙子做库存管理员。他不善言辞也从不惹是生非，大多数时间都在跑上跑下、补货换货，做他分内的事情。只因为他的名字叫奥萨马·沙雷，和那个恐怖大亨奥萨马·本·拉登同名，公司里一个体格魁梧的黑人保安时常对奥萨马狂言出口，说阿拉伯人很肮脏，他最痛恨的就是阿拉伯人。他指称这个库存管理员就是恐怖分子，是他炸毁了世贸双子塔大楼。黑人保安对奥萨马不但动口而且动手，威胁他必须滚回也门去。奥萨马向公司投诉，要么不了了之，要么置之不理。有一次在地下室，两人一语不合，黑人重拳出击，打断了奥萨马的脸颊骨。

奥萨马一纸诉状把公司告上法庭。虽然黑人保安也认了罪，公司的副总裁也道了歉，并辩称他们只是同事之间开玩笑，没有违反公司的规定。但奥萨马不这么认为，他说称呼我为恐怖分子和本·拉登，不但侮辱我个人，而且诋毁了我的种族。最终陪审团一致裁定：赔偿奥萨马470万美元。

在美国，基于他人族裔背景发出憎恨并以暴力呈现的行为均属仇恨犯罪。美国45个州以及首都华盛顿所在的哥伦比亚特区，都有专门针对歧视性犯罪行为的法律，所有通过此类法律的州，都将针对种族和宗教信仰的歧视犯罪行为列为打击目标。但事实上，美国黑人与白人之间，在教育水平、就业率、平均工资等方面有明显的差异，种族问题仍然是困扰美国社会的一大问题。

三个黑人女生与十几个白人

加利福尼亚州一所公立初中的副校长，有一次，一名初中学生无由头地问他："在这所学校，你不喜欢谁？"这位仁兄不假思索地说道："我就是不喜欢黑人小孩。"他忘了这是个自媒体时代，必须时刻小心。这段录影随即被放到网上，学生和家长全都看到。这个学校有11%的黑人，这些黑人学生的家长果然不干了："他应该被开除。既然他不喜欢我们的小孩，我们为什么要把孩子交给他管教？"学区调查之后，将这名"大胆敢言"的副校长停职以泄众怒。

如果说这位副校长确实是事出有因、咎由自取的话，那么史密斯学院的校长的道歉实属无奈。

弗格森案和加纳案的示威人群，当时喊出的一个响亮口号是"黑人命也是命"。史密斯学院是全美女子学院中排名位于最前列的一座名校。在这个当口，其校长麦卡妮因为略有针对性地说了一句"所有人的命都是命"，就被指责为矮化黑人所关心的事物并且缺乏敏感度，不得不在压力之下向全校师生道歉。

2016年1月30日，纽约州立大学奥尔巴尼分校的三个黑人女生在社交网站推特和图片分享平台Instagram上发布了她们遭遇的屈辱经历：午夜时分，在纽约州首府奥尔巴尼市的一辆巴士上，十几个白人男生围殴她们三人，并用含有种族侮辱的言辞进行谩骂，而当时校警和巴士司机也都拒绝提供帮助。接着三个黑人女生拨打911报警，警察前来调查并做了笔录。她们随后又去医院急诊室验伤。

奥尔巴尼分校的黑人校长琼斯闻讯后，立即用电子邮件给全校师生发了一个声明，表示对这件事情非常关切，并深感悲伤和愤怒。

在全美各大中城市设有分支机构的黑人妇女全国联盟，按照惯常既有的操作模式立即分头进行行动：一是组织抗议集会，二是联络各大媒体和政界要人，三是寻求法律协助。

2月1日下午有几百人参加的示威集会在奥尔巴尼分校校园如期举行，这几个黑人女生慷慨演讲，怒斥种族歧视。美国有线电视新闻网、《今日美国》和其他本地报纸都做了报道。

民主党总统参选人希拉里闻讯，立刻在推特上发文支持这三名受到凌辱的黑人女大学生。

然而事情峰回路转，戏剧性的一幕很快出现。2月25日，奥尔巴尼分校的校警正式起诉这三名黑人女生殴打他人、谎报案情。

事情发生后，校警、当地警察和地区检察官核实了当时车上29名乘客的身份并对其中大部分人做了询问笔录。通过查看车上12个摄像头的录像资料，并参照现场的手机视频，还原了“屈辱”真相：三个黑人女生不但没有被打，反而是她们一起殴打一个白人女生，白人女生被打成了黑眼圈；三个黑人女生不仅没有挨骂，反而是她们辱骂白人女生是“白母狗”；白人男生没有动手只是挡在中间劝架，其中一个黑人女生下车前回头又给了白人男生一拳。而她们到医院验伤，医生证实只是脸上有轻微擦痕。

事情被揭穿后，黑人校长琼斯表示绝不道歉，说在那个当口谁都会做出那样的反应。而检察官请当地黑人社区的三位“领导”查看录像，看完之后一个不发表意见，另外两人含糊其辞推说录像质量不好。

总统的过度敏感

对于种族议题的敏感，作为美国历史上首位黑人总统的奥巴马也不例外。

2009年7月16日，哈佛大学年届58岁的黑人教授盖茨，到中国录制了两个星期的电视纪录片后返回美国，下了飞机乘坐一辆出租车回到马萨诸塞州的剑桥市。此剑桥非英国之剑桥，但它在美国的知名度依然很高，因为如雷贯耳的哈佛大学和麻省理工学院就坐落于此。

盖茨到了自己的独立别墅门前开门，发现门锁坏了没法打开。出租车司机于是下来帮他一起把门锁弄坏，破解了这道难题。

这时在哈佛大学校友杂志社工作的40岁女子惠伦，路过这里看到有人破门而入，就拨打报警电话，讲了她看到的情况。在美国，这种自然而然的责任感，在习惯了冷漠的人眼中，都会被看作是多管闲事。

盖茨是美国最有名的黑人学者之一，1991年到哈佛大学创立了非洲与非洲裔美国人研究专业。他不但著作等身，而且口才极好，经常在电视上主持黑人文化节目，在学界享有极高的知名度。

警察很快就赶来了，他是42岁的白人克劳利。克劳利要求盖茨拿出身份证明。从这一刻开始，两人发生言语冲撞并使冲突逐渐升级。盖茨因为进的是自己家门，当然理直气壮，但克劳利是履行公务，自然是公事公办的派头。虽然事后两人对争执过程的描述不尽相同且多有出入，但后面发生的一切却是不争的事实——警察克劳利打电话请求支援，大批警员赶来，以行为不端的罪名给盖茨戴上手铐并拉到了局子里。

事情当然是搞清楚了，但盖茨心里那个窝火就别提了。

如果这个事件的当事人，教授是“白的”，或者主导这件事情的警察克劳利也是“黑的”（其实随同克劳利来的还有一个黑人警察），它不过就是一场误会，或者是一个小的冲突。警察得理不让人的事时时刻刻都在发生。但偏偏是白人抓了黑人，而黑人不但无辜，而且是哈佛教授、知名学者，这就具备了炒作的条件。这事一经渲染，果然在全美掀起轩然大波。就连那个报警的惠伦，也被描绘成歧视黑人的白人女子。当警方公布了报警录音后大家才知道根本不是所风传的那样。惠伦报警时曾表示撬门锁的人也有可能是住户，当接线员询问是否看清楚撬坏门锁的人的种族特征时，惠伦甚至表示不能确定。当时在场的那个黑人警察因为替克劳利辩白，也招致黑人群体的讥讽。

六天后的7月22日晚上，奥巴马召开一个健保法案的新闻发布会。

当一名记者询问奥巴马对盖茨事件的看法时，总统的一番言论让这个事件火上浇油。据说在发布会进行之前对这件事情如何评说，奥巴马和他的幕僚做过讨论。然而作为黑人总统的他还是口无遮拦地说道：警察在盖茨教授自己家中将其逮捕，这个做法是愚蠢的。接着上纲上线：“长久以来，我国黑人和拉美裔比较容易遭执法人员扣留，这是事实。”奥巴马还不忘拿自己的黑人身份，一边开涮一边影射：“如果我自己撬白宫的门锁，也应该会被枪杀。”

总统说警察“愚蠢”，而且隐含警察的行为涉嫌种族歧视，这自然非同小可。

剑桥市巡逻警官协会主席立刻站出来，指责奥巴马发言错误，要求总统向遭到冒犯的整个剑桥市所有执法人员道歉。

剑桥市高级警官协会主席也对奥巴马的发言表示强烈不满，希望奥巴马向剑桥市警察局的所有警察做出道歉。

7月24日，马萨诸塞州的警察工会召开新闻发布会，力挺警察克劳利，要求总统奥巴马就逮捕事件发表的不当言论进行道歉。与此同时，很多新闻媒体也批评奥巴马在不掌握全部事实的情况下就说警察“愚蠢”，并与种族问题挂钩非常不妥。

奥巴马感到自己确实是出言不慎，就给警察克劳利打来电话，表示对自己所使用的措辞表示遗憾。克劳利似乎很大度，对总统的电话表示满意，并说总统不妨请他和盖茨一起到白宫喝一杯啤酒以释前嫌，同时开玩笑要奥巴马运用总统的影响力，劝记者别再踩他家门前的草坪。接着奥巴马与盖茨也通了电话，并邀请他和克劳利到白宫当面和解。在接下来的一个新闻发布会上奥巴马说：警察把盖茨从他自己家中拖走的做法是反应过度了，而盖茨本人可能也做出了过激的反应。奥巴马表示：很不幸自己先前的言论给人的印象是我在中伤剑桥市警察局，特别是中伤克劳利警官，其实我应该可以用其他字眼来表达我的意思。

解铃还须系铃人。7月31日傍晚，盖茨和克劳利带着各自的家人来到白宫，在短暂的参观之后，奥巴马先是邀请两人前往总统的椭圆形办公室走了一圈，之后三人一起在白宫玫瑰园的一棵木兰树下果真喝起了啤酒，中途副总统拜登也过来凑了一会儿热闹。奥巴马随后官气十足地说：我注意到有人称这是一次啤酒峰会，这听上去很有趣。我们不是在开研讨会，我一直深信将我们凝聚在一起的力量要大过阻隔我们的力量。今晚发生的一切让我信心倍增，希望我们每个人都可以从这段小插曲中吸取正面的经验。

一场闹得满城风雨的所谓种族歧视风波总算是给平息了下来。

布雷克被捕事件与此相仿，幸而由于当事人没有把它视作一次种族侦防，这才没有轰动起来。

2015年9月10日，已经退役的昔日网球名将布雷克站在纽约曼哈顿凯悦大饭店外面。“没有做错事，没有逃跑，我还面带微笑”，布雷克事后这样说。尽管这样，起初他还认为是球迷要和他拥抱，然而事实上是围过来五个便衣警察，其中一个上来就把他扑倒在地，然后给他戴上手铐。布雷克左手手肘被划伤，左腿也出现淤青。不过还好，15分钟他就“获释”了。问题出在有一半黑人血统的布雷克，和警方正在追缉的一个诈骗案的嫌犯长得实在太像了。

由于纽约市长白思豪和时任警察总局局长布莱顿的道歉，最重要的是布雷克并没太多往肤色和族裔问题上扯，虽然当时“扑”他的那个警察至少有五次被民众投诉过度使用暴力的记录，但这件事最终没有被移花接木制作成一个“黑白”事件。

人若强大，必然淡定

2016年9月，黑人饶舌歌手创作的一首歌曲引起华人震怒。这名“教唆者”这样唱：“找一个华人社区，因为他们不相信银行账户……你还要找几个帮手，有开车接应你的，有帮你按门铃的……不要拿大尺寸液晶电视和笔记本电脑，要偷珠宝才划算，拿到当铺当天就能兑现。”被“惹毛了”的华人群情激愤，在白宫网站发起请愿。请愿信呼吁所有“公共媒体”禁播这首歌曲，并督促华盛顿“调查歌曲作者的法律责任”。不到10天签名人数就达到10万。

然而令华人沮丧的是白宫做出了如下回复：“宪法第一修正案保护美国的言论自由。白宫无法决定一首歌曲是否可以公开发表，各个平台有权决定他们选择的内容以及网站操作的规章。”

看来华人的确容易受到情感伤害。尽管人所共知的事实是，不少华人确实喜欢家藏现金以致招引盗贼光顾。其实，与其这样正经八百地请愿，不如以当月发生在乔治亚州圭奈特县一名福建女子勇猛出手，击毙一名黑人抢匪、击退另外两名抢匪的事例为题材，同样创作一首歌曲反唇相讥。

背负了固化成见的那些少数族裔，以及总是以反种族歧视为旗帜的黑人群体，若一厢情愿要求别人“你必须改变对我们的看法”是徒劳无益的。唯有像犹太人那样提升本族裔在各个领域的地位，用实力说话方是正道。

在20世纪初，美国曾出现反犹太人的浪潮。奉行白人至上主义的三K党宣称要把犹太人、黑人等少数族裔赶出美国，当时针对犹太人的纵火、抢劫与枪击案经常发生。犹太人还受到基督徒的排挤，在就业、居住、教育及参与社会活动时都受到不同程度的歧视。反犹主义者甚至把20世纪30年代的经济大危机也归罪于犹太人。

全世界有1400万犹太人，以色列有500多万，约600万人在美国。美国人口比例中，犹太人只占大约2%。然而斗转星移，不到100年的时间，美国最有影响的200名文化名人中，一半是犹太人；100多名诺贝尔奖美国得主中，半数是犹太人；美国排名前400位的富豪中，约四分之一是犹太人；华尔街的金融大亨中有50%是犹太人；犹太家族控制了《纽约时报》《时代》《新闻周刊》《华尔街日报》以及美国三大电视网等这些最著名的媒体；时代华纳、梦工厂、米高梅等著名电影公司也都在犹太老板的掌握之中。

有这样的实力，犹太人自然不会那么敏感，也不会那么脆弱。

2015年6月，在纽约地铁车厢和公共汽车上出现一个广告，画面上是一个形似穆斯林的蒙面中年男子，双目透着凶光，旁边配了两句话，一句是“杀害犹太人是一种让我们更接近真主的崇拜”，另一句是“这是他的圣战，你的呢？”

大都会运输署是管理纽约市公共交通的运营机构。之前大都会运输署禁止在地铁和公共汽车上登载这则广告，认为该广告会引发恐怖主义或暴力。这个广告的广告主名为“美国自由防卫倡议”，他们将大都会运输署告上了法庭。纽约联邦地区法院的法官柯特裁决，大都会运输署无权干涉。柯特认为：大都会运输署低估了纽约市民的容忍度，又高估了这个广告的可能冲击。这也许有所冒犯的广告，是美国宪法第一修正案所保护的言论自由的对象。

“美国自由防卫倡议”并非什么穆斯林或圣战组织，而是一个支持以色列的人权团体。这个组织坚持认为：在法律、学术、文化、社会、政治等各领域让人感到被冒犯的言论，不应该受到法律的限制。对于法院的判决结果，该组织的主席盖勒说：这是自由权利与自由言论的胜利。

人若强大，必然淡定。

爱德华·托马斯大楼

德克萨斯州休斯敦市黑人警察托马斯的人生经历，是美国种族歧视在法律制度层面，由肆虐到寿终正寝的一个浓缩版本。

爱德华·托马斯在1948年就进入警察局工作，是当时休斯顿市政府机构中为数极少的黑人。在种族隔离普遍存在、种族歧视非常严重的那个时代，托马斯不能和白人警察站在一起点名，不能和白人警察在同一个餐桌上吃饭，甚至不能在白人警察使用的饮水器中接水。他也不能驾驶警车，只能走路去治安最差的地区巡逻。即使逮捕了嫌犯，他仍然不能乘坐警车，只能押着嫌犯乘坐公共汽车返回警局。如果遇到的嫌犯是白人，他也不能自作主张，必须经过上司同意才能实施逮捕。

2015年7月27日，德克萨斯州休斯顿市的警察总局大楼前举行一个隆重的仪式，95岁的爱德华·托马斯带着欣慰的笑容坐在轮椅上，亲眼看着警局大楼正式命名为爱德华·托马斯大楼。以他的名字来命名，不是因为他工作63年、创下休斯顿警察局服务最久的纪录，而是因为他是一个黑人。

一个种族主义血案

教堂里的血腥杀戮

2015年6月，在南卡罗来纳州查尔斯顿市的一个教堂发生了一起震惊全美的凶杀案。

查尔斯顿是一个仅有10万人口的城市，但它宛如镶嵌在南卡罗来纳州海岸的一颗艺术明珠。这里除了呈现出一派旖旎动人的滨海风光，让人感受更多的是无所不在的艺术气息和历史记忆。250年前专门为戏剧表演而建造的码头大剧院至今仍在上演经典剧目。每年春夏之际举办的为期17天的艺术节，吸引着来自世界各地的艺术家。许多画廊、艺术馆和博物馆，陈列着众多从英属殖民时期直至当代的风格各异的艺术作品。这里有美国最早的海关，有南北战争纪念碑，有3000多幢古老的建筑，有锈蚀了的古炮台。这里还有一个地方——美国最早的黑奴贩卖交易市场，与下面所叙事件有着某种隐约的关联。

2015年6月17日晚上，一座建于1886年的教堂里，13人在这里参加圣经研习会。这座教堂经历了“汤姆叔叔的小屋”那样的奴隶制时代，见证了20世纪60年代风起云涌的民权运动。当晚九时许，事前预谋的白人男子掏出手枪开始了他的杀戮计划。凶手歇斯底里地说：“我必须这样做，因为你们强暴我们的女人，接管了我们的国家，所以你们都要死！”凶手在开枪间隙换了五次弹匣，意图置所有人于死地而后快。大开杀戒的凶手在最后刻意放过一名女子：“你现在可以走了，你要告诉全世界这里发生了什么事。”他留一个活口，为的是替他宣扬为正义而战的“义举”。

这个惨案造成包括州参议员平克尼在内的九名黑人死亡。

充满争议的邦联旗

凶手在案发14小时后被抓获。他是21岁的戴伦·鲁夫。警方发现他脸书上的照片，所穿上衣贴有津巴布韦国旗和南非1994年前的国旗。这两个国家都曾实施过严厉的种族隔离制度。鲁夫逃走时所开的汽车，牌照上有邦联旗标志。

与邦联有关的标志物，在这时成了舆论的焦点。21日南卡罗来纳州的许多抗议者当街焚烧邦联旗，一些邦联纪念碑也被人涂鸦。

美国南北战争发生于1861至1865年。当时参战的双方是北方的美利坚合众国和南方的美利坚联盟国（简称邦联）。邦联是宣布从美利坚合众国分裂出去的、由南方11个州组成的政权。邦联旗就是这11个蓄奴州所使用的旗帜。这场战争最终以林肯领导的北方美利坚合众国的胜利而告终。南北战争的结束，标志着蓄奴制在美国被彻底废除。

这面邦联旗，美国黑人认为是种族主义的象征，认为它维护奴隶制内战，反对民权进步，唤起的是黑人曾长期作为奴隶的那一段痛苦历史的记忆。邦联旗帜的捍卫者则认为这是南卡罗来纳州历史遗产的一部分，代表那些在1861至1865年内战中牺牲的南方各州将士，将这面旗与奴隶制捆绑在一起并不公平。

很多美国人则把这面旗帜仅仅看作是南方文化传统的象征。这种态度如同看待南方军总司令罗伯特·李将军一样。罗伯特·李是一个领导了分裂国家的南方军的败军之将，但是他依然受到民众崇敬，许多道路、学校以他的名字命名，他的塑像随处可见，美国国会大厦内也放置了他的雕像。

血案发生四天后，零售巨头沃尔玛宣布撤下全部邦联主题的产品，并发表声明表示：“我们从没有想过用我们提供的产品去冒犯任何人。我们已逐步采取措施从我们的产品里——无论是在实体商店里还是在我们的网站上——撤出所有带有邦联旗帜的物件。”

23天后的7月10日，南卡罗来纳州议会大厦前飘扬了54年的邦联旗，在现场数千民众“把它拿下来”的呼声中降下。之前在州参议院和众议院投票通过“降邦联旗法案”后，南卡罗来纳州州长海利立刻签署了该法案。总统奥巴马在邦联旗降下几分钟后发布推特，称这是“美好意愿的标志，和迈向更好未来的重要一步”。

血案发生后的第二天，联邦最高法院恰巧审理一起邦联旗的上诉案件。

早在2010年，德克萨斯州一个叫做“邦联退伍兵之子”的组织，申请邦联旗的个性化汽车牌照，但是遭到德州机动车管理部门的拒绝。“邦联退伍兵之子”成立于1896年，成员是前邦联士兵的后裔。政府拒绝的理由是，公众会把邦联旗和煽动仇恨的言论联系起来。“邦联退伍兵之子”的德州分部于是在2012年诉诸司法，理由是侵犯了公民的言论自由权。官司打到联邦最高法院后，2015年6月最高法院判决指出：特制汽车牌照上的信息是政府言论的一种形式，不属于受宪法第一修正案保护的公民个人言论自由的范畴，德州政府有权拒绝颁发展示邦联旗的牌照。

正在角逐2016年总统大选共和党内提名的克鲁兹，在2015年6月退回了美国白人至上组织“保守公民协会”领袖霍特的8500美元捐款，借以表明自己对种族主义观点的反对立场。

戴伦·鲁夫承认，他经常浏览“保守公民协会”的网站。在这个网站上他读了很多黑人谋杀白人的文章，从而改变了他的观点。

“保守公民协会”创建于1956年的密苏里州圣路易斯市。这个协会的成员曾说风靡全球的流行音乐之王杰克逊是头“人猿”，并说黑人是“退化人种”。

共和党还有两名参选人同样也收到了霍特的捐款。这两位参选人同时表示，将把这笔钱转赠给查尔斯顿市长成立的一个基金会，这个基金会的所有资金用来资助查尔斯顿市血案的受害人家属。

在降下了邦联旗之后，出现了要求铲除一切邦联遗迹的呼声。路易斯安那州的新奥尔良市在讨论是否需要搬移李将军和其他邦联军领导人的纪念碑，田纳西州孟菲斯市的议会也表示要将邦联将军的遗骨从一个公园移到他处。即使进入了遥远的北极圈范围的阿拉斯加州，州长也下令要为位于白令海峡边岸的一个小镇更名，因为小镇以邦联名将汉普顿的名字命名。

面对官方的这种过激做法，有历史学家表示，铲除邦联遗迹现在已经进入歇斯底里的程度，取消邦联遗迹就是取消历史，而不是了解历史。

种族主义与马丁枪杀案

饶有意味的是，这个血案发生以后，除了北卡罗来纳州当地零星的示威游行，这个事件并没有在全美黑人社区掀起滔天巨浪，也没有引发黑人社区全民共诛之的愤怒狂潮，只是像在湖水中投了一粒石子，荡起一圈涟漪，很快就复归平静，与官方的激进形成鲜明的对比。当初在弗格森事件、加纳事件和巴尔的摩事件中义愤填膺的人们这一次似乎格外理性和冷静。当初那些声势浩大的人群，如果这次出去瘫痪城市交通、封堵高速公路，理由应该更加充分。

有人可能要说，弗格森事件和加纳事件引发连锁反应是因为陪审团不起诉威尔逊和潘塔雷昂而导致的，这次是没有一个由头。

但是不要忘了，弗格森和巴尔的摩都是在司法机构还没有做出任何结论之前就已经开始打砸抢烧引燃骚乱之火的，由头就是一个黑人的死亡。而这次丧生于白人手下的黑人多达九人，其中包括一名州参议员。

从弗格森到史泰登岛，从巴尔的摩到查尔斯顿，所有这些案件中，戴伦·鲁夫所制造的血案具备了种族主义仇杀的所有特征。无论是杀人者的白人身份或被杀者的黑人身份，无论是杀人者的精心准备还是杀人场合的刻意挑选，无论是杀人者对白人至上主义的狂热崇拜还是在杀人现场的疯狂叫嚣——所谓“你们接管了我们的国家”显然是指黑人总统奥巴马——这个种族主义仇杀行动把种族歧视推到了极点，可谓是血淋淋的种族歧视。没有哪一个案件比它更具典型性。鲁夫是以屠戮生命的方式在宣示种族主义的主张。

当初黑人青年布朗被白人警察威尔逊开枪打死，黑人小贩加纳被白人警察潘塔雷昂锁颈致死，黑人青年葛瑞被三名白人警察和三名黑人警察一起送上警车受伤致死，所有这些事件，似乎无一不刺伤黑人敏感的种族神经，威尔逊和潘塔雷昂没被起诉更是被渲染为种族歧视根深蒂固的结果。

其实，即使是这几起事件的一些当事人，对这种“挂靠”种族歧视的结论也并不认同。葛瑞案当时有六名警察被捕，一名被控警察的家属明确表示：有人说“葛瑞案中的种族歧视使人愤怒”——这是站不住脚的。加纳的遗孀在大陪审团做出不起诉加纳的裁决、接受国家广播公司（NBC）采访时说：“平心而论，我不觉得这是白人与黑人的种族歧视问题。”直接否认肤色是导致她丈夫死亡以及影响陪审团的因素。

当年佛罗里达州中部小城桑福德发生的马丁枪杀案，当裁决结果宣布以后，芝加哥、洛杉矶、华盛顿、纽约以及亚特兰大都出现不同规模的抗议示威。桑福德市的黑人牧师同样谴责这是“污染美国空气的种族主义和不公”。

2012年2月26日，美国东部时间傍晚时分，桑福德灰暗的天空飘着丝丝细雨。正在巡逻的齐默尔曼看见一个黑人青年沿着小区房屋后面的小路行走，心生怀疑便驾车跟踪，同时打电话给警局，说有一个行踪可疑的人。当黑人青年从齐默尔曼的视线消失后，齐默尔曼便下车寻找。接电话的人当时说不用跟踪，齐默尔曼就约定了和警察会合的地点。

齐默尔曼是一个28岁的白人和拉美裔混血的社区协警，合法配有手枪。马丁是一个17岁的黑人高中生，当时没有携带任何武器。

但几分钟之后两人就发生了扭打。当警察赶到时马丁已经趴在地上死亡。马丁被打死的地点离他父亲未婚妻的住所仅64米。

在这个案子发生三周之前，齐默尔曼也曾看见有一个黑人可疑，于是报了警，但警局让他不要跟踪、原地守候，结果警察到来时那个可疑之人已被他“跟丢了”。四天后这户人家被窃，结果警察抓到的嫌疑人正是被齐默尔曼看到的那个黑人。

按照齐默尔曼在法庭上的陈述，他挂断电话走下汽车后，马丁从他左后方出现，之后两人发生争执。马丁将他打倒在地，并用拳头连续击打他的头部，并按着他的头去撞人行道的水泥地。他感到生命受到威胁，就向马丁开枪射击。

根据创伤学专家的鉴定，齐默尔曼是在不超过30厘米的距离向对方开枪射击的。

现场的情况是齐默尔曼的鼻子被打肿，眼眶淤血，嘴唇和脸颊浮肿，后脑部头皮有损伤，衣服背后沾有碎草和水渍。

马丁当时正处于因携带大麻而被学校停学期间。马丁死亡后在血液里检验出吸食大麻的残留物，手机短信里有枪支交易的信息。案发时17岁的马丁身高1.8米，被橄榄球教练认为是比赛队伍里最好的一个球手。

检方指控齐默尔曼犯有二级谋杀罪和过失杀人罪两项罪名。

陪审团的六名女性，由控辩双方从500个候选人中挑选出来，并在审案期间被隔离。法庭审理结束后她们在两天时间里商议超过16个小时，于2013年7月13日做出裁决，宣布齐默尔曼无罪。

陪审团中一位名叫麦迪的女性，是一个36岁的护士助理，也是一个孩子的母亲。她后来在接受美国广播公司的独家采访时说：从内心来讲，她觉得齐默尔曼应该是有罪的。麦迪说，在两天的时间里，她是其中持相反意见的人，“这是我感到困惑的地方。如果一个人杀了人，你会指控他；但法律的说法是，如果没有证据证明他是故意杀人，你就不能说他有罪。我寝食难安，因为我觉得我被迫参与到马丁的死亡中，马丁的死仍旧压在我的肩上，我的痛苦不亚于马丁妈妈的痛苦，任何一个妈妈都不应该被这样的痛苦折磨。”但是麦迪坚持认为，这个案件跟种族主义无关。

显然，麦迪在这里所纠结的，不是黑与白的肤色问题，而是法律和情理产生的冲突。齐默尔曼虽然被当庭释放，但这并不意味齐默尔曼一定就是好人而马丁就是坏人，而是检方无足够证据排除齐默尔曼是正当防卫，无足够证据认定齐默尔曼是故意杀人。前总统卡特说，这个案子涉及的是法律问题，不是道德问题。

这个裁决的出炉，也与佛罗里达州2005年通过的不退让法有关。根据这项法律，民众在认为生命安全遭受威胁时无需选择退让，可以使用致命武力，这种情况下杀人被认为是自卫。根据佛罗里达司法当局的统计，这一类凶杀案在2001年到2005年之间每年仅上升13.2%，而2006年到2012年期间每年上升42%，2012年达到66起的最高纪录。

种族冲突与警民冲突

黑人社区之所以对查尔斯顿血案意外冷静，是因为它只是孤独个案，不具代表性，更无普遍性。这次黑人群体即使抗争，也难以提出具体诉求，因为针对他人族裔背景呈现的仇恨犯罪，法律的惩罚已经达到过犹不及的程度。

黑白之间的寻常争议或普通问题，很多时候在美国容易演变为一个借题发挥之题。如果当事双方一方为白、一方为黑，尤其是当看上去“白的”占了便宜“黑的”吃了亏，就像一堆面粉，用水搅和以后不失时机地加进种族歧视这个酵母，就可以发酵膨胀，迅速扩大，并转移公众视线，绕开黑人高犯罪率这个事实，继而映射到白人的“原罪”和历史旧账。如今美国存在的黑白问题，到底是种族歧视，还是警民冲突——如果是警民冲突，是警察和所有民众的冲突，还是警察与高犯罪率族群的冲突——这是一个值得关注和研究的问题。

当马丁案的裁决结果公布以后，时任总统奥巴马发表讲话说：因为种族原因，美国很少有黑人没有过被人用有色眼镜看待的经历，我自己过去也因为种族原因受到过歧视，比如在百货商店购物受到跟踪。他说：“很少有美国黑人男子没有这样的经历：走在大街上可以听到汽车里的人锁上车门的声音。很少有美国黑人没有这样的经历：在进入电梯后，同一电梯里的女士紧张地握紧钱包，屏住呼吸，直到她有机会下电梯。”奥巴马同时说：“事实是，在这个国家的太多地方，执法机关与有色族群之间，存在深深的不信任。其部分原因是这个国家种族歧视的历史。”

奥巴马所言的防范黑人、恐惧黑人，无疑是真实的现实。但值得深思的不是这种现实本身，而是为什么是黑人而不是其他有色族裔，比如同样作为少数族裔的亚裔。华裔也曾在历史上遭受过灾难深重的种族歧视，但人们并没有防范华裔、恐惧华裔。美国所有的老唐人街，起初都处在城市边缘地带，而且都与富人区毫不沾边，但华裔却是少数族裔中犯罪率最低者之一。贫穷的确与高犯罪率有很高的关联度，但贫穷从来不是犯罪的理由，更不能作为犯罪的借口。如今穷人的贫穷，并非学无所上、居无所住、病无所医、老无所养的贫穷。如果一定要探究贫穷的形成，不能不从黑人男性的高入监率、大多数黑人婴儿由未婚母亲生育这些问题入手，不能不正视由于家庭结构的破坏而导致的黑人经济上的不平等这个严峻问题。

2015年8月28日，在德克萨斯州哈瑞斯县，有十年从警资历的47岁白人警察高福斯处理完一个车祸事件后，开车到一个加油站去加油。当高福斯从加油站的便利店走出来时，一个穿白上衣、红短裤的黑人男子尾随其后，拿出手枪从背后连开数枪，在高福斯倒地之后黑人男子又补了几枪，直到将15颗子弹全部打光，之后跳上一辆货车逃逸。

这桩冷血枪杀案发生后，9月19日一群支持警察的人士举着写有“警察的命也是命”的牌子，从奥斯汀市警察局总部游行到州政府大楼前。与此同时，另一群人举着写有被警察杀害的黑人名字的牌子，针锋相对进行示威。网上舆论也在渲染“警民关系空前紧张，白人警察遭行刑式枪杀”的说法。

2016年2月，枪杀了警察的黑人男子迈尔斯被法庭法官命令送往一家州立精神病医院，因为检方发现他患有精神分裂症并不时会有精神病发作，认为他没有能力接受审判。

原来这只是一个神经错乱者制造的凶案，与警民关系毫无瓜葛。

布赖恩·威林厄姆是密歇根州第七大城市弗林特市的一名黑人警官，也是教堂的一位牧师。他曾经对《纽约时报》记者这样说：弗格森大陪审团的决定当时让他在心理上很矛盾，但他认为那个决定是正确的。他说：“我现在意识到，我们这些自认为是黑人社区领袖的人，不能仅仅反对种族主义。我们也要反对黑人文化的一个组成部分，它变得越来越反权威、反社会，到了自我毁灭的地步。”他还说：“在黑人社区中，我们尚未与这个敌人开展斗争。但我认为，我们现在必须对此加以讨论。”

法律是国家的政治信仰

人们都还记得1994年美国加利福尼亚州最高法院对前橄榄球明星辛普森进行的刑事诉讼。当时几乎所有证据都指向辛普森，使他成为杀害前妻妮克尔及其好友高曼的唯一嫌疑人。然而在经历了创加州历史纪录、长达九个月的开庭审理之后，陪审团做出了辛普森无罪的裁决。

这次审判之所以称为“世纪审判”，是因为它成为演绎程序正义的经典之作。而遵循公正程序，恰恰是现代法治的基石。

在这个案件当中，被宣布无罪的辛普森是黑人，遇害的妮克尔及其好友高曼则是白人。12名陪审团成员中有9名黑人、2名白人和1名拉美裔。

1995年10月3日上午10时，裁决结果将要宣布之际，整个美国几乎陷入停顿，大约有1.4亿人在同一时间收看或收听裁决结果。洛杉矶的几千名警察全副武装，全线出动，如临大敌，担心如1992年的种族暴乱再次上演。

洛杉矶种族暴乱，起因于1991年3月3日警方使用暴力对付一个拒捕的黑人。暴乱的导火线，是1992年4月29日陪审团裁决被控的四名警察无罪。这场暴乱造成约10亿美元的财产损失，大片的街区在纵火焚烧中化作焦土或成断壁残垣，暴乱最终导致53人死亡，约5000人被刑事控罪。

在全美各地，每天都有大大小小各种示威抗议活动轮番上阵，如果没有这些，大概也就不叫美国了。但几乎所有的示威抗议，都是以和平的方式进行的。黑人民权领袖马丁·路德·金之所以能够光耀历史，正是因为他的非暴力抵抗主义。

美国宪法第一修正案赋予公民和平集会的自由。一旦示威者使用暴力，就等于放弃了宪法第一修正案赋予的权利，使用暴力的人也就不再是法律的信仰者和维护者，而是法律的藐视者和破坏者。

美国第16任总统林肯说："我们要让法律成为这个国家的政治信仰。"

富兰克林·罗斯福总统把美国宪法称为"老百姓的文件"。

联邦最高法院第一位女性大法官奥康纳说："当我们竞选议会或行使公职时，写信给总统、州长或议员时，在法院立案发起宪法诉讼时，或就宪法的涵义对我们的孩子进行教育时，或当我们就宪法规定在现代生活中的应用与朋友及邻居发生争论时，我们都在对宪法及其制定者表示敬意。"

当加州最高法院在宣布黑人辛普森无罪以后，整个美国除了思考，剩下的只有沉静。

作为白人的被害者家属，面对一个极其残酷的结论，做了如是表达："今天，正义受到了践踏，人权受到了践踏，但是，我们尊重法院的判决。"

下编

强与弱

强者，强势一方。弱者，弱势群体。

在一般思维中，政府是强势的，民众是弱势的；有产者是强势的，无产者是弱势的；多数族裔是强势的，少数族裔是弱势的；利益集团是强势的，劳工阶层是弱势的；成人是强势的，儿童是弱势的；健康人是强势的，残疾人是弱势的；性取向正常者是强势的，同性恋者是弱势的……

然而在过分张扬个人权利的美国，总是出现强者为弱、弱者呈强的奇异转换。

夹缝中生存的官员

狐假虎威的官员

纽约前市长彭博在2013年感叹：美国的胖人实在太多了，纽约概莫能外。

彭博说：纽约市半数以上成人和近四成公立中小学生都体重超标，每年有近6000人死于肥胖症引发的疾病，每年为治疗肥胖相关病症付出高额的医疗费用。汽水和其他多糖无营养饮料是导致肥胖的罪魁祸首。

美国疾病控制中心的统计资料显示，与1960年相比，现在的美国人平均体重增加了25磅（约11.3千克），全国肥胖率超过35%。

美国糖尿病专家认为，食品业在销售食品时加大分量，诱惑消费者从而令公众没有招架之力。如可口可乐公司，它的产品包装从最早每瓶最多6.5盎司（约192毫升）增加到现在的20盎司（约591毫升）。一瓶20盎司的可乐含有240千卡的热量，每天喝一杯的话，一年就会增加8.76万千卡的热量，会让人的体重增加2千克。

纽约市卫生局于是在2013年秉承市长彭博的旨意，发出了一道禁令：从3月12日开始，所有餐馆、快餐熟食店、影剧院、特许食品摊、比萨饼店、体育场等场所，禁止出售16盎司（448毫升）以上的大杯（瓶）含糖汽水、饮料、甜茶。对于禁售令管辖范围内的商家，一旦违反，一律罚款200美元。

不过这个看上去很美的举措，刚一出笼，就遭遇挫折。

媒体立刻做出反应，说民众认为，市长已经侵犯了公民的自由，根据调查，六成纽约市民反对此项限制，认为这是对大众饮食选择的无端干涉。

美国饮料行业的厂家也接着发话：如果这个禁售令出台，将给饮料厂家带来很大麻烦，单是制作新的标签、更换饮料容器就需花费60万美元。

美国饮料协会和全美餐厅协会最干脆，直接把纽约市政府告上了法庭。

纽约市的众多商家依然陆续收到卫生部门的执行通知。禁售令如箭在弦上，时间一到，马上就要执行。

就在禁售令即将实施的头一天，法院做出判决，禁止这项禁售令实施。法官在判决书中指出：本案关键议题不在于肥胖，而是纽约市卫生局逾越了权限。

彭博情绪激动地指出：我一定要做正确的事，以拯救生命，因为肥胖会死人，而含糖饮料是肥胖的元凶！彭博指责法官的判决“大错特错”，表示将就此判决提起上诉，“我们有自信赢这个官司”。

一晃一年多过去了，2014年6月26日，纽约州上诉法院最终还是判纽约市政府败诉，而这时彭博的市长任期已经届满，离任已经半年。

“狐假虎威”在中文语境里本来是一个贬义成语。这里把它当作一个中性词汇来使用。美国的官员就相当于狐狸，本身不具威慑力，只有当他以法律这只老虎为依傍的时候，民众才会有所畏惧。当狐狸的背后没有了这只老虎，就失去了发号施令的能量。彭博如此，白思豪也如此。

纽约的出租车原来主要是三种类型：一种是黄色的士，可以随时随地在纽约市任何地方揽客；一种是绿色的士，只可以在曼哈顿和机场之外的区域揽客；再一种就是电召车，不能在外招揽生意，只能电话预约载客。

纽约对出租车的数量管制，最早可以追溯到20世纪30年代大萧条时期。当时成千上万的失业者做了出租车司机以后，因为乘客稀少而无利可图，于是政府在1937年推出了对出租车牌照进行总量控制的制度。到1996年，全市有11787辆出租车。由于数量限制，使得它的牌照拍卖价在2013年一度高达每辆132万美元。

根据纽约市长办公室和纽约旅游及营销组织的数据，单是2014年，到纽约旅游的游客数量就达到5640万人，并带来613亿美元的空前经济收入。因而在旅游旺季，尤其是上下班高峰、节假日及天气恶劣的时候，出租车可谓一车难觅。彭博担任市长期间，为了在曼哈顿塞车和民众需求这两者之间找到平衡，推出了绿色的士，一定程度上缓解了曼哈顿以外的区域服务不足的问题。

就在黄色的士忙得不可开交之际，优步横空出世。这个估值为500亿美元、有人预言将会摧毁传统出租车公司与租赁汽车产业的交通网络公司，让市场一时风云突变。

传统出租车行业的头头脑脑立刻提出要对上路行驶的优步进行数量限制。市长白思豪也高调指出，纽约塞车已经够严重了，不能再雪上加霜。白思豪高调维护原有出租车行业的利益，是因为2013年他在竞选市长期间得到过这个行业数量可观的捐款。白思豪发话说，要通过立法途径来解决这个问题。

优步于是将目标对准白思豪，广告战和游说战万箭齐发。优步首先在主要电视频道投放广告，说白思豪要毁掉纽约千百个潜在的就业岗位，让穷者愈穷、富者愈富，以此嘲讽他竞选时所提的消除贫富两极化的虚伪。优步还打出种族平等的旗号，声称将解决少数族裔的工作问题。优步独出心裁，在用户所下载的叫车程式中推出了一个名为“白思豪的优步”的功能，用户选择这一功能只有两种结果，要么是没有车，要么是需要等待25分钟。优步同时呼吁支持者发动邮件攻势，不断给白思豪写邮件进行抗议。在这场攻势中，优步占据了道德的制高点。如果白思豪继续持反对态度，就等于站到了关怀弱势、倡导平等的对立面。

白思豪转变了立场，宣布放弃限制优步的计划，市政当局在2015年7月和优步达成了初步协议。优步同意让纽约市政府分享自己的数据，以供他们研究打车软件对城市交通的影响。优步承诺维持目前的增长幅度，不会在纽约高歌猛进。市政府同意在最终判定前，先进行为期四个月的调查，同时也警告优步，如果违反双方达成的协议，政府有权向优步下达禁令。

这是一个表面好看但实际没有太大约束力的折中方案。从2013年6月到2015年6月，纽约每月的优步乘客人数增加了10倍，达到350万人。而到了2015年底，即协议签订后的半年，优步车辆已经达到两万多辆，远远超过2013年支持白思豪竞选的出租车司机人数。华尔街日报估计，全市这时有200万人下载了优步叫车程式。

几家传统出租车公司联合起来又转而控告市政府，指控市政府批准优步车辆在纽约市运营属于违法。诉状中称，只有黄色的士和绿色的士被允许可以在街头载客，而优步的打车软件使得优步车辆在街头泛滥成灾。

2015年9月法官驳回了他们的诉讼，并在判决书中这样写道："投资方当然要时刻警惕科技发展所带来的新形式竞争。"

处处掣肘的权力

从彭博和白思豪的败北可以看出，官员在施政过程中不时会受到各个民间团体或组织发起的围攻。只要这个团体或组织拿起法律的武器，官员就面临收回成命的可能。除此之外，官员还受到议会的制约。那些议员就像小区业主推选出来的业主委员会的成员，眼睛盯着钱袋子，监督政府这个物业服务公司如何花钱，以免他们损害业主的利益。所以无论是国会还是地方议会，为了平衡预算，总是吵来吵去，争执不休，几乎从来没有开过"一致拥护、隆重胜利"的会议。

旧金山华裔市长李孟贤计划拨款三亿美元，购买旧金山司法大楼旁的土地新建一座监狱，用以代替司法大楼里的三号和四号监狱。其理由是原来的三号和四号监狱不符合地震标准，必须要保障狱警及囚犯的安全。

但这项拨款计划遭到了议员、议长还有地方检察长的反对，同时也遭到少数族裔团体的抗议。2015年11月旧金山议会否决了拨款计划。大家认为：旧金山的监狱目前使用率不到五成，既然原来的三号和四号监狱不符合地震标准，那就永久关闭它，只保留140万美元购地款的提案，用这笔钱与法警局、卫生局合作，新建一个精神疾病治疗中心。另外，现在监狱里2600名囚犯中黑人占了49%，更应该关注精神疾病犯人的心理问题，解决有色人种囚犯比例过高的问题。

不仅业主委员会的成员盯着物业服务公司，普通业主既盯着物业服务公司，还盯着业主委员会，生怕业主委员会监督不力。毕竟交上去的物业服务费，即交上去的税，都是自己的辛劳所得，因而在花钱上容不得他们任性。

2015年2月24日，在加利福尼亚州艾尔蒙地市的议会会议上，市民们轮番上台，炮轰市长和市政经理，指斥他们在招聘警察局局长一事上草率鲁莽。

何谓市政经理？“议会+市政经理”制，是美国地方政府重要的组成方式之一。在这种体制里，制定政策、修改立法、拨付款项和监督政府运作这些权力，通常是由5至11位民选议员组成的市议会执行。市长在这个制度里仅有象征性质，或仅是市议会中的一员，通常也担任市议会议长。市政府的运作以及对各项法规的执行，由市议会任命的一个市政经理来实施。这颇似公司化运作，议会相当于进行经营决策的董事会，市政经理相当于执行决策的总经理。

事情起因于2014年12月，前警察局局长退休，为了选拔一名新的警察局局长，市政经理委托一家人力资源公司在全国范围内筛选，从25份申请书中挑选了六人。为公平起见，由其他城市的三位警察局局长和三位市政经理，分别组成两个面试委员会进行考核，当地警察也提供意见，这样选出了两人。最后艾尔蒙地市的市政经理面试两人后，从中确定了麦克布莱德做警察局局长。

麦克布莱德曾服役美国海军陆战队，1991年加入圣伯纳汀诺市警察局，资历丰富，在警界担任重要职务，后又担任海梅特市市长。2015年2月5日艾尔蒙地市正式宣布了这项聘任。市长和市政经理都说，艾尔蒙地市今年的成长与转型幅度增加，需要这样一位和本市愿景相符的人出任这个重要职务。

然而未料麦克布莱德还没上任就打了退堂鼓。

原来艾尔蒙地市的居民很多是拉美裔。当居民得知这个即将上任的局长曾经在海梅特市担任市议员和市长期间反对非法移民的权利，相当多的居民非常不满，先是质疑他能否胜任，接着又发起一连串的抗议。麦克布莱德感觉自己不受欢迎也不被信任，还没到任就递上了辞呈。

在议会会议上，市民的不满主要集中在两点。一是本地警员出生在这里，在警局服务多年，论资历和对社区的熟悉程度，应该可以选拔出警察局局长，为何非要招聘外地人；二是原先招人预估2.5万美元，结果后来各项杂费加起来花了7.5万美元。钱花了也就罢了，结果人还没上班就请辞，这钱全都打了水漂，浪费纳税人的钱。市民的指责，让市长和市政经理面红耳赤，无言以对。

尼尔市长与“狗屎包”

政府官员生存在夹缝之中，因而什么趾高气扬、前呼后拥的气派，呼风唤雨、一言九鼎的能量，不仅跟他们毫不沾边，而且常常饱受责难。在一个时时被监督、处处受限制的体制里，政府官员有时就是一个受气包的形象。

加州圣玛利诺市虽然仅有1.3万多人口，4000多户人家，却有100多年的历史。在1913年，美国铁路大王亨利·杭廷顿和二战时期美国著名陆军上将乔治·巴顿的家族共同建立了圣玛利诺。巴顿将军的父亲是这个城市的首位市长。整个圣玛利诺宛如一个大公园，绿树成荫，花团锦簇，住宅似乎只是点缀其间的亭台楼阁。根据普查数据，这里的家庭年收入中位数都在16万美元上下。居住族裔有半数是亚裔，而亚裔中又以华裔占大多数。这里的房价每栋多在100万美元以上，也有很多高到500至600万美元。那些古色古香、美轮美奂的房屋大多是在20世纪20年代至50年代建造的。圣玛利诺的城市管理非常严格，即使是自己的房子也无权随意改变它的外貌，哪怕砍一棵树也须得到政府的批准。

菲律宾裔华人刘纪铭65岁，在圣玛利诺市居住了将近20年。2014年6月7日他下班回到家，发现院子里地上有一个纸包。他打开一看，却是一包臭烘烘的狗屎。刘纪铭打开监控录像查看，大感意外的是，这事竟然是尼尔干的。尼尔不是别人，正是圣玛利诺市的市长，就住在他家隔壁。

刘纪铭马上报了警。警察过来确认了事实，当即给市长开出了一张750美元的罚单。因为没有丢狗屎这个项目，罚款内容便归类为乱丢垃圾。

按说警察归市长管，警察应该护市长的短才是。殊不知俗语“铁打的营盘流水的兵”，在这里就成了“铁打的营盘流水的官”。一个市长做几年就走人了，一个警察可能要干一辈子。再说警察只要遵纪守法，市长根本奈何他不得。各干各的事，各走各的道，在警察眼里市长和其他居民只是工作性质不同，并无实质区别。

事情被揭穿，市长尼尔赶紧给刘纪铭写了一封公开的道歉信。

不过刘纪铭并不接受，认为这并非发自尼尔内心，仅仅是迫于压力的应付之举。刘纪铭要求尼尔引咎辞职，否则就要将市长和市政府告上法庭。在市议会的一次当面对质中，尼尔虽然再次认错，说他家并没有养狗，那狗屎是他从别处捡来的，但是仍然拒绝辞职。

市民群起抨击讨伐。在舆论的压力下，尼尔顶不住了，6月17日提出辞呈，承认自己的行为是错误的、不恰当的、不尊重他人的。此举使他本人和整个圣玛利诺市蒙羞，并再次向邻居道歉，保证以后再也不会发生这样的事情。

尼尔辞了市长职务，很多人仍不买账，行动起来阻止尼尔继续担任市议员的职务。这些市民组成一个名叫“维护圣玛利诺”的组织，启动“罢免尼尔”网上签署活动，只要在90天内收到四分之一注册选民的签署，即可启动罢免程序。

狗屎“受害人”刘纪铭说，自己并不是罢免尼尔的主力，主力军是对尼尔的施政计划无法忍受的社区居民。比如尼尔要在莱西公园花40万美元扩建停车场，很多居民都认为没有必要，一是车位够用，二是破坏原有的树木与周边生态。再比如尼尔准备在市区道路上开设专门的自行车道，市民对此也不以为然。刘纪铭说，尼尔之所以如此放肆，就是因为他以为亚裔一向低调内敛，大概不会对这样的事做出过激反应。

面对罢免议员的活动，尼尔表示无需花费这些人力物力，任期届满，他不会寻求连任。而签名活动也因为没有达到法定人数，罢免也就搁浅了。

事情本来已经结束，未料后来又起波澜。

2015年6月底，尼尔低调宣布，他将参加11月份的议员选举，寻求连任。

刘纪铭马上表示：尼尔在去年明确表示，任期结束离开议会，大家没有必要花费精力去罢免他。如今出尔反尔，说明此人毫无诚信可言。刘纪铭呼吁市民不要选他。

已经75岁的尼尔担任了两届市议员。他表示去年丢狗屎的事情是他犯下的很大的错误，但他已为此付出很大代价。如果还有人以此为题借机反对他，那也是人家的权利。他表示人非圣贤，孰能无过，他的错误不影响他在其他方面的正面努力和成绩。尼尔说他一向以勇于尝试和创新而闻名，很想继续为这个城市带来新的气象和变化。比如他支持市民按照自己的想法来盖大的房子，市政府可以借此增加税收。再比如因为美国警察过度使用武力，他倡议除了紧急情况警察佩带枪支外，一般情况下使用镭射枪就足够了，希望圣玛利诺市成为全美第一个警察执法不佩枪的城市。

尼尔的支持者也认为，尽管尼尔个人品行有过污点，性格过于急躁，但人无完人，他是会计师出身，对市政的收入支出非常熟悉，很有经验，便于把握，他是热心社区和真正用心在市政工作的合适候选人。

另外的候选人中，有人则反对盖大房子，包括现任市长在一年前就提议通过了“地下室法则”，不仅能增加政府税收，也让市民有更多的空间可利用，而且从外表看也不会形成一个庞然大物。这大概是抓住了白人居民的心理。因为那些白人老住户并不喜欢大房子，只是一些华人新移民热衷此举。

11月3日投票选举，尼尔不出意外地落选。看来“狗屎事件”确实成了尼尔仕途的拦路虎。

市民聘用的管家

人们在探讨集权社会的媚官现象和奴才意识时，常常执着于人性的弱点和文化的劣根性，其实这一切无不源于人身依附关系。如果一个社会具备独立平等的自由意识，清晰明确的产权定位，人民授权的制度保证，民众必然具有强烈的主人意识，就像圣玛利诺的华人一样，官员在他们眼里只不过是他们聘任的管家，把本来属于自己的那一部分权力让出来交给管家代为行使而已。管家做得好，是理所应当；做得不好，不再给他机会；做得出格，就把他从台上轰下来。

2014年，纽约市的新管家白思豪上任不久，因为参加土拨鼠日闯了乱子，获封第一个称号“土拨鼠杀手”。

每年2月2日是北美地区的传统节日土拨鼠日，美国许多城市和村庄都会举行庆祝活动。让土拨鼠预测天气的习俗，起源于18世纪宾夕法尼亚州东南部和中部地区的德国裔聚居区。传统上农夫通过在这天仔细观察土拨鼠的行为来决定何时开始播种。自1887年以来，土拨鼠一直肩负着预报时令的重任。按照美国民间传统，如果当天是阴天，土拨鼠从洞穴中爬出来，就表示春天会提前来到，但如果阳光普照，土拨鼠可以看到自己的影子，又躲回自己的洞穴，就表示冬天还会再持续六个星期。

史泰登岛动物园这只名叫恰克的土拨鼠，前任市长彭博在2009年手里拿了点玉米想把它引出洞，结果傲视权贵的恰克咬伤了市长的手指。这天白思豪虽没遇上麻烦，但土拨鼠却遭了殃。白思豪把恰克抱在怀里，不慎失手将土拨鼠摔到了地上，后来没过多久恰克就一命呜呼。尽管动物园到了9月才公布恰克不幸离世的消息，但民众还是认定此事与白思豪脱不了干系。

为此联邦农业部在2014年8月的一份报告中郑重其事地说到此事，认定史泰登岛动物园让“未经训练的人员”抱土拨鼠，违反联邦动物福利法，要求该动物园必须确保“只有受过训练的人才能经手动物，以免造成紧张压力或身体伤害”。

2015年的土拨鼠日，白思豪显然吸取了去年的教训，只是让恰克的“2.0版本”在地上行走。因为此前曾有人询问他是否出席今年的活动，白思豪故作幽默地说：已经召集成立“紧急应变专案小组”，以确保土拨鼠的预测仪式安全无虞。动物园的保险经纪人显然对本不该支付的这笔保险费心怀不满，说白思豪如果出席仪式的话最好还是站远一点，他那么高的个头，任何东西从他手里摔下去都会“损失惨重”。

继获封“土拨鼠杀手”称号之后，白思豪又被封为“迟到大王”。

2014年11月12日上午，纽约市皇后区洛克威公园举行隆重仪式，纪念2001年的这一天发生的一起空难。当时美国航空公司587号班机从肯尼迪国际机场起飞不久在纽约市皇后区坠毁，造成机上251名乘客、9名机组人员及地面5人总计265人遇难，为美国境内伤亡惨重的第二大空难。

这个纪念仪式最重要的环节是9点16分的鸣钟默哀，因为这是飞机坠毁的时刻。然而市长白思豪却迟到了，他9点25分才赶到。白思豪发表了几分钟的讲话，既没有解释迟到的原因，也没有为此道歉。他的举动触怒了参加纪念仪式的遇难者家属。一个年轻女子掩饰不住对市长的愤怒："他把我们当垃圾般看待！"因为她五名家人在空难中丧生。她说："这对我们不公平。如果这是'9·11'纪念活动，在鸣钟悼念的时刻他必定在场。"

纽约各大媒体纷纷报道了白思豪的迟到记录。随后市长办公室做出解释，说白思豪当时是坐船前往，由于大雾导致迟到。

2015年3月白思豪参加纽约市庆祝圣帕特里克节的盛大游行，足足迟到了半个小时。

当时主办方为了等候他来到游行队伍，把原定的时间推迟了10分钟。但10分钟过了还不见市长的影子，组织者非常生气，不等他来游行队伍就开拔。游行队伍举着写有白思豪名字的牌子走了14个街口以后，白思豪才气喘吁吁、行色匆匆地钻进游行队伍。当记者向白思豪发问为什么迟到时，这位市长回答"在瑰西园（市长官邸）开会耽误了时间"。当记者追问开会的具体内容时，白思豪吞吞吐吐地说："我们在讨论与教育相关的议题。"架不住记者的继续追问，白思豪补充了一句"之后我会公布更多细节"就没有了下文。《纽约邮报》于是致电市政厅，询问致使白思豪迟到的这次会议，参加者是谁，会议内容是什么，开始与结束的具体时间。但是市政厅并没有给予答复。这个"没有给予答复"的结果，也被公之于众。

白思豪在获封"迟到大王"之后，又得一个"大路之王"称号。因为白思豪在2014年破了一项纽约市长20年来的一项纪录：不办公超过一周。他和家人去了一趟意大利用去了九天时间，其中有五天是工作日。

市民指责白思豪自2014年1月1日就任市长以来，去了欧洲四趟，去了波多黎各（美国在加勒比海地区的一个自由邦，在政治定位上属于美国的境外未合并领土，即所谓飞地）两趟，多次前往波士顿和芝加哥。位于美国康涅狄格州的昆尼皮亚克大学在2015年10月做了一项民意调查，结果显示大部分纽约居民对白思豪的频繁出行不满；有55%的人认为白思豪对全国性的事务管得太多，让他在本市应做的事情上分了心。

纽约市最大的蓝领工会主席普里奥，针对白思豪这样经常不着家的行为抨击道：如果你再算上他常常出席活动迟到的行为，真的很难想象这样常常缺勤的政府雇员还能保住他的工作？他为什么不把更多的时间花在选他当市长的市民身上？

《纽约邮报》的一篇文章无不嘲讽地说：白思豪上任22个月以来已经有33个工作日花在了非官方的出行上，而前任市长彭博只有19个工作日用于非官方的出行。白思豪现在不仅是纽约市长了，还成了“大路之王”。

其实前面提到的意大利之旅，对白思豪而言多少有点冤。作为意大利后裔，那里是他的祖居地，这次虽是他一家人的休闲观光度假旅程，但也还“假私济公”，会晤当地官员并参加一些媒体开放活动。白思豪的新闻秘书已经明确表示，这次市长全家旅行的开支全都是由个人承担，其中陪同的三人除了公事活动需要花费公款以外，其他事项都是自掏腰包。

白思豪上任以后面临的一次重大信任危机是纽约市警察的不合作。

在2014年12月3日大陪审团做出不起诉致死加纳的警察的裁决后，白思豪或许是为了取悦于黑人社区，又或许是因为他的妻子是黑人，他在召开记者会时说：自己与夫人麦克雷一直担心17岁混血儿子的安危，这种担心不只来自犯罪或暴力，而是来自我们欲信赖的警察的危险。

白思豪这番“担心警察”的言论，本来已经招致纽约市警察的强烈不满，当12月20日刘文健和拉莫斯被黑人布林斯利爆头枪杀以后，激起了纽约市警察对白思豪的满腔愤怒。纽约警察工会主席当天炮轰白思豪：“沾满血的手始于市政厅，始于市长办公室！”很多工作在第一线的警察在警察工会的倡议下签署了一个文件，声明一旦自己因公殉职，将拒绝白思豪参加自己的葬礼。

2014年12月7日举行拉莫斯的葬礼，一个退休警员举着一块牌子，上书“上帝保佑纽约市警，白思豪下台”。在举行葬礼仪式前，纽约警察工会就在网上征集拒绝白思豪参加的签名。这天当白思豪上台讲话时，现场两万多名纽约警察以及外州的警察纷纷转过身去，背对大屏幕上的纽约市长，表达对白思豪无声的抗议。

2015年1月4日，纽约市及来自北美各地包括加拿大的警察在布鲁克林参加刘文健的葬礼。尽管在前一天，时任纽约市警察总局局长布莱顿再度告知下属，在白思豪讲话时不要背对市长，说“英雄的葬礼是表示哀悼，不是叫屈”。然而当白思豪这天出现在每个段路设置的巨大屏幕上开始致辞时，又有很多警察背过身去，丝毫不买布莱顿的账，以毫不掩饰的态度表达对他的反感与敌意。

不仅如此，纽约市警察工会主席让下属会员改变日常执勤模式的提议，使整个警察队伍进入了消极怠工状态。2014年12月31日时代广场的跨年狂欢，参加者达100万人。虽然当晚如当街喝酒、街角撒尿这一类违规事件并不少见，但是在纽约市警察总局的记录中，所有的执勤人员没有开出一张罚单。即使在圣诞节那一周，曼哈顿的中心地带人流涌动，警方也只开出23张罚单，远远低于前一年同时间段的650多张。纽约市警察总局的数据显示，从2014年12月29日至2015年1月4日这一周时间，在前一个年度执行逮捕5448次，而本年度仅仅2401次；前一个年度开出刑事传票4077张，而本年度仅仅347张；前一个年度开出停车罚单16008张，而本年度仅仅1191张；前一个年度开出交通违规罚单9349张，而本年度仅有749张。

一波未平一波又起，白思豪的妻子麦克雷的裤子又惹上了麻烦。麦克雷身着牛仔裤参加刘文健丧礼的照片在警察的电子邮件中迅速流传，引发社交网站的讥讽，说穿着牛仔裤参加丧礼，没有比这更无理的。麦克雷搬出了时装设计师赶紧出场救驾，设计师说市长夫人所穿套装中的这条裤子，看上去像是牛仔布料，其实是人造纤维，她的网站现在还在出售，原来是205美元，现在降到164美元。设计师说，这是非常得体的套装，适合出席葬礼这样庄重肃穆的场合。市长的发言人也赶紧出面澄清：第一夫人参加刘文健警探的丧礼所穿的深色套装是肃穆和适当的。舆论这才渐渐平息。

傲慢的民众

傲视握有权柄的人，这种心理也导致出现另一种极端现象：这就是，民众可以无理，官员不得无理；民众无理是理所当然，官员无理就是大逆不道；民众可以蛮不讲理，官员必须谨言慎行。

加利福尼亚大学是由10所公立大学组成、世界最大也最具影响力的巨型公立大学系统，被誉为公立高等教育的典范。

2015年3月18日，加州大学理事会在旧金山分校开会，在会议进行途中，一名伯克利分校的韩裔女生从旁听席上走出来，出其不意跳到前面的一张座椅上，站在上面开始脱衣。她这一脱，后面有两个女生跟着也脱。女生露出仅穿的运动内衣，上身绣了“学生”，超短内裤上绣了“债务”，用以象征使出浑身解数来应付上学的债务。不过他们并没有到此为止，30多个男生和女生一起呼喊口号反对调涨学费，并失去节制地对着加州大学总校长珍娜·纳波里塔诺叫喊：“该死的珍娜！”校警迅速到场，警告他们若不马上离开就要实施逮捕，这些抗议者才在10分钟后离场。

面对这突如其来的扰乱，当时加州大学总校长珍娜·纳波里塔诺对坐在她身边的校董事会主席说：“走吧，我们无须听他们的废话。”结果这句话被录音设备记录了下来。加大总校长因此开罪了学生，第二天被迫向学生做出道歉。

但学生对总校长的道歉并不领情，大学学生会在总校长道歉后的第二天骄横地表示：“我们看不到总校长是真正支持言论自由的。如果她真的支持言论自由，就应该珍惜学生表达意见的权利。真正的言论自由应该容许学生抗议，包括高声喊口号。”学生会会长柯奇说：总校长的职责是维护学生和高等教育的权益，但是纳波里塔诺却公开蔑视自由表达的行为。

2013年11月25日，时任总统奥巴马到旧金山的中国城演讲。旧金山拥有超过三分之一的亚裔人口。奥巴马向这里的移民社区展开游说，强调移民的贡献并宣传移民改革法案。到场听讲的400多人，有政府官员、公职人员、社会服务团体的代表和普通百姓。

就在演讲快要结束时，奥巴马的讲话被一个亚裔年轻人的大声叫喊打断，他要求总统停止将非法移民递解出境。接着又有三名年轻人跟进叫喊“停止递解！”这时大批安保人员过来，准备将这几个人带离现场。奥巴马用手势示意让他们留在这里，然后心平气和地对他们说：我的建议是一条更难走的路线，利用我们的民主进程，实现你想要实现的同样的目标，但它不会如同叫喊一样简单，它需要我们游说和付诸行动。

刚才叫喊的这个年轻人名叫朱洪，是一个在非法移民家庭长大的韩裔，经常在非法移民的集会上发表演说，表达自己的观点。其实作为民主党人的奥巴马，其移民主张更符合非法移民的意愿。至于2014年奥巴马政府暂缓递解的行政令难以实施，不是奥巴马不作为，而是由于地方政府反对所致。

人民和政府的主从关系

如果说市长、州长是地方居民推选的管家，总统就是全美国老百姓推选的管家。管家固然拥有一定的权力，却并不享有任何特权。

2014年8月29日，时任总统奥巴马要在罗德岛州和纽约州参加两场募捐活动，计划当晚在威彻斯特过夜。纽约州的威彻斯特县有三家知名的高尔夫球场。白宫先遣小组的工作人员赶到这里，联系安排奥巴马8月30日的打球事宜。

然而没有料到的是，这三家高尔夫球俱乐部统统拒绝提供场地，让前来接洽的白宫工作人员颇感无趣，无奈而返。

因为30日是周六，9月1日刚好是劳工节，周末和节日连在一起是高尔夫球场的旺季。如果让总统来打球，俱乐部就要容纳数量庞大的安保人员，这势必给其他会员带来不便，招致会员的不满。因为会员每年要支付超过10万美元的会费，他们不愿意得罪这些客户。客户是他们的财神，而总统不过是一个匆匆过客。

2015年4月30日，奥巴马在华盛顿与中学生座谈，说他很怀念年轻时为社区服务的日子，希望卸任以后重新做社区组织者的工作，并说总统任期结束时他还年轻，可以向社区介绍所需要的商机。奥巴马接着告诉中学生，说他年轻的时候曾经想当设计师，后来又向往做篮球运动员。还没等奥巴马说出“但是”——自己依然向往社区工作这个意思，一个初一年级的学生打断了奥巴马：“我想这个问题的答案，你都已经说过了。”奥巴马只好自我解嘲道：“他可能认为我说得太长了。”

美国人对当权者的傲慢，之所以这样根植于幼小的内心，源于美国从小学就开始进行的宪政教育，源于向学生所传授的维护美国宪法和民主政治所必备的知识和价值观。这种价值观在《独立宣言》中可以找到答案：“我们认为下述真理是不言而喻的：人人生而平等，造物主赋予他们若干不可让与的权利，其中包括生存权、自由权和追求幸福的权利。为了保障这些权利，人们才在他们中间建立政府，而政府的正当权利，则是经被统治者同意授予的。任何形式的政府一旦对这些目标的实现起破坏作用时，人民便有权予以更换或废除，以建立一个新的政府。”

既然人民对政府都有权予以更换或废除，那么提防官员、监督官员、指责官员甚至轻慢官员也就在情理之中了。

一个廉价的工种

退休总统的待遇

2009年奥巴马首次就任美国总统时有一头乌黑的头发，但后来头上的“雪花”越来越多。有人说这是因为压力太大所致。

作为超级大国的总统，与其肩挑的重担不甚相称的是他的收入。奥巴马总统的年薪是40万美元。现任总统和副总统的工资是由国会在2009年制定的。从1789年第一任总统华盛顿到现在，美国总统一共有过五次加薪。有人按照美元贬值的幅度，得出总统的实际工资在逐步下降的结论，认为奥巴马所拿的工资仅相当于1969年尼克松总统工资的34%。

有些国家的百姓认为这仍然是一个不低的收入。不过高还是低，是与本国其他行业人员的收入相比较而言的。尤为重要的是，他们无法取得灰色收入，无法实现家族敛财。第一家庭拥有多少财富，完全都是公开透明的。

比尔·克林顿在2001年离开白宫时，按希拉里的话说，虽然没有破产，但已经负债累累。因为克林顿入主白宫期间，先后遭遇“白水门”事件、“莱温斯基性丑闻”与随后的弹劾案，一直官司不断，为请律师欠下数百万美元的律师费。希拉里在发布回忆录《艰难抉择》之前接受美国广播公司的专访时说：“我们那个时候没有钱。我们要为抵押贷款、房子和切尔西的教育凑钱。你知道，那可不容易。”希拉里说，

“比尔工作真的很努力——那让我惊异——他工作非常努力。首先，我们要归还所有债务，你知道，他要双倍挣钱，因为要交税，归还债务，为我们买房子，还要照料家人。”希拉里称克林顿离任后的“创收”努力令她惊喜。

离开白宫四年以后，克林顿和参议员妻子希拉里靠演讲和出书，还清了欠下的巨额债务。克林顿夫妇目前拥有的财产价值达数千万美元。

钱多了也有麻烦。因为希拉里2007年12月和亿万富豪巴菲特在一起时曾经表示：如果没有遗产税，美国将可能被蒙受祖荫的那些富人主宰。2008年竞选总统时，希拉里又表示要向富人征收更高的遗产税，将每人的遗产税免税额定在350万美元，税率定为45%。奥巴马胜选后和国会在这个议题上做了妥协，将遗产税的免税额放宽至534万美元，超出部分以40%的税率征收。有人于是在2014年指责希拉里自打嘴巴，说他们夫妇在2011年把纽约的一处房产转入信托，这样一来，这处房产的增值部分依照规定属于遗产税的免征范围，可以让他们节省数以万计的遗产税。

其实，用信托的方式规避税收并不违法。重要的是，信托的作用并非只是避税。美国信托制度的当事人分别是委托人、受托人和受益人三方。克林顿夫妇的这处房产，委托人是克林顿夫妇，受托人就是信托公司，受益人可以是克林顿夫妇，也可以是他们的独生女儿切尔西。受托人具有管理权，受益人具有收益权，信托期间的利息分红及信托终止时的财产归受益人所有。这里的关键点是，在信托存续期间，即便委托人或受益人已经破产，这部分信托财产也不能被清算，实际上成为一个受法律保护的小金库。假如这项信托的委托人和受益人都是克林顿夫妇自己，等于是为自己准备了一份东山再起的基金，不用担心一旦被清算就一无所有。

美国国会研究服务处在2014年6月24日公布的报告中说到，在本年度为前总统克林顿拨出的预算是95万美元，其中包括退休金20.17万美元，雇佣员工的工资和福利15.7万美元，办公室租金41.4万美元，以及

9000美元电话费等。这个报告认为，联邦政府资助卸任总统的制度发挥了作用，现在没有一位卸任总统认为生活堪忧。

但是共和党籍的国会议员查菲兹不这么认为。他说总统卸任后出书演讲，一年有百万元的收入，他们靠自己已经过得很舒服，纳税人没有理由补贴他们。查菲兹在2012年曾提案建议，联邦政府给前总统的资助每年不能超过40万美元，如果前总统有超过这个数额的额外收入，这40万元也不该给。也许这个提案有损一个大国"党和国家领导人"的形象，显得过于寒酸小气，这个提案最终夭折。

议员的工资收入

美国国会共和党众议员史蒂夫·邵斯兰在佛罗里达州首府的一个社区发表演说时表示，考虑到众议员的工作时间，自己17.4万美元的年薪并不算多，因为议员工作的特殊性，他必须切断和自己家族企业的关系，以免人家说三道四。

共和党议员杜菲有六个孩子，抱怨因人丁兴旺而生活捉襟见肘。他说以自己17.4万美元的薪酬来偿还抵押贷款和孩子的学费，让他感到相当吃力，"我现在开二手车上班，生活过得并不富裕。"

加利福尼亚州民主党众议员琳达·桑杰士2010年在接受一家广播公司访谈时表示，"我像大部分美国人一样，每个月靠工资养活自己。我仍在还助学贷款，还有一个两岁的儿子要养，还必须维持东西岸两栋房子的支出……"桑杰士的言论引起民众反感，一名网友说："也许她可以考虑把东西岸的两栋房子都卖掉。"

诉苦归诉苦，但他们所说的收入支出数额都不会有水分。1978年美国国会通过的《政府伦理法》规定，总统、副总统、国会议员、联邦法官、总统所提名任命的官员等，还有立法、司法、行政部门薪资较高的雇员，都要申报并公开自己的家庭财产收入，任何人都可以了解查阅。各州也都有公开财产收入的法律。

纽约州有63名参议员和150名众议员共213人，州议员平均年薪是7.95万美元，其中一半以上的议员由于有额外津贴和开支补贴，实际年薪超过10万美元。纽约州议长的年薪在议员年薪的基础上增加4.15万美元，并配有一辆公车和一名司机。

2015年纽约州有24名州议员申报了和公职年薪几乎一样多的外快而引起非议。因为这些人中大多是律师，他们替人打官司赚取了不少的外快。所以根据民调显示，60%的选民反对议员兼差，认为这样会滋生贪腐，主张把州议员的工作变为全职。对此纽约州长库默曾这样提议：应参照美国国会的相关规定，州议员的外快收入也不应超过公职年薪的15%，并取消因贪腐而定罪的州议员的退休金。

美国法律严格规定了国家公务员的工资标准。其原则是：公务员工资不得高于私营企业职工工资。任何公务员工资的变动都要经过议会批准。公务员加薪本届的官员不得受益，只能从下一任开始执行新标准，换句话说就是谁提出加薪，就不给谁加薪。

相形见绌的工种

2013年，纽约林肯艺术中心总裁李维的年收入为240万美元。纽约大都会歌剧院总经理盖尔布的年收入为210万美元。美国大都会艺术博物馆执行长坎贝尔的年收入为130万美元。美国自然历史博物馆总裁弗特的年收入为120万美元。纽约现代艺术博物馆执行长劳瑞的年收入则高达340万美元，其中24位主管级员工的年收入平均为54.4万美元，高于总统奥巴马的工资。

2013年全美私立大学校长年薪的中位数是43.643万美元，其中有32所私立大学校长的年薪超过100万美元。2016年《美国新闻与世界报道》排名第四的哥伦比亚大学，其校长博林格以460万美元的年薪独占鳌头，排名第九的宾夕法尼亚大学，校长嘉特曼以年薪300万美元“屈居”第二。

美国就业网站根据美国劳工统计局资料，整理出2015年度全美收入最高的10个职业。依次排列如下：

1．外科医生，平均年薪：35.222万美元

2．精神科医生，平均年薪：18.188万美元

3．全科医师，平均年薪：18.018万美元

4．企业高管，平均年薪：17.332万美元

5．牙医，平均年薪：14.634万美元

6．石油工程师，平均年薪：13.005万美元

7．牙齿矫正医生，平均年薪：12.911万美元

8．数据分析师，平均年薪：12.415万美元

9．空中交通指挥员，平均年薪：12.234万美元

10．药剂师，平均年薪：12.095万美元

2014年加利福尼亚州大约100名教育局局长的年薪超过25万美元，中学教师的平均年薪8.4万多美元，还有三万多名教师年薪超过10万美元。

根据美国劳工部的统计数据，2014年美国劳工的年薪平均为4.723万美元，而全美公司的CEO的平均年薪为970万美元。其中加利福尼亚州洛杉矶县居民的平均年薪为5.599万美元。洛杉矶县是美国人口最多的县。

根据2014年劳工统计局报告显示，美国垃圾工作者的平均时薪是25美元。在马里兰州的废物管理公司，一个新入职的垃圾车司机，时薪大约是19美元。而有20年资历的司机，年薪至少有9万美元。招聘要求是高中学历，有商业驾照，并有一年以上驾驶大型车辆的经验。一个垃圾车司机无不自豪地说：你一旦进入这行，干上两三年就稳定了，差不多一辈子都有保障，可以买房子，可以送孩子上大学，可以买车，可以做很多事情。

作为纽约市清洁局的垃圾工人，无论是炎热夏季，还是数九寒天，不管刮风下雨，或者大雪纷飞，都要随着垃圾装运车，把商家和居民分

类放置在路边的大袋垃圾扔上垃圾车的后斗。没有好体力吃不了这份苦，也拿不到那份好薪水。纽约垃圾工人有一个绰号，叫做“纽约最强”。“最强”也包含了工资高的意思。

2015年，新招聘垃圾工人的年薪从3.375万美元起跳，在五年半后年薪可达6.934万美元，这还不包括职务调薪和加班费，并享有全额退休金和医疗福利。其中资深垃圾工的年薪为八万美元。

2014年登出招聘广告后，有将近六万人应聘名额为500的垃圾工职位。

纽约市有一个警察，因为随叫随到、任何时候都可以来加班，在2013年度加班3347小时，平均每天加班9.17小时。他的年薪本来不到7万美元，但加班费就拿了17.91万美元。还有房屋局的一个电梯机械师和一个水管工，这一年前者的加班费拿了14.596万美元，后者是13.082万美元。

纽约大都会运输署是管理着纽约市地铁、公共汽车及轮渡等公共交通的管理机构。运输署的主席2015年的年收入是34.671万美元。2015年有两位在铁路工作的职员，年薪本来只有十多万美元，因为经常加班，年收入竟然超过了主席，其中一人拿到35.575万美元，另一人拿到39.901万美元。

综合以上来看，美国的官员确属一个比较廉价的工种。

要想人不知，除非己莫为

一直有人在研究薪水和官员廉洁之间的关系。比较一致的说法是，高薪与配套的监督制约制度，和低薪与配套的监督制约制度，前者更容易保持官员的廉洁。因为职位越高，权力越大，贪腐的机会也就越多。英国历史学家阿克顿在《自由与权力》中的名言“权力使人腐败，绝对的权力绝对使人腐败”已成为颠扑不破的论断。

总部位于德国柏林的国际透明组织，是一个非政府、非营利的国际性的民间组织，在90多个国家成立了分支机构。它每年根据各个国际机构收集的数据对168个国家和地区公共部门的清廉或贪腐程度打分并进行量化排序，评级从0—100，其中0表示最腐败，100代表最清廉。其研究结果经常被其他权威国际机构引用，已成为对腐败问题研究最权威、最全面和最准确的国际性组织。根据2016年1月发布的《2015年度全球腐败印象指数》的最新年度报告，得分最高的前三位分别是丹麦、芬兰和瑞典。不过即便是全球最清廉的丹麦，清廉指数也没有获得满分。这说明全球没有一个国家、一个地方是完全没有腐败的。美国的得分也并不那么光鲜，为76分，清廉指数排第16位。

2014年8月末，美国弗吉尼亚州的首府里士满市在进行一场法庭审讯。被告是2010年1月至2014年1月担任弗吉尼亚州长、时年60岁的麦克唐纳。麦克唐纳也可称为美国的“表哥”，因为检方起诉他接受他人的礼物，其中有一块劳力士手表。麦克唐纳面临包括接受贿赂和妨碍调查等14项联邦控罪。

有道是风起于青萍之末。事情初露端倪源于州长官邸的“御用”厨师。这个厨师有一个餐饮公司，早些时候麦克唐纳的女儿结婚，就由他的公司提供餐饮。这个厨师后来因涉嫌贪污食材而被开除，于是心怀不满，向联邦调查局举报，说他看到一个名叫威廉姆斯的商人给州长开具了一张1.5万美元的支票。

麦克唐纳在2010年上任时，信用卡上有九万美元的欠款。夫妇两人之前曾投资了几处房产，因为房子是在价位高的时候购买的，后来租出去的收入不能抵消每个月的月付。他担任州长期间想要得到银行贷款，但由于债务原因银行不借钱给他。这个时候威廉姆斯出现了。商人威廉姆斯拥有一个制作膳食补充剂的科技公司，他结识了州长夫人之后，意图通过州长的关系提振他产品的声誉。威廉姆斯提供给了麦克唐纳12万美元的低息贷款。麦克唐纳也曾介绍威廉姆斯认识其他政府官员。后来这位商人送给他一块价值6000美元的劳力士手表，给州长夫人购买了名牌包与服装。这些金额加起来约为16.5万美元，差不多就是他一年的工资17.5万美元。威廉姆斯曾经请托州长，让弗吉尼亚的公立大学为他的产品做研究，以图得到一个锦上添花式的背书。公立大学的一部分经费固然来自本州拨付，但决定权在州议会，而大学由校董会运作，进行独立的教学、研究与管理工作，州长对大学事务并没有发言权和影响力，当然也就无法为威廉姆斯打通所谓关节。

在联邦调查局对麦克唐纳进行调查时，《华盛顿邮报》发表了两篇麦克唐纳接受他人财物的报道，文章同时披露了麦克唐纳的妻子所扮演的关键角色。麦克唐纳无法阻止调查，但他试图阻止检察官的起诉。麦克唐纳助手的律师曾打电话给检察官办公室，说起诉一个在职州长，应该考虑此事所带来的不利影响。这也成为后来他多项罪名中的一条——妨碍司法。为了拿到确切证据，联邦调查局、检察官与威廉姆斯达成一项协议：只要威廉姆斯配合调查麦克唐纳贪腐一案，检方就可以免予起诉威廉姆斯。

从2014年8月底至9月初，在五个星期的公开庭审中，有67位证人出庭作证，其中包括麦克唐纳本人。起诉他的检察官，还有法庭的法官，都是以前他当州长这块地盘上的人。在审讯期间法庭完全开放，只要持有合格证件任何人都可进去旁听，对媒体也没有任何限制。本来麦克唐纳在执政期间，让该州的失业率从7.4%降至5.2%，支持率一度达到55%，并被共和党视为两年后总统大选竞选的热门人物之一。一位陪审员说："此案情节严重，历时长久。这无关你是一位多好的人，而事关你做了什么，允许什么事情发生。"虽然麦克唐纳并没有为商人威廉姆斯真正促成什么，但由12位本地居民组成的陪审团认为，被告具有利用权力帮助商人获利的犯罪意图，陪审团一致裁定，麦克唐纳被指控的14项罪名有11项成立。

2015年1月7日，法庭做出量刑判决，麦克唐纳被判入狱两年，然后是两年假释。麦克唐纳可以交保释放至2月9日，之后必须前往距离其住所约500英里（约805千米）的一个监狱服刑。麦克唐纳因而成为弗吉尼亚历史上第一个被判有罪的州长。

随着美国华裔从政人数逐渐增多，一些华裔官员贪腐案件曝光，也引起华人社会的格外关注。

2008年7月，曾任洛杉矶市机场、港口、水电等委员会委员的华裔黄文林，涉嫌受贿与挪用公款一案，在洛杉矶进行法庭审理。法庭资料显示，黄文林作为政府高级官员向长荣航空索取10万美元，并要求该公司每月存5000美元到他的海外银行账户。同时黄文林还安排政治献金，以图建立与市政府高官的联系，并在担任美国西岸凯撒医院南加州公关主任期间涉嫌侵占公款。黄文林最终被控贿赂罪、伪证罪、挪用公款罪和逃税漏税罪而判处五年监禁。

陈奕泉是越南籍华人，1975年出生于越南河内，四岁时和家人来到美国。陈奕泉在2005年通过竞选当选为加利福尼亚州柔似蜜市的市议员。2007年至2009年担任该市市长，成为这座城市首位职位最高的亚裔民选官员。

2009年，陈奕泉被一名女性房地产开发商指控，称陈奕泉在2005年至2007年担任议员期间向她索要并四次接受3.8万美元贿赂，答应帮助她得到一个房地产项目的许可证。在联邦调查局探员展开调查期间，陈奕泉约开发商到一个咖啡馆见面，要求她向联邦调查局否认曾给他金钱。但开发商和联调局探员早已展开合作，将面谈内容以影像记录在案。2014年7月21日，检察官诉陈奕泉恐吓证人作伪证、勒索房地产开发商等罪名，被联邦法院判处入狱21个月。

加州天普市华裔女市长汪嵩芝，被控利用一个房地产开发项目，以筹募竞选经费为由，向华裔开发商索贿5000美元，并涉嫌作伪证，在2010年5月26日被法官裁定入狱服刑16个月。

华裔李双振自2001年8月起出任芝加哥市长的副幕僚长，至2011年5月16日退休，在芝加哥市政府服务了33年。李双振在当地华人社会影响很大，对华人社区做出的贡献受到很高的赞誉。然而2014年9月18日在伊利诺伊州联邦法院的法庭上，检察官指控李双振在2007至2010年三年间，盗用非营利机构的捐款将近10万美元。检察官指控他把捐款人希望捐助给非营利机构的钱，不经同意转为个人购买服饰之用。法官判决已经认罪的李双振五年缓刑，并在一年内缴清国税局2.1万美元税款，同时把挪用的8.3万美元和9800美元退还给华龙体育会和芝城中华会馆。

2014年3月26日，加州华裔参议员余胤良和旧金山洪门致公总堂老大周国祥共20多人同时被联邦调查局逮捕。余胤良当天以50万美元保释回家。2016年2月24日，67岁的余胤良被旧金山法院判处五年监禁。

这里需要介绍一下美国的保释金制度。

这是一种犯罪嫌疑人在等候判决前，为使自己不被拘留，花钱为自己买下庭审前的自由的一种独特制度。

法庭在决定被告可否保释时，除了保释金的金额，更多的是考虑如果被告不出庭受审甚至逃逸、或者重新犯罪对社会造成的危害。本书前面所述的杀害药学院刘锋教授的两个黑人再次犯罪就发生在保释阶段。和余胤良同时被捕的周国祥等若干重要嫌犯，法庭不允许其保释就是基于这种考虑。

如果一个人涉嫌犯罪被捕，在法庭允许保释的情况下，被告可以向法庭提交保释金，也可以请保释金经纪人为他作保。比如余胤良，拿不出这么多钱，他的家人可以向保释金经纪人支付10%的定金即五万美元，然后将余胤良保释回家。这五万美元是不给余胤良家人退还的，属于保释金经纪人的收益。但是如果余胤良逃跑，保释金经纪人就承担了全部风险，要将余胤良已经支付的五万美元和尚未支付的45万美元全部付给法庭。所以保释金经纪人为了降低风险，一直要和保释人保持联系，唯恐他不出庭受审。每个取得从业执照的保释金经纪人背后都有一个商业保险公司。他们在为被告作保时，都会评估嫌疑人犯罪的严重程度以及以前的犯罪“信用”问题，如被捕的次数、是否有过逃厅。像余胤良这样的官员，无疑属于“优质客户”。对于酗酒驾车肇事这一类“良性犯罪”一般执行简易程序，但如果是抢劫等暴力犯罪，保释金经纪人可能就要他的家人、亲戚或朋友以不动产作抵押。美国只有威斯康星等少数几个州没有商业保释金制度，直接由法庭收取保释金。

2013年8月，一个加拿大籍的华裔男子驾驶宝马Z4敞篷车在曼哈顿极速狂飙，用大约24分钟环绕曼哈顿一周，超越了200辆车，时速最高达到了每小时100英里（约160千米）。9月他被警方逮捕，交1.5万美元保释金后获保。因他交保后逃回了加拿大，2014年法庭以鲁莽驾驶罪缺席审判，判他入狱一年，同时没收了他的全部保释金。如果他再次踏上美国国土，要进的第一个门就是监狱大门。

保释金制度的存在和延续有两个前提：一是给犯罪嫌疑人定罪，凭借刑事勘察和证据分析，而非把人抓起来后通过刑讯逼供获取口供；二是法官要有操守，因为法官具有能否给予保释以及设定保释金额的决定权。

2015年闹得沸沸扬扬的几个中国小留学生涉嫌绑架折磨另两个小留学生的案件，其中的主要嫌疑人就被要求支付300万美元的保释金。主要嫌疑人的律师对如此高的金额颇有微词，说他以前代理的杀人嫌犯的保释金也不过百万，凭什么一个既没有造成伤口、又没有人命的案子保释金却翻了三倍，创下美国刑案保释金之最。其实法官的顾虑显而易见，就是怕被告远走高飞。

在美国，有相当数量通过交保获释的被告，最后被宣告无罪。从这个意义上讲，保释金制度符合无罪推定的原则。不过这个制度也遭到人权组织的责难。2015年10月，一个名为“法律之下平等正义中心”的人权团体在旧金山联邦法院提起诉讼，控告旧金山政府实施的保释金制度，说穷人如果涉嫌犯罪，就要长期困在狱中等待审判，而富人却可以在审判前用金钱换来自由，免受囚禁之苦。

担任公职意味着做出牺牲

生于1948年的余胤良，三岁时从广东台山移民来到美国，创造了旧金山华裔民选官员参政的最高职务记录。他曾任旧金山教育委员会主席、市议员，加州众议员，被捕时正是州参议员最后一年任期，并积极准备竞选州务卿（仅次于正副州长的官职）。余胤良在从政期间为当地华人争取过不少权益，向美国社会大力推介中国功夫和中医文化，希望将中国文化引入美国主流社会。

余胤良在2011年竞选旧金山市长败北时欠下七万美元竞选债务，2013年登记竞选州务卿前必须还清。自2011年11月起，余胤良积极通过各种途径，期望在短时间筹到更多的钱，便先后向三名企业家及黑道成员违法收取竞选捐款，而这三人恰巧就是联邦调查局的卧底。余胤良答应将会在州议会利用提案为他们争取州府工程合约，并同意帮助他们从菲律宾走私枪械。这一切全都被联邦调查局探员记录在案。

余胤良被指控涉及贪污、走私军火、有组织犯罪等共13项罪名。2015年6月30日余胤良与检方达成认罪协议，以换取较轻的刑罚，承认以下指控：互相合作策划犯罪，和犯罪组织共谋，接受超过四万美元贿赂，讨论帮助联邦调查局探员（卧底）从菲律宾走私武器。具有讽刺意味的是，余胤良在担任议员期间，曾提出过加强控制枪械的法案。

余胤良从政超过25年，为了筹到数额并不算大的一笔钱，力图在仕途更上一层楼，没想到就将几十年辛苦积累的声名毁于一旦。

在美国，若想发财就不能当官，若要当官就不能发财。那些贪婪的官员，由于权力受到制约，即使涉案，也是缩手缩脚，难以凭借权杖敛得天文数字一般的巨额财富。这个工种的廉价，不仅体现在收入上，更体现在权力的受制约上。

美国政界虽然不乏上蹿下跳、油头粉面的政客，但很多人选择从政，却是怀揣一种成就个人理想的情怀。全球最大的财经资讯公司——美国彭博通讯社，其创始人彭博是犹太人后裔，考入约翰·霍普金斯大学靠为人泊车及借贷才完成学业。他在60岁时决定竞选纽约市长，而他的身价为369亿美元。在他心目中，美国总统、美国国务卿、世界银行总裁和纽约市长是最棒的四个职业。从2002年至2013年他连任了三届纽约市长，三次竞选让他破费了2.5亿美元。但他每年只领取一美元的年薪，乘坐地铁上下班。2015年彭博又捐赠一亿美元给康奈尔大学，此前还斥资5000万美元意在建立控枪组织以促成更严格的控枪法案。

正如弗吉尼亚州长麦克唐纳被陪审团做出有罪裁决后检察官说的那样：担任公职就意味着要做出牺牲，特别是金钱方面的牺牲。如果政府官员有以权谋私的行为，我们除了起诉，别无选择。

天平两端：权力与责任

支持率的高与低

根据2016年3月盖洛普的最新数据，时任总统奥巴马的支持率达到50%，这比他的前任小布什在同样两个任期末期的相同阶段高出18个百分点，甚至可以和里根总统有一比。里根在总统任期的相同时期支持率为51%，奥巴马比里根只低一个百分点。而奥巴马2009年当选之初的支持率达到67%，2014年支持率最低时跌到41%，2015年整年的支持率为46%。

盖洛普是全球知名的民意测验和商业调查咨询公司，在1930年由美国著名的社会科学家乔治·盖洛普博士创办。

美国民众对一届政府，不论是联邦政府还是州政府抑或是市政府，支持率如果达到60%，简直可以说是业绩辉煌、人心所向了。尽管这当中还有高达40%的民众对它心怀不满，甚至愤愤不平。

如果有一天一届政府的支持率达到90%以上甚至接近100%，其首脑人物的第一反应一定不是喜悦，而是惊奇：怎会出现如此低劣的骗局？

美国人总是希望给政府最少的权力，但又要让它具备最大的能力，总是希望它管得最少，但又要求它做得最好。由于人性的弱点所致，人们总是希望政府对整个社会强势，对自己本人则要弱势。

在一个以法律为唯一准绳的国度，政府权力总是呈现两极化的形态：有时强硬无比，有时软弱无力。

强硬的政府权力

美国政治学家乔·萨托利这样来定义权力：“权力是发号施令，国家权力依靠合法的暴力垄断而发号施令。权力，至少是政治权力，一般和强制与可强制性、惩罚与可惩罚性有关。”

纽约州有一项规定，在路边停车不熄火超过五分钟，罚款375美元至2.25万美元，由纽约州环境保护厅执法。纽约市规定，在路边停车超过三分钟不熄火就属违规，罚款220美元至2000美元，由纽约市环境保护局执法，警察也有权对这种行为开具罚单。当然也有例外规定，比如堵车时空转，比如紧急运送病人到医院治疗时等待。但是万不可有侥幸心理，因为不小心你可能就中了埋伏。

一位华人开车到唐人街接朋友去吃饭，说好了时间，车到了人却没来，打电话询问，是因为老人走路缓慢。这个华人没熄火在车上等了20多分钟。没想到不但被警察盯上，人家还在掐着表算他的时间，然后过来开出375美元的罚单。

纽约市2015年涌现出一位高产罚单警察，一年开出1.895万张罚单，给市政府带来120万美元的财政收入。算下来平均每天52张，按八小时工作计每小时6.5张。偏偏此人还喜欢加班，有时一天工作12小时，有时整周都不休息。他年薪3.6万美元，由于加班多，这一年收入将近6.4万美元。不过他说，他开出的罚单半数以上是街道换边扫街时没有移动车辆。他开单前一般都会给出五分钟的宽限甚至稍长一点时间。他说他自己这一年也有三张罚单。

很多华人移民美国以后，由于语言交流不畅，总是感叹好山好水好寂寞。有些人就以钓鱼来打发时光。

根据纽约州环保厅的规定，若要钓鱼必须申请钓鱼牌照，在州府的网站既可以申请一年一度的牌照，也可以申请终生牌照。不仅如此，钓鱼有很多细致繁琐的规矩。有的鱼垂钓有季节限制，有的鱼则全年任何时候都可垂钓。有的鱼没有尺寸限制，有的品种小于某个尺寸则必须放生。有的鱼钓多少都可以，有的鱼则有上限要求，每天不能超过规定的数量。有卵的螃蟹，即使抓到也得“网开一面”。一名华人男子在位于纽约长岛的海滩钓蟹，因为里面有几十只快要产卵的母蟹，结果被环保厅的执法人员戴上手铐抓走。有人钓到一条小鱼本应放生，但却放进了鱼桶。旁边的另一个垂钓者提醒，这样做并不合法，但他说“鱼越小越好吃”。原来这个垂钓者是环保厅的执法卧底，当场给他开出一张罚单，并调侃地说：“这么贵的鱼一定很好吃。”

曾有一个华人心存侥幸无所顾忌地垂钓，不想早被人家盯上，当那天他收网，执法人员也开始对他“收网”，除了当场查出超量的鱼，而且准备好了搜查令，在华人家里的冰箱搜出囤积的鱼种，最终遭到上万美元的罚款，而且被罚禁钓三年。

在旧金山半岛的半月湾，有夫妇两人在8月份开着自家的快艇去抓捕当地的特产邓金丝蟹。按照规定，每人的上限只能是十只，但调查人员上船检查，数量有100多只。在调查人员的监督下邓金丝蟹被放生还其自由，这夫妇俩却失去了自由。他们在法庭上以不抗辩的方式认罪。丈夫被判监禁十天，缓刑三年，并处罚款两万美元。妻子被判入狱五天，缓刑两年。

美国人18岁可以服兵役，18岁也便拥有选举权，但是法定饮酒的最低年龄却是21岁。这是全美的统一规定，如果哪个州降低这个年龄，根据《联邦公路法》的规定，联邦政府将会削减该州的公路拨款。美国的“母亲反对酗酒驾车”组织也坚定地认为，人的大脑要到20岁出头、21岁左右才能发育完全，酒精对21岁以下人的影响完全不同于成人。

美国法律规定，21岁以上的成年人向未满21岁者供酒属于非法行为，如果由此导致未成年人犯罪，供酒者除了被罚款外还会坐牢。有营业执照的酒商，向未满21岁的人出售或提供酒（包括含酒精的任何饮料），除了罚款坐牢，还将吊销营业执照。酒商如果允许未满21岁的人在其店内喝酒或拥有酒，不论酒是谁买的、是从哪里买来的，一律处以罚款和吊销执照。作为供酒者，21岁以下的人如果酒后开车肇事，供酒者同样要被起诉并负连带法律责任。

德克萨斯州酒精饮料局为了侦查酒行及其他商店是否给不到合法饮酒年龄的年轻人卖酒，在2015年9月开学之后，征召年龄不到21岁的义工，让他们到大学附近的商店去买酒。如果商店不查看证件就售卖酒精饮料，轻则罚款，屡犯者吊销卖酒执照。

美国很多州还有一个“开盖酒容器法”，就是说除了禁止在公开场所饮酒，你只要手持打开了盖子的酒瓶，无论里面是空的还是满的或是装了一半，也不管你喝了还是没喝，全都算违法。这里说的公共场所包括高速路、街道、停车场、购物区、娱乐场、公园及海滩。曾经有华人拎了酒瓶站在自己家门口，被开车路过的警察看到，“赏”给一张罚单。

美国大部分州合法购买香烟的年龄是18岁。为了落实吸烟年龄限制，消费者购买香烟之前必须要出示身份证件，零售商要严格按照规定进行扫描检查。当然，如果你的面相看上去比21岁大得太多，则是不需要的。

纽约州不满21岁购烟属于非法。纽约公共场所的禁烟令非常苛刻。公共卫生间、出租车内、餐馆和酒吧，以及医院内部及其出入口15英尺（约4.57米）以内一律禁止吸烟，所有的公园局管辖之下的公园、沙滩、水域、游泳池、码头、海滩木板道都是禁烟区。为了降低青少年吸烟率，从2012年起，纽约州规定，学校门口100英尺（约30米）以内严禁吸烟。2015年又扩大到课后辅导和补习班，距这些建筑物100英尺以内，禁令同样有效。

纽约唐人街三个华人社团的会所，一次在市健康与心理卫生局的检查中，领到了总计1500美元的罚单。并不是被人家抓到了现行，而是仅仅没贴禁止吸烟的告示，或没贴21岁以下青年不得吸烟的提示，有的只是在桌上放了一个烟灰缸而已。

铲除清扫积雪，美国通常的做法是，街道和高速路归政府管，人行道上的积雪归业主管。如果住的是公寓，由物业公司负责；如果是别墅或店铺，必须房主或店主自己动手。

纽约法律规定，雪停后四小时，房主或商家必须在人行道上清扫出一个通道，要达到足够一个轮椅通过的宽幅。如果是晚上9点以后下雪，必须在第二天11点之前完成清扫。如果路面结冰，还需撒上盐粒。雪也不能堆到马路上，更不能盖住消防栓。若不照此办理，就会收到清洁局开出的100至350美元的罚单。假若有人摔倒甚至受伤，那你可能吃上官司。

芝加哥规定，雪停以后门前的人行道上必须扫出至少36英寸（约91厘米）宽的路面供行人通行，否则你将会收到两张付款的单据，一个是罚款单，一个是市政府动用合约工人代替你清扫积雪所产生的费用。2015年11月28日施行的新法规定：如果从上午七点到下午七点下雪，必须在晚上十点前把雪扫干净；如果是傍晚下雪下到第二天早上七点，那么必须在第二天十点前扫清积雪。否则最高可开出500美元的罚单。

以上列举的是种种无孔不入、无所不在的强势介入大众行为的权力。

权力的强制性与惩罚性，决定了行政机关容易与民众形成对立。如果要让民众认可政府行使的权力，唯一的办法就是政府承担相应的责任。一个只享有权力而不承担责任的政府不具备合法存在的基础。

无法规避的责任

在纽约市，公园局因砍树及修剪树枝而遭投诉，公立医院因医疗诊治失误和事故而遭投诉，环保局因为污水溢出下水道而遭投诉，警察因过度执法、不当执法、暴力执法而遭投诉……不一而足，在2013年财政年度，纽约市政府为此赔付了1.372亿美元。

在2010至2015年的财政年度，纽约市因路面坑洞、塌陷、凸起、积水、井盖丢失，发生约1.2万件汽车受损索赔案，约6000件行人受伤索赔案。政府为此赔付出1.38亿美元。

当然市政府也在尽量界定自己的责任范围，如果大包大揽，财政将不堪重负。纽约市规定，只有经过市民投诉、并有文件记录、市府收到通知15天之后，路面问题造成了车辆损坏或人员受伤，才可以提起索赔。另外行人在人行道上摔倒受伤，如果在一家庭、两家庭、三家庭等小型住宅建筑前面，责任由政府承担，其他大于以上建筑数量的楼宇，行人在人行道上摔倒受伤由人行道所连接的业主负责。

2010年，一位70多岁的华人在人行道上散步，被人行道上破损突起的水泥绊倒，因头部着地造成颅内出血，医院经过头部钻洞才清除血块，术后留下了记忆力不佳的后遗症。这条人行道连接一栋商业楼，因而商业楼就成为责任归属方。但商业楼把店面出租给一个商家，租赁合约里写明这种意外责任由商户承担。好在商户购买了100万美元的意外伤害保险，在华人提起索赔之后，最终以保险公司支付89.5万美元而告终。

2006年在曼哈顿，一名妇女因人行道缺陷跌倒摔伤并做了脚踝手术。这处道路缺陷虽然市政府早已接到投诉，但是三年间竟然没有修复。妇女将市政府告上法庭，在2014年获得225万美元的赔偿。

民众对政府还有更高的要求，就是政府的责任不能仅仅体现在被动接受索赔上。主动抚恤，主动赔偿，抚慰民心，民众认为这是政府天然的道义责任。

在“9·11”恐怖袭击发生之后，一位名叫詹姆士·查卓卡的警察在废墟现场工作，几个月后死于呼吸道疾病。恐怖袭击不仅夺去了近3000人的生命，也让当时不少救援人员和现场及附近的居民，因高楼倒塌扬起的粉尘和发散的气体而承受疾病和痛苦的折磨。

2011年时任总统奥巴马签署了《詹姆士·查卓卡“9·11”健康和补偿法案》。美国政府提供43亿美元的健康补偿金，补偿像查卓卡一样，在恐怖袭击发生后参与救援工作却因废墟中的有害污染物而患上疾病的人。这项法案的内容还包括发放15亿美元的医疗福利拨款，而医疗福利拨款将在五年内向救援人员以及曼哈顿下城的居民、学生和上班族开放，只要证明某种疾病与世贸遗址发散的有毒有害物质有关，联邦政府就会将其加入接受补偿的疾病清单。

2015年这个法案的有效期延长了75年，直至2090年，这个时间范围涵盖了受害者的一生。新法案拨款89亿美元，其中35亿将成为受害者的医疗保险，46亿为赔偿金。

“9·11”袭击发生以后，纽约市政府曾经向市民保证空气质量安全，并说民众可以继续在附近生活和工作，但后来的事实证明并非如此。因此政府有责任向健康受到损害的人做出赔偿，这成为“9·11”赔偿金的由来。

2015年12月9日，纽约市一家律师事务所举行记者会，其律师向众多的华人介绍“9·11”赔偿基金的相关内容，呼吁符合条件的华人抓紧时间提出申请。唐人街一带都属于赔偿的受惠区域，如果从2001年9月11日至2002年5月30日期间，华人在曼哈顿坚尼路以南的区域居住、上班或上学，或者曾经去那里寻亲访友，哪怕只呆了一天，后来发现自己患了癌症，都可以申请。如果受害人已经死亡，他们的亲属也可以提出索赔。无论是不是合法移民，也不管什么身份，都可以提出申请。这位律师说，他们的律师事务所代理了2500人的申请赔偿，其中有一半人获得了赔偿，平均获赔金额为25万美元。“9·11”赔偿金的最低金额为一万美元，最高为400万美元。

令人咂舌的高额赔付

1989年4月19日晚上，一名28岁的女子在纽约中央公园跑步时遭到暴力攻击和强奸，事后警方逮捕了四名黑人和一名拉美裔。因为被害人昏迷12天后才苏醒，已经记不起事发的全部经过。法庭后来判五人强奸罪及企图谋杀罪的罪名成立。

案件到了2002年出现转机。一个被判终身监禁、正在坐牢的强奸惯犯承认这件事是他干的。DNA的鉴定结果也证实他所言属实。

这五人的控罪随后被撤销，他们重获自由。从2003年开始，他们反告市政府。当时的市长彭博拒绝接受警方对这个案件处置不当的说法，坚持强硬立场并拒绝和解。而十多年来为了应付这五人的诉讼，市政府花去了包括律师费在内的费用将近600万美元。

当时曾为受害人进行治疗的两名医生分别指称，这名女子的伤情不符合一个人单独作案的说法，根据她所受的创伤，显示事发时似乎还有人对她进行暴力攻击，而且是几个人合起来共同对她施暴。

2014年新市长白思豪上任以后，表现出不打算为警方涉及民权案件进行辩护的倾向。在谈到这个案件时，白思豪与前任市长形成鲜明对比，说这些人被定罪违反司法正义。

2014年6月，纽约市政府与这五人达成和解协议，给予4000万美元的赔偿。

纽约市黑人男子柯林斯在1994年2月被指控谋杀，在1995年被判入狱。他在狱中自学法律，发现自己案件中的违规行为，为此提起上诉。在蒙冤度过16年铁窗生涯后，柯林斯在2010年洗脱罪名，并于2014年8月20日获得纽约市1000万美元的赔偿金。

2015年11月，64岁的盖茨因强暴和奸杀的罪名坐了27年冤狱，获得了首都华盛顿历来最大的一笔赔偿金1665万美元。

2016年1月19日洛杉矶市议会通过表决，给一名误判坐牢34年半冤狱的男子1670万美元的赔偿，给另一名误判坐牢26年的男子760万美元的赔偿。

史泰登岛被警察锁颈致死的加纳，其家人在2014年12月提出7500万美元的民事索赔要求。纽约市主计长斯静格希望赶在正式进入司法程序前将案件和解，借此让纽约市免去一桩冗长又难缠的官司，也能为纳税人省下打官司的费用。

2015年7月，纽约市政府创下了给予过失死亡赔偿的最高纪录，付给在警察拘捕过程中死亡的加纳家人590万美元。因为过去最高的过失死亡赔偿在300万至390万美元之间。

对于这笔赔付舆论反映强烈。争议的焦点不是该不该赔付，而是赔付多少才算合理。有人认为，对于当事人有过错的案件，并非赔得越高，就越能彰显公平正义。

纽约州的香烟税居全美50个州之首，每包香烟的税是4.35美元，纽约市还要再加每包1.5美元。而香烟税最低的密苏里州，每包只有17美分。因为不同州之间香烟税差异很大，导致香烟跨州走私非常严重。有报告指出纽约州所出售的香烟，走私烟占了近六成。纽约州参议员高顿在2015年6月指出：非法香烟每年使纽约州合法的香烟批发商与零售业损失高达25亿美元，而且非法香烟的利润一大部分成为了各类犯罪团伙的资金。在这种情况下，纽约市严厉打击像加纳这样贩卖走私香烟的惯犯理所当然。而当时加纳不服从警察的指令拒捕，是酿成这次悲剧的关键因素，本人应负相当的责任。法律界专家分析，此案如果进入司法程序交由陪审团审议，加纳的家人不会得到这么多钱。更有人指出，巨额赔款成风，也是一种社会病态。

失衡的天平

天平两端是权力和责任，政府需要保持有效的平衡。但是由于法律保护弱势人群的倾向性，由于司法审判中法官的中立性，由于政客取悦民众的选举制度，更由于穷追猛打的律师发起的无孔不入的诉讼，天平有时就会出现失衡的状态。民众无休无止的追责，让政府穷于应付，有时几无招架之力。

康涅狄格州有一名被判入狱12年的囚犯，因为囚室的床垫霉烂，就把监狱告上法庭。诉状上说给他造成头痛、关节痛和失眠。法官判决监狱方付给这个囚犯违规补偿金5000美元，受伤补偿金7000美元，共计补偿1.2万美元。

纽约市的雷克岛监狱，有两名囚犯如法炮制，也拿床垫说事。他们向政府提起索赔，一个狮子大开口，要价1.17亿美元，另一个虽是初来乍到，入监不过六个星期，却更具想象力，要价6.1936亿美元。谁也不知道他是如何计算出来的。诉讼结果如何不得而知，不过有一点可以肯定，如果这两名囚犯的目的果真达到，雷克岛监狱的床位将成为全球最吸引人的高薪职位。

纽约市73岁的罗纳德·科温骑一辆自行车上路，撞到一个水泥路障上，摔倒以后头部着地受伤。他自己说，从此以后就失去了嗅觉和味觉。

老头在2015年初委托律师，把纽约市政府和“花旗单车”公司告上法庭，索赔金额为6000万美元。

老头说：受伤是因为当时没戴头盔，而没戴头盔是因为纽约市的法律没有规定戴头盔。前任市长彭博在2012年反对立法强制戴头盔，说骑自行车不戴头盔比走路或开车更安全。所以，市政府得给我赔钱。

“花旗单车”公司是纽约市的一个私有营利的公共自行车系统，赞助商是花旗集团。因为这个公司没给自行车配备头盔，也被列为被告。

老头的代理律师说：政府的人说不戴头盔骑自行车比开车和走路的危险都要低，你就不能怪人家不戴头盔。纽约市不能因他没佩戴头盔而让他本人承担责任。

尽管老头最终没有胜诉，但纽约市政府也得出来应诉。

最富荒诞色彩的是一名男子对纽约市政府近乎敲诈的诉讼行为。在这桩诉讼案中，这个GDP世界第一的大都市市政府，几乎成了这类人随手捏的一个软柿子。

纽约市布鲁克林的一个男子在2010年与警察对峙，当时他手拿一把46公分长的大刀威胁警察。一名警察为阻止他砍伤自己的同事，就照着大腿给了他一枪。后来这个男子在法庭上也承认恫吓警察，他的律师也承认他曾挥刀，但他却不依不饶指控警察执法过当，提出300万美元的索赔要求。纽约市政府在无奈之下，给这个男子付了5000美元将此案和解了事。

如果依照纽约州的法律规定和以往的执法范例，警察在这种情况下将挥舞大刀的人击毙应不属于滥用暴力。时任纽约警察总局局长布莱顿听到这个结果后大为光火。巡警福利协会的负责人一语道破天机：这起诉讼只是许许多多无聊的诉讼案之一，政府付钱和解，只是因为比上法庭少花钱而已。

加利福尼亚州河滨市的一名警察在2012年8月奉命抓捕一名杀人嫌犯。警察进入嫌犯所藏匿的隔壁家的后院，没料与一只斗牛犬狭路相逢。斗牛犬怒不可遏向警察猛扑。这名警察想必是给它定了一个妨碍公务的罪名，当即“斩立决”。

狗的主人要求警察局修改向动物开枪的规定，并公开向他们道歉。在遭到拒绝之后，狗的主人把河滨市政府、警察局以及警察局局长列为被告，要求赔偿15万美元。被告们当然不会答应这漫天要价。狗主人退了一步，说那好，打个五折，给7.5万美元吧。这个要价在市议会也被否决。2014年7月交由仲裁裁决，结果是律师费双方各自承担，市政府仅赔偿狗的主人三万美元。

针对这个案子，有人得出结论，说政府只有变得强硬，才会不被欺凌。

租客就是大爷

无理但合法的要求

一般房东，仗着“我的地盘我做主”，多有颐指气使的派头。但是在美国，就要特别小心了，有时可能会变成听任租客宰割的店小二。

不少人在美国购置了房产以后，将空余的房间租出去。除了减轻每年一缴的房产税压力，若是贷款买房，还贷也会较为轻松。不过有些房东的美梦还没有做圆，就已经被租客刁难、欺负甚至讹诈。虽说房东欺负租客的事也有，但那非常少见。

美国不是“私有财产神圣不可侵犯”吗？这是肯定的，租客从来不会向你的房屋产权发出挑战。但是，租客说我失业了，没有钱付房租，可我还得继续住下去。

“嘿！我欠你的了？赖上我了是不是？”虽然房东的眼睛瞪得比牛眼还大，但现实确实有些残酷。

在纽约州和加利福尼亚州这些偏重保护租客的地盘，要赶走一个不交租金的房客，法律程序往往要走好几个月。如果遇上其他纠纷，拖得更长。钱没赚到，反而搭进去一笔律师费。

租客是大爷

先来看一个宽厚而并无歹意的租客，在苛刻的房东面前是如何昂首挺胸、理直气壮做人的。

这是我认识的做美术培训的周老师。在我们熟识之后，他给我讲了以前他租房遇到的有趣的故事。

周老师说他在纽约租过三次房，买房前最后一次租住的那个房东，是他有生以来遇见的最怪异、最吝啬和最变态的人。

这个房东姓袁，年届60，在纽约大都会运输署工作，30多年前从台湾来美，八年前在纽约皇后区的华人聚居地法拉盛购买了一栋别墅。老袁的工作是在地铁站售票。周老师说刚开始不明白老袁十多年来为何天天都上一般人不愿意上的夜班，后来才知道他是为了方便在晚上洗东西。因为他会把家里要洗的毛巾还有单薄的衣服，上班时全部装在一个包里背过去，在深夜没有乘客买票的时候洗涤，洗完了天亮下班再背回来。周老师说老袁给他讲，用单位的水不花钱。老袁的其他一些做派，也印证此言不虚。比如为了节省自来水费，老袁拿桶去接房檐流下来的雨水，淋成一个落汤鸡也在所不惜，就是为了把这些水储存起来浇后院的瓜菜。其实他这样积存雨水，容易滋生蚊虫，若被邻里投诉，纽约卫生局会课以200至3000美元的罚款。老袁买菜不是依照口味，而是以价格为标准，碰到便宜的快要腐烂的减价蔬菜就买一大袋回来，用一口大锅炒好后分装起来，放到冰箱慢慢享用。老袁的别墅一楼是客厅、餐厅和厨房，二楼有三个卧室。老袁把客厅改成一个卧室，让他的女儿居住。老袁和老婆则住到叫做“土库”的地下室，把楼上的三个卧室租出去创收。

本来，老袁对自己吝啬到刻薄，与他人并无关系。但是当老袁对租客也要如此这般，产生矛盾在所难免。

在美国承租别墅的单个房间，租金里面都包含了水电暖气和上网费用。周老师说他住进来不久，与他相邻的房间也住进一对年轻情侣。

由于老袁每天唠叨用水太多、用电过量，唠叨开冰箱门之前不事先想好要拿的东西、动作太慢放走了冷气，唠叨化解冻肉为什么不在早上拿出来慢慢融化、偏要用微波炉解冻而浪费电……那个火气正盛的小伙子哪里受得了这三番五次的敲打，有一天憋不住火冒三丈，劈头盖脸给老袁一顿怒斥。老袁的老脸一时挂不住，说话的火药味越来越重。年轻人语中带刺，一句“省的那点儿可怜钱又带不到棺材里”的话激怒了老袁。老袁一下子控制不住自己的情绪，照着年轻人的胸口“嘭”地给了一记老拳。当他意识到失手，已经铸成大错，为时太晚。年轻人这时冷笑一声，郑重宣布：从今日起，停交租金！

老袁知道，在纽约上房屋法庭打官司把年轻人撵出家门，走完程序恐怕得五六个月的时间。如果再请一个律师，得付2000美元。这个年轻人租的是一个大房，每月租金700美元，半年就是4200美元。老袁的老婆数次赔礼道歉，也无法改变年轻人的决定。年轻人声称，长这么大连自己的父母都没动过他一指头，岂能忍受他人凌辱？后来老袁的老婆三番五次低声下气，加上小伙子的妻子劝他得饶人处且饶人，这才“开恩”开出优惠条件：只要付3000美元，就可以考虑搬走。老袁算算账，只有这个方案最优，只得忍痛答应。

周老师上午睡觉，中午出去上班，很晚才回来，所以和老袁没有产生太多摩擦。然而到了11月份天气渐冷，矛盾就产生了。老袁为了省钱，夏天除了淋浴间的热水，他把厨房洗菜盆和卫生间的热水开关全部关闭，并用纸条写上“不许擅动”。周老师知道，按照纽约市的相关规定，所有出租房，一年365天、每天24小时都必须供应恒温在华氏120度（摄氏49度）的热水。不过周老师终究是个厚道人，心想租老袁这个房间每月500美元也不算贵，再说这个地方停车方便，虽然凉水用起来确实不舒服，好在夏天也能够忍受，再说其他两个房间的人也没表示异议，几个月就这么过了。

11月底的一天，气温降到了摄氏零下10度，夜晚把周老师数次从睡梦中冻醒。三个房间的租客碰了个头，大家愿意每个房间每月再添50美元，让老袁把暖气开起来。于是几个人来和老袁谈判。但是他们的“提案”遭到了老袁的彻底否决。老袁有他的道理，说他的暖气无法单独控制，一开所有楼层包括地下室全开，不住人的地方像厨房、卫生间、过道全都浪费了。周老师这才想起来，3月份他来租房第一次见到老袁时，他的手上布满了开裂的大大小小的血口，原来是不开暖气又用凉水洗手给冻裂的。老袁说，这是他的惯例，每年如此，如果不想租可以离开，他不会扣押金，如数退还。

周老师他们几个决意不搬，要走维权之路。按照纽约州的法律规定，每年从10月1日起至第二年5月31日止，房东必须为租客提供暖气，早上6点至晚上10点室内温度必须保持在华氏68度（摄氏20度）以上，晚上10点至凌晨6点室内温度必须维持在华氏55度（摄氏12.78度）以上。租客可以拨打市政府311服务热线投诉，也可以直接给手机下载一个311投诉的应用程序，从应用程序中选择“暖气”或者“热水”，输入要投诉的地址，描述存在的问题，写上自己和房东的联系电话，投诉即告完成，操作非常简单，之后还可以随时查看投诉处理进度。

周老师第二天下午查看手机，就看到了处理结果。纽约市房屋保护和开发局接到投诉电话后已经要求房东按照规定提供暖气。老袁确也开放了暖气，但是远没有达到应该达到的温度。

几个“维权人士”再次投诉，接着房屋保护和开发局的调查员上门实地查看。测试以后当即给老袁开了一个250美元的罚单，10天之内必须上缴罚款。并告诉他若下次再犯，罚款金额将会提高到每天500至1000美元。暖气的问题就这样轻而易举解决了。

周老师他们几个租客都是通情达理之人。投诉归投诉，租金归租金，先前答应要加的钱，他们并没有少给老袁。

我们一起聊天时，有人问周老师，你们就不怕老袁报复吗？周老师笑称：看来国情不同，理解就不一样。周老师说，在美国租房，租客可是大爷啊！

请神容易送神难

法律可以作为弱者的挡箭牌，举起它就可以保护自己免受伤害。但当有人把它当作一根长矛挥舞，就变成了弱者或弱势伪装者手里的攻击武器。

纽约大多数别墅都有地下室，地下室并非都是“暗无天日”。一种地下室叫半土库，一半在地上，一半在地下。还有一种叫土库，几乎全部在地下，四周仅有可以采光透气的小窗。按照规定，地下室不经许可，绝对不允许住人，更不要说往外出租。

很多华人房东却把土库或半土库分割成几个房间拿来出租，更有甚者，有的在地下室改装了洗浴间，还加装了煤气灶，用来赚取更多的租金。虽说这里采光不佳，空气不畅，但价钱较低，仍然有吸引力。

有一个租客是发廊的美发师，每月有3000至4000美元进账，租房当然也就讲究一些。他在纽约市皇后区租了华人别墅二楼的一个房间，月租金750美元。房东要他付一个月押金，签一年的合同。合同写明，若美发师提前退租则押金不退。

但是美发师住了不到一年，在外州工作的女友要回到纽约工作，想换一个带独立洗手间的房间，他便提前一个月给房东打了招呼。房东发布了招租广告，很快就有人来看房并交了定金。

美发师搬家这天，向房东索要押金，但房东以美发师违约为由拒绝退钱。美发师说：这条约定的目的是为了不让房子有空置期。我已提前一个月通知你，现在你并没有租金损失，理应将押金退还给我。然而房东自恃有白纸黑字的合同，拒不接受。

但美发师的一席话，让房东顿时像泄了气的皮球。

美发师说：我对美国的法律很了解，你的地下室不但不能安装煤气灶，出租让人居住更是违法。你若不给我退押金，我现在马上就给房屋局打电话举报。我想你是清楚的，出租地下室你会被罚款，私自改建更要罚款。罚款不说，你所做的全部改建，必须在指定的时间恢复到原先的状态。即使恢复改建，也不能随随便便就叫几个人来干，必须找有执照、有资质的公司施工。有资质的公司收费不会便宜。你自己掂量掂量吧。

房东知道遇上了明白人，苦笑一声，只得如数退还。

改装出租地下室是一部分华人乐此不疲的事，“顶风作案”源于金钱的魔力和侥幸心理。其实上面这个房东的运气还算不错。另一个房东则没有这样幸运，如其所言一不小心就引狼入室。

一个年轻人按照广告所登载的地址前来看房，看上了地下室的一间屋子，租金300美元。他说要租两年，并愿意交两个月押金。房东看年轻人爽快，就答应下来。

年轻人交了押金又付了第一个月的租金住了进来。但是到了第二个月房东催要租金时，年轻人说刚刚丢了工作，等以后有了钱再说。房东再催几次，年轻人直言不讳地讲：等发了财再说。房东知道来者不善、善者不来，便好言相劝，说押金不扣，如数归还，请别处高就。房东接着给年轻人诉苦，说自己也是贷款买房，还贷压力很大，每年还要交一笔数目不菲的房产税，请年轻人高抬贵手。然而年轻人不为所动。

房东自己违法在先，没有正义可以声张，上法庭必输无疑。也不敢与年轻人大声理论，唯恐争吵弄出响动，另外三个同样住地下室的人也如法炮制。如果采用恐吓威胁之法，只会给自己带来麻烦。至于说在黑夜悄悄从背后跟上去朝后脑勺拍他一砖，那是想也不敢想的事，弄不好领一个谋杀罪名将会把牢底坐穿。再说若有个三长两短，索赔起来这幢别墅搭进去都不够付那天价赔偿金额。

房东脑袋都快要想破了也没搜罗出好主意。最后只得与年轻人达成妥协：早走可以，但不能晚于合同期；没有钱不强求，有了工作就要付租金；不许告诉其他人，占了便宜偷着乐就行。年轻人应承下来。房东深知请神容易送神难，等地下室的租客全部搬走，即使空着也不出租了，再也不干这出钱养活人的事。

有一个租客也是和房东签了一年合同，但后来因故要搬离，担心要不回攥在房东手里的押金，于是就采用赖房租的办法。所有房东最怕的就是这招，即使不请律师自己上阵，也要耗费时间和精力，而且结局难料。所以当这个租客赖了一个月租金后提出“和解”，房东反而大喜过望，庆幸自己运气太好遇上一个善良的坏人，小心翼翼地把这尊神请出了门，才长舒一口气。

上面说的只是寻常故事，其实更有令人惊奇却绝非杜撰的天方夜谭。

一对白人母女在纽约市购买了一栋别墅，有半年时间没有居住。当有一天她们从康涅狄格州回来进了自己家门，发现一个陌生的拉美裔男人睡在自家二楼的床上。母女俩在惊恐之余报警，警察到来经过盘查将此人赶了出去。

然而一个星期之后，母女两人正在吃早餐，这个30来岁的拉美裔男人背着包、拎着袋又回来了。两个警察到来之后听了拉美裔男人的讲述，告诉房东母女：我们无能为力，你们只有走法庭程序。

这个男子说他是从另一个人手里租下这幢房子的二楼的，那人收了他的押金和房租。他现在虽然怀疑那个人可能是个骗子，但他仍然有权住在这里。

根据纽约法律规定，只要租客能够证明自己已经在该房屋居住超过30天，撵走租客的唯一方式，就是通过房屋法庭启动驱逐程序。这个男子在这里已经住了快两个月，他有信件寄到这里，信件成为最有利于他的“呈堂”证据。现在这母女俩既然手里没有法庭的驱逐令，就不能驱逐这个陌生男人。在这种情况下房主如果采用换锁、加锁、将租客的东西扔出门外、停止供电供水……总之是采取任何将租客拒之门外的行动，都属非法行为。如果房东坚持拒绝租客入屋，租客则可反戈一击，向法院起诉要求赔偿三倍的因非法驱赶而造成的损失。房东如果骚扰租客，租客就可以向房屋法庭提交一份请愿书，配上骚扰记录等证明材料。法官一旦确认房东骚扰，除了命令房东即刻停止骚扰行为外，还可以向房东开出1000至5000美元的罚款，如果重复违规，则可开出2000至1万美元的高额罚款。

房东逐客的过程往往耗时耗力。房东要租客搬家，必须提前30天通知对方。这个“通知”还必须要留下证据。最稳妥的办法是通过专门递送法律文件的公司送达，当日后租客故意质疑，负责递送的公司可以出庭作证。

纽约州的房屋相关法律更加倾向于保护租客的利益。因为房东是有产者，属于强势一方，租客处在弱势一端，法律要保护弱者。在法庭上只要租客提出自己还没有租到房，如果被驱赶就会无家可归流落街头，法官都会给予延期。当下次开庭租客继续如法炮制，法官还会继续延期。根据纽约州的法律，租客如果付不起房租，法官有权分次给予租客最长六个月的延期时间。

如此看来，这母女俩要送走这位大爷，征途漫漫，遥遥无期。

悬在房东头上的利剑

房东在出租房屋时都愿意租给本族裔的人群，原因自然是容易沟通、生活习性相近。华人的出租广告大都登载于华文报纸和中文网站。

纽约布鲁克林区的一个华人房东登了出租广告，又在自家窗口贴了有房出租的告示。一天有人敲门看房，是一个黑人和一个ABC。ABC是英文American Born Chinese的缩写，意指在美国出生的中国人。看了房子问过价格，黑人青年说自己要住。房东从来没碰到过这种情况，连想都没有多想就说：对不起，我这房只租给华人，不租给黑人。

这若是在国内，租客顶多叹口气走了了事。可在美国就会惹上麻烦。这个黑人说：这不行，你得租给我，否则我告你歧视。房东倒吸一口凉气，连忙打个圆场，说请你明天再来，暂时把黑人青年和ABC打发回去。

房东赶紧请教一个做律师的朋友。律师对他说：这房子你得租给他，不租就会有麻烦，而且他有证人，看来他是有备而来。律师说，根据法律规定，房东因种族、宗教、国籍、性别、性取向、年龄、婚姻状况、残障状况、职业状况等原因，拒绝租客租住，都涉嫌“租房歧视”。现在他手里有你的把柄，如果投诉或起诉，你不但会受罚，最终还得让他住进来。现在唯一能做的，就是把合同订得严谨，不要让他钻空子。

黑人青年倒也不是那种不守规矩的人。签了合同住进来，并没有节外生枝，一周多时间里大家都还相安无事。

有一天黑人青年很晚才回来，一进门就把房东吓了一大跳。黑人手里牵着一条大狗，伸着粉红舌头喘气，嘴角吊着长长的哈喇子。房东马上声明，不许带狗进来。但黑人一再解释，说这条狗已经摘除了声带，不会影响其他人，只要同意养狗，他愿意多加房租，因为有狗，他难以租到房子。房东这才明白他为什么要租住这里。大狗虽然散发着一股难闻的气味，但看上去还算温顺，因为快到凌晨一点，房东暂时忍了他一宿。

房东第二天一早给律师打电话，律师听了连声叫好，说这是驱赶他的最好理由，因为合同里面明确规定不得饲养宠物。律师接着给黑人青年打电话，限他即刻搬走，否则诉诸房屋法庭。黑人自知理亏，说愿意提高租金，但房东坚决不同意，最后协商一致，宽限他一周时间，月底搬离。

“租房歧视”这把悬在房东头上的利剑，让这个华人房东领教了它的厉害。

难缠的“职业租霸”

房东经常遇到的情况是把租客撵走了但房租没有要回来。因为房屋法庭不管租金追讨。这种情况下房东可以通过一般法庭提出民事诉讼来追讨房租欠款。但若欠租者是一个没有存款、信用烂透、专吃政府福利的懒汉，就没什么指望了。

房东如果想规避风险，也是有办法的，比如调查租客的信用记录，要求租客提供工作单位的雇佣证明，或要求租客提供担保人，提前预付房租等。这是房东为了保护自身利益、规避风险的通行做法。但精挑细选租客，其代价是房屋空置的时间会拖长，客观上也是一种损失。这会把很多本来不为难房东的人，如新移民、工作不稳定的人以及还没有建立起信用的人也都拒之门外了。

法律固然保护弱者，但也并不意味着“强者”权益的完全丧失。有时处理得当，在和租客的较量中，房东也可扬眉吐气一回。

在曼哈顿的唐人街，有两个华人女子租了华人房东的单房公寓，租金2000美元。在一年租约到期前的两个月，房东告知要把租金调涨到2200美元。两名华人女子不接受租金涨幅，也不愿意搬离，并说如果涨租就拒付租金。

房东依照程序提前通知她们搬离，接着把这两个租客告上房屋法庭。可能是因为粗通英语的缘故，这两名女子没有到庭答辩。有一天早上房东带着公寓的保安及管理人员，将两名女子请出房间，当即让锁匠换上新的门锁。两名女子报警，警察到来查看了房东贴在门上的法庭文件，告知两名女子：这是法庭驱逐租客的授权令，你们不是这个物业的所有人，被驱逐者无权进入。

在这种情况下，任何人如果撬锁进入都会被视为偷盗或抢劫而遭到逮捕，并面临刑事控罪。如果想要进入房间取回自己的东西，必须联系房东，经过房东同意才能进入。最妥当的方式是和房东协商解决，或者向法庭递交暂停执行的请求文书，说明没有到庭的原因，要求重新审理此案。

房东最惧怕也最倒霉的是碰上“职业租霸”。他们熟悉法律条文，把法律规定中对租客的保护条款运用到极致。有一个华人花25万美元在芝加哥购买了一栋独立别墅，由于是“新手”上路，对法律不甚了解，语言也有隔阂，两个白人租客付了两个月的租金以后就开始找各种理由拖欠房租，接着频频提起诉讼。先是诉房东未按规定开设银行押金账户，后来又起诉房东未支付押金利息。更有甚者，华人请律师上法庭驱逐租客，租客反咬一口说房东不提供暖气。本来房东在买下房屋后已经作了全面整修，现在怀疑是“租霸”动了手脚。但因没有证据，只好按照房屋管理部门的要求进行暖气管道翻修。后来“租霸”又提起诉讼，要求房东支付高额的诉讼费用。一年时间里，华人房东不但没赚到钱，反而在装修、打官司上付出五万多美元，说做梦也没想到在美国做房东竟然这么难，自己是房屋所有人，反而连个店小二都不如，被人家当孙子欺负。

美国是一个移民国家，什么林子的鸟都有。有些专门钻法律空子的人，付你一个月押金，再付第一个月租金，接下来就心安理得陪你玩驱逐租客的“游戏”。在纽约这样一个租金奇高的大都市，他们把保护低收入群体的那些法律条款用尽用透，白住半年左右，接着再换一个地方继续他们的营生。这当中有不少华人脱颖而出，青出于蓝而胜于蓝，不仅对资本主义制度的这些“精髓”心领神会，而且运用得出神入化，成为“职业租霸”中的佼佼者，专挑同胞下手，折磨有房的一族。房东赔掉的，就是他们赚到的。具有讽刺意味的是，这竟然完全是“合法所得”。只要具备“厚黑”功夫，不冒任何风险就坐享其成，法律还为他们保驾护航。

这事搁在谁身上，恐怕都会仰天长叹：“苍天啊，公平正义何在？”那些被租客欺凌过的房东，无不大骂这些租赁法规是王八蛋条款。

向弱势人群倾斜的法律就是这样一把双刃剑。也正因如此，“恃弱凌强”也就成为美国的一大奇观。

对有产者的压迫

“房租太他妈高党”横空出世

纽约市一个名叫吉米·麦克米伦的黑人，鉴于纽约的房租实在太高，2005年突发奇想，创建了一个与之相关的政党。

既然是一个政党，就得有一个响亮的名号。什么民主党、共和党，他认为过于平淡无奇，既缺乏想象力也缺乏创造力，没有任何轰动效应。一天，他灵光乍现，就有了一个“房租太他妈高党”。

该党的口号是“早餐、午餐、晚餐”，即党的宗旨意在消除饥饿和贫穷。麦克米伦代表该党分别在2005年和2009年竞选纽约市长，并在2010年高调竞选纽约州长。2005年，麦克米伦创下个人生涯中的一项辉煌纪录，翻箱倒柜赢得4000张选票。

这位党主席从20世纪70年代就住在曼哈顿一个单人的租金管制公寓，月租从1977年的275美元涨到了2015年的872美元——这成为“房租太他妈高党”诞生的时代背景。

不过，没在纽约生活过的人不知道，这个区域的这个租金数额，对于很多无法住进租金管制公寓的纽约客而言，简直是天上掉馅饼的美事儿。因为周边同样的公寓，市场租价都在每月2600美元上下。

房东有房要出租，但是租金水准和涨幅由政府控制，房东无权自己定价。房东们愤愤不平，而租房者得了便宜还卖乖。这就是“房租太他妈高党”的生存土壤。

美国人拥有个人住房的比率，自20世纪90年代中期稳步上升，从1995年的64.7%上升至2004年的69.2%。在房地产泡沫破灭后虽然有所下降，但美国仍然是全世界住房状况最好的国家之一。根据美国人口普查局的最新报告，截至2014年第三季度，美国人的住房拥有率为64.4%。

在纽约这个房价节节高攀的国际大都市，得益于纽约市的法律规定，没有房屋的人，竟也过着有滋有味的生活。

由政府控制租金涨幅

纽约市政府为了应付住房危机，在1969年制定了《租金稳定法》，1974年又通过了《租客紧急保护法》。为了保护中低收入者的居住利益，纽约市把1947年2月1日前建成的楼宇，全部纳入租金管制范围，此后又把1947年2月1日到1974年1月1日之间兴建的公寓，达到六个或六个以上单位的，全部纳入租金稳定系统。六个单位又叫六个家庭，有独立厨房和独立卫浴、独立水表和独立电表的一个单位叫做一个家庭。

这个时间点之后兴建的楼房则不纳入管制范围。这是为了鼓励开发商继续兴建新的楼宇，否则会减低他们的建设欲望。1974年后建造的房屋，只有享受了政府税收优惠的，才纳入租金稳定体系。

有人可能要问，1947年以前建造的房子，现在还能住人吗？

纽约市曼哈顿西76街的一栋四层楼，有人在1976年以5000美元买下，在2014年以660万美元售出。这幢建筑就是人们俗称的褐石屋，建于1900年前后。这种用红褐色或浅褐色砂石建成的房屋在曼哈顿上西城最多。它们大多有硕大的墙柱、挑高的天顶，并配有经过雕饰的门框窗檐。许多有褐石屋的街道现在已被列入古迹保护区。这种房屋的价值，除了厚重的历史沉淀，还在于它不朽的建筑质量。没有人会想着拆除重建，就像没有人会在一幅名画上给它添加色彩一样，如果一定要做点什么，也只是小心地加以“装裱”，即便“装裱”，也要经过政府管理部门的认可和批准。

曼哈顿下东城有一幢原来是银行的六层楼，在42年前被一个摄影师以10.2万美元买下，2015年以5500万美元售出。在人们惊叹此举创下纽约最赚钱房产交易纪录的同时，无法忽略它的建筑年限。这是1898年落成的建筑，虽然外墙布满涂鸦，但是它外立面精工细雕、墙柱坚若磐石。时间沉淀下来的建筑精神是它增值的重要原因。

至于遍布纽约的那些普普通通的红砖公寓，历经五六十年或七八十年的风雨侵蚀，除了透射出的沧桑之感，看不到任何失魂落魄、摇摇欲坠的衰相，反而大有一副和地球共存亡的气势。

上面说到的这种租金管制公寓，只要一个租户从1971年1月1日起持续居住在这些公寓中，这个租客的租约就自动续期，租金的涨幅就由政府控制在一定的范围之内。根据法律规定，租金管制公寓的租屋权还可以继承。当租客去世，其家人有权继续住下去，条件是在租户离世前两年，继承人把该公寓作为主要居所，基本上一直住在这里。

在租金管制公寓，只有当这个租客离开后腾空，或是这个租客的家庭年收入连续两年都超过20万美元，房东才可以按照市场价收取租金。

纽约市拥有全纽约州最多的租金管制公寓。截止2011年，纽约市有102.5万个住宅单位受租金管制。纽约市政府下辖一个租金指导委员会，设定公寓可以收取的最高租金，并根据各项成本变化因素，如保养维修开支、地产税、排污费等，每两年设定一次租金的调涨幅度。这牵涉到200多万中低收入租客的居住问题。控制租金意味着减轻中低收入群体的经济压力。

租金指导委员会由两名租客代表、两名房东代表、四名公众代表及一名主席组成。2015年6月29日，这个委员会以7：2的投票结果，通过了一个破天荒的零涨幅决定，即冻结一年不涨价。而上一年的涨幅也创历史新低，一年期的租约涨幅为1%，两年期的租约涨幅为2.75%。

业主只有在三种情况下才可以提高租金，一是在租客书面同意下，业主提供了更多的服务或进行了居住环境改善；二是业主为整栋楼宇进行了工程改造；三是业主经济陷入困境。

租客年龄如果在62岁以上，年收入少于2.9万美元，就可以享受免加租计划，也就是租金停滞不再上涨。而业主少收的这部分租金在所交的房产税中抵免。

法庭上引吭高歌的原告

租金管制公寓在充分地照顾了中低收入者利益的同时，也抑制了业主追求高收益的欲望。虽然商业铺面不在管制范畴，仍按市场价格运作，但拥有住宅房产的业主，尤其是地处曼哈顿这样的位置，好似守着金山银山却卖不到好价钱。像唐人街租金管制公寓中500至600美元月租的房间，市场价在每月2000美元左右。业主对此往往牢骚满腹，认为租金上涨的责任应该由政府承担，给租客补贴应该由政府来完成，为什么要把给中低收入群体买单的义务强加到业主头上？也曾有业主为此发起法律诉讼，但均以败诉告终。

由于受到租金管制和免加租条约的保护，这些租户就成了有些恶房东的眼中钉、肉中刺。有一些房东故意不维护、不修理，使得环境破败，居住条件恶劣，迫使你自动离开。不过善于维权的租户仍然可以理直气壮地住下去。先把存在的问题、需要维修的内容写下来，拍照片交给房东，并留下提交的证据。如果没有修缮，就打电话投诉，让房屋局的工作人员来验房，并留下验房报告。如果房东置之不理，就到房屋法庭提出维修申请，一旦通过，法庭就会向房东发出要求限期整修的命令。

纽约市议会在2014年，专门为租金管制公寓的恶房东骚扰租客而设定通过了一项法律。这条法律给“骚扰”下了定义，那就是：房东以逼迫租客搬走为目的，通过物理的或精神的各种手段干扰威胁租客，或者不维修房屋，或者不提供应有服务。恶房东若有骚扰行为，不仅原来规定的罚金翻倍执行，而且最高罚金从5000美元上调到一万美元，对于累犯者，最低罚金数额从1000美元上调到2000美元。有些房东可能财大气粗不在乎罚款，与此配套的措施是把这些房东的恶行公布在楼宇局的网站上，广而告之使其有所顾忌和收敛。

纽约市布鲁克林的一个房东，为了赶走租金管制公寓里的租客，以大楼装修的名义施工，整座楼粉尘弥漫，噪声不断，而且停止供应热水和暖气。原先本来有14家租户，最后只剩下3户人家。这个房东受到租户的举报后遭刑事指控。2015年6月18日，纽约州总检察长和纽约市长白思豪为了营造保护租户、惩罚恶房东的声势，举行记者会，介绍惩罚这个恶房东的案件，说这是纽约市建立防止骚扰房客联合工作组以来第一个被逮捕的房东。白思豪说，这件事传递出一个非常明确的信息，谁如果继续那么做，就必须承担相应的后果。

一位91岁的前百老汇歌星，在2014年因为欠缴公寓2.7万美元房租，被房东驱逐出公寓，住到一家老人院。那个公寓位于曼哈顿的格林尼治村，市场出租行情价为每月7000美元，而作为租金管制公寓，老太太同时享受免加租计划，每月仅需支付700美元。不交房租是因为房东不进行房屋维护，用老太太的话说“条件差得犹如贫民窟”。老太太于是打起了官司，并在法庭上亮出年轻时候的本事，以两首名曲引吭高歌，表明她仍然有自主能力，希望回到她自1960年起就居住的地方。当庭法官也为之感动，最终老太太在2015年3月赢了官司。她的律师说，赢得官司并不是因为歌声动听，而是这栋公寓的房客和房东在过去的20年中一共发生过21次诉讼，每次都以房东败诉而告终。

气势张扬的租客

在租金管制公寓，房东以背后的资产做靠山，租客则以租金管制的法律为盾牌，不时上演互相斗法的好戏。

“房租太他妈高党”的党主席麦克米伦，就被房东在2011年告上了法庭，要求他从租金管制公寓搬走。理由很简单，麦克米伦在布鲁克林还有一套房子。但麦克米伦辩称，布鲁克林的公寓是他的办公室和“房租太他妈高党”的党总部所在地。经过五年的诉讼，房东赢了官司，法庭勒令麦克米伦在2015年2月5日前必须搬出去。

麦克米伦说房东是掉进钱眼里去了。但麦克米伦的败诉，应该跟他的党组织规模有一定关系，因为“房租太他妈高党”在全美仅有三名党员。

如果单论住在租金管制公寓的租客的张扬气势，还有比麦克米伦更幸运而更不知足、更加张狂的人。

在曼哈顿下东城的高级住宅区，不到40岁的利伯曼住在一套四房公寓。周边类似公寓的月租金都在6000至8000美元，而他的月租只有100美元。

但是利伯曼并不满足，和房东打起了官司。

还是在20多年前，利伯曼的外祖父租住在这座楼上。当时这座楼的房东在旁边还有一大块土地，房东准备在这块空地上建一座高楼，但是按照规划，新建大楼的一部分要盖在他外祖父租住的这座楼的天井上。利伯曼的外祖父知道后坚决反对，因为这样不仅遮挡了阳光，而且不透气，他要告房东剥夺自己的采光权和“采气权”。

官司如果打起来，不仅耽误时间，而且胜负难料，一旦败诉，就得改变设计方案。房东于是做出了让步。当时利伯曼的外祖父每月要给房东付687美元，让步之后，这就有了此后20多年祖父和孙子每月只需支付100美元的超低租金。

由于租屋权可以继承，眼看外祖父年事已高，利伯曼未雨绸缪，在外祖父去世之时，在这个公寓已经居住了五年。

利伯曼也许觉得连这100美元都不该收，甚至也许觉得房东还应该倒贴钱给他。利伯曼把房东告上法庭，诉讼要求是：把遮挡我房屋阳光、阻碍我空气流通的那幢楼给拆了！

那幢楼不是纸糊的，并非说拆就能拆。它有25层高，楼上有246家住户，楼下还有一个面积近2800平方米的超市。

最后法官判利伯曼败诉。法官说：当初利伯曼的外祖父仅付100美元租金，就表明已经认可减少室内光线和空气流通的现状。

根据这个判决，房东准备反戈一击，也要提起诉讼。房东说，这100美元的租金协议仅仅适应于业主和利伯曼的外祖父，现在是时候了，我得和这孙子来讨论调涨租金的事了！

独具特色的合作公寓

纽约市解决中低收入者的住房问题，除了租金管制公寓，还有前面说到的政府楼。纽约市房屋局监管着全国最大的公共住房系统即政府楼，在全市拥有344个公共房屋楼群，约有41.4万名纽约居民住在纽约市房屋局的公共住房里，住户交的房租不超过自己收入的28%至30%，为中低收入者提供了合适又负担得起的住房。

在政府楼之外，中等收入群体还有一个特别的选项，这就是合作公寓。

美国的公寓分为两种，一种叫做共有公寓（又名产权公寓），一种叫做合作公寓。共有公寓，购买者拥有独立的产权，可以自行决定出租或出售，本国人和外国人都可以购买。而合作公寓则不同，只有本国公民或绿卡持有者可以拥有。业主购买合作公寓，买到的并不是某一套房子的产权，产权归管理该公寓的股份公司所拥有，购买者根据自己住所的面积和位置，拥有的是该公司的股份并享有一份这套住房的永久专属租约，所以购买者拥有的是动产而非不动产。合作公寓绝大多数都不允许自行出租，即使出租也必须征得管理公司同意，出售也须经过管理公司认可。合作公寓有一个非常特殊的地方，就是当某个住户由于陷入财务危机无法缴纳管理费时，整栋楼的所有住户就要一起来分担这笔费用；如果所有的人都付不出管理费，这栋住宅就会被法院依约进行法拍；整栋楼的贷款开支、房产税、管理费用都是由所有住户分摊。

既然如此，何必要去购买这种没有产权只有股份的合作公寓呢？

因为同样水准、同样路段、同样面积的公寓，合作公寓的价格大约是共有公寓即产权公寓的一半甚至不到一半。这就是合作公寓存在的价值。因为有了合作公寓，让更多的人提前圆了住房梦。也正因如此，管理公司对每一个购房者，事前都要对其财务状况进行严格的审查，对居住成员要一一进行面试。合作公寓的购买者一般都要有两年以上的纳税记录，对于年收入也有具体的数额要求。绝大多数合作公寓都严格限定居住人，居住者必须是购房者而不能是其他人。曾经有人购买合作公寓遭到拒绝，于是打出人权牌和种族歧视牌将公寓告上法庭。不过这种诉讼几乎都是公寓胜诉，因为公寓管理公司的理由很充分，它要维护全部住户也即全体股东的权利。在曼哈顿一个高级合作公寓，曾有知名影星欲购买房屋而被管理公司拒绝。管理公司给出的理由是追星族蜂拥而至，将会给其他住户的平静生活带来纷扰。

一名在纽约市一家出版社工作的高管，她的家位于与纽约接壤的康涅狄格州。为了方便工作，这个高管2015年5月决定在距离联合国大厦不远处的一座合作公寓购买一套25万美元的房子。然而公寓的管理公司人员在面试了这位高管之后，提出还要面试她的小孩。这让她感到难以接受，如果面试后拒绝，将会给孩子在心理上带来负面影响。这位高管便给州检察长和纽约市长写了投诉信，说这违反相关人权法。纽约州检察长回信说这不属于他的调查范围，高管可以自行对管理公司采取所允许的行动。公寓管理公司的主席知晓后大概是怕引起不必要的诉讼，这才答应免除面试孩子的环节。

对业主的惩罚与压迫

在对业主的压制方面，旧金山似乎比纽约市走得更远。

旧金山的一个华人业主，2015年在租约到期之前告知他的两个租客，声称他的房子不再出租，让他们“另觅高枝”。两名租客不同意退租，但房东说他是按照加利福尼亚州的《艾利斯法案》依法行事。最终将两名长期租客逼退，其中一名是残疾人。

1986年加州议会通过的《艾利斯法案》，允许业主在租约到期时可以将租客“撵走”，但前提条件是业主不能个别逼迁，只能是整栋楼的所有租户要全部搬走。其立法本意，是给房东制造逼迁的难度。还有一点是，业主须提前120天告知租户，对于62岁以上的老人和残疾人则要提前一年告知，而且还得给他们提供搬迁补助金。

这个华人撵走长期租客后重新装修，将大房间改成若干小房间，做起了类似家庭旅馆的短租生意。

被逼迁的租客知悉后进行投诉，旧金山市政府便作为原告，将华人业主告上了法庭。

因为《艾利斯法案》还有规定，逼迁租户以后，在五年内房屋必须空置，更不能将房屋以高出原来租金的价格往外出租。

面对极端不利的结局，华人租户只得和旧金山市政府达成和解，支付27.6万美元的罚金，并承诺五年内不再出租该物业，否则将承受更加高昂的罚款。

尽管如此，《艾利斯法案》还是有一个漏洞：它没有限制将买下的房屋改造以后作为公寓出售。由于旧金山房价不断蹿升，这给商人提供了可乘之机。很多投资人买下整栋楼宇，对租户进行整体逼迁。当全部租客被撵走以后，把楼宇装修一新后再高价出售。

旧金山市在2011至2012年间这样的案例出现64宗，2012至2013年间上升到了116宗。

对此旧金山市长李孟贤说：旧金山本来对租客提供全美最佳的住房保障，但投机者对旧金山租客造成的威胁太大，他们很快就赚到了钱，却没有为旧金山增加所需要的住房单位，牺牲了长期租客的利益。

怎么办？只有一个办法，那就是出台新法案，限制投资购买整幢楼房然后再出售的商业行为。

一个叫里诺的州参议员提出一个法案，其中最主要的内容：一是规定新业主买下旧金山的楼宇以后，必须在五年以后才能根据《艾利斯法案》逼迁租客；二是同一个物业只能使用《艾利斯法案》一次，也就是说这一幢楼宇进行整体逼迁、装修出售只能使用一次，违者将处以高额罚款。

这个提案遭到住房政策改良会、华人实业协会及小业主协会等旧金山市民间组织的强烈反对，有100多个业主拉着横幅在议会大楼前抗议。这个提案在议会最终没有获得通过。

一计不成又生一计。2014年初旧金山市的四名议员联合提出了一个有关租客搬迁费的法案。其中一项重要内容是，如果业主援引《艾利斯法案》要求租客搬走，就必须为租客支付高昂的搬家费用，根据租客的要求，最高上限可以达到1.58万美元，如果是老人，在此基础上另加3510美元。这个法案在4月的议会表决中，居然以9：2的投票比例通过了。

以旧金山小业主协会为主的多个住房团体向法院提起诉讼，挑战这项法案的合法性。小业主协会的理事说：租客搬迁费条例极端苛刻，简直将业主视为罪人。还有人说，这项法案是要业主把租客当父母一样孝敬伺候。2014年10月，法官裁决业主团体胜诉。旧金山市政府不服提出上诉，2015年3月上级法院同样做出了有利于业主团体的裁决。因为这项保护租客利益的法案，对业主的压迫实在太甚。

旧金山市政府在遭遇两次挫败之后，只得退而求其次，在2015年10月9日通过一项同样旨在保护租户权益的法案。这个法案的特点一是限权，二是扩权。

首先是限制业主的权利：业主不得以微小的过失逼迁租客，须给予租客改正期限，若要逼迁租客须提出充分理由；即使告知租客，也不能只用英文，必须要用租客通晓的语言，如中文、西班牙文、越南文、韩文、俄罗斯文等。

其次是扩张租客的权利：租客只要不违反建筑人口密度规范，有权增加室友而无需考虑合约规定。根据旧金山的建筑规范，一个带独立卫生间的卧房最多容纳两人，一套带有一个卧室的公寓最多容纳三人，一套带有两个卧室的公寓最多容纳四人，一套带有三个卧室的公寓最多容纳五人。也就是说，假如租客租了一套带有一个卧室的公寓，租赁合约上虽写明只住一人，但你可以放心大胆再带两人进来居住，因为旧金山这条法律保护你违约的权利。

加利福尼亚州在2015年10月，经州长布朗签署又通过一项对租客关怀无微不至的法律。加州本来是美国19个可以“合法晾衣”的州，业主在私人领域如阳台、后院都享有这项权利。但是在加州以往统一格式的租房合同上，都注明禁止户外晾衣，剥夺了租户的这一权利。这项法律实施以后，租客再也不会因为这样的轻微过失而让房东找到逼迁的理由，也不用再看房东脸色，就可以放心大胆地晾晒自己的衣服了。

对于旧金山的业主来说，如果租客住进来，就可以用请神容易送神难来形容。正如一个华人房东所说，旧金山租房法规中的很多条款，不是对业主的一种约束，简直是对业主的惩罚和压迫。

税负与“劫富济贫”

遗产税与绝大多数美国人无关

纽约市长白思豪的儿子丹特2015年被包括耶鲁大学和布朗大学在内的几所大学录取，最后丹特选择就读耶鲁大学。

白思豪的儿子的学费和生活费每年6万美元。他的女儿在加利福尼亚州私立的圣克拉拉大学就读，每年的学杂费大约5.5万美元。据说白思豪为孩子的大学学费颇为发愁，要考虑让儿子贷款完成学业。

白思豪的年薪是22.5万美元，他和太太在纽约布鲁克林区还有房产出租，每年租金收入超过10万美元。他们现在住在宽敞、气派的市长官邸瑰西园，花的是纳税人的钱。

从1942年开始，纽约历任市长都住在那里。只有彭博是个例外，成为纽约市第一位不迁入居住的市长。不仅如此，彭博在2012年3月27日表示，他的继任者应该以他为榜样。彭博说：“市长不该住在那里，所有人都明白，市长住在那里会花市政府很多钱，并且夺取了市民其中一栋宏伟的大厦。”白思豪当选市长之后，依然当仁不让住了进去。“你是亿万富翁，站着说话不腰疼。我只是中产阶级，需要体验一下豪宅的滋味。”白思豪当然没这么说，但有可能会这样想。

有人说，白思豪是故意叫穷，好歹一年有30万的收入，应该算是标准的中产阶级。还有人说，美国收入高，纳税也多，房子每年都得交一笔房产税，七扣八扣的，到手的实际收入已经没有多少了。

其实不管怎么说，白思豪的儿子和女儿上学，如果借助贷款完成学业，都是顺理成章的事情，因为这跟美国的遗产税和赠与税密切相关。

美国的遗产税和赠与税事实上是统一的税种，简单地说就是，一个人生前免费给予他人财产的行为受赠与税约束，一个人去世后财产分配的行为受遗产税约束。

在每年的报税季，你不能把你送给别人（包括子女）的钱从你的收入中剔除而不报税。根据2014年至2016年的标准，一个人一年内赠与任何一个人的财物总额超过1.4万美元的部分就要交赠与税。如果是父亲和母亲两人给结婚的子女买房子和车子，就只有2.8万美元的免税额，高出这个数额的部分都要交赠与税。

但是父母为子女支付学费有一定的免税额。父亲和母亲两人一年为一个子女各支付学费1.75万美元，共计支付的这3.5万美元，是可以从应报税的收入总额中扣除的，而多给的部分就要缴税。所以读大学的学生，当父母给的钱不够用时，要么勤工俭学，要么贷款读书。这除了更划算一些，也能培养孩子的自主能力。所以白思豪的儿子如果贷款上大学，一点儿也不奇怪。

美国遗产税的征收，也没有国人所想象的那么“残酷”。

2014年联邦遗产税的免税额度是534万美元。夫妇两人可将1068万美元的财产留给子女或捐赠给他人而无须缴纳联邦遗产税。超过这个数额的部分按40%的税率征税。如果生前使用了赠与税免税额度，包括给与子女的，就要从534万的免税额度中减掉。

遗产税每个州还有二次征税，税率也不一样。比如纽约州100万美元免征，100万以上至1000万美元按5.6%征税，1000万美元以上的部分税率为16%。最高的华盛顿州，超过200万美元征收最高达19%的州遗产税。而特拉华州和夏威夷州的免税额与联邦政府一样。

有统计认为，美国约有1.2亿家庭，其中仅有600万家庭平均财产达到600万美元，占美国家庭总比的5%，而财产达到1000万美元的家庭则不到1%，所以遗产税并没有吓着绝大多数美国人。

心安理得缴纳房产税

白思豪和太太将房子租出去有一笔不多不少的收入，但是每年都需要为自己所拥有的房屋交纳一笔房产税。

房产税一年一收，各州并不完全相同。在纽约州和康涅狄格州的一户人家，因为房子坐落在康涅狄格州，后院坐落在纽约州，具有两个州的地址，这样就要按照两个州的税率分别缴纳不同的房产税。全美房产税最高的州是新泽西州，在最富有的塔维斯托克区，每户每年平均房产税约2.5万美元。

美国税收政策中心在2014年发布了《美国住宅房产税》研究报告，它的分析结果来源于2007至2011年之间的美国社区调查数据。2007年至2011年间，有10个州的平均住宅房产税超过3000美元，有8个州的平均住宅房产税不超过1000美元，大部分州居民缴纳的住宅房产税额占房产价值的比例在0.5%到1.5%之间。由此可见，美国的房产税并没有高到张开血盆大口吃人的地步。

房产税是地方财政的主要来源，约占地方财政收入的75%。虽然这是一笔较大的支出，但对美国人来说，交这笔税却是天经地义的事情。只要这钱不是用来养活官僚机构，就没有什么怨言。房产税主要用在地方的公共开支上，其中七成都用在了改善公立学校教育、治理公共环境、加强社会治安上面。好的学区往往税率都比较高，因为当学校钱多，投入就增大，师资力量也就越强，周边的房产价值就会更高，这样无论是出租还是出售都是划算的买卖。所以那些价格昂贵的房子只要在居住范围内有好的学校，售卖时一定会加上“好学区”的字样。

据统计，美国30岁以下的夫妻有半数是租房的。具有美国特色的租房好处是：租房享有的权益跟买房是一样的，如孩子进好学区内的好学校。在好学区租房子，凭租约就能入学。好学区的房价虽然高，但买不起不等于租不起。租金虽高，但比起上私立学校还是要省很多的钱。

也正因如此，美国很多州都有与住所相关的法律。就是说不住在这个学区却伪造住在本区的水电费账单或租约等证明，让孩子入读这里的好学区，如果被发现，父母要么可能坐牢，要么可能罚款，也可能两者兼而有之。伪造这类文件在密歇根州可能要坐牢20天，在首都华盛顿可能被判90天徒刑，而在俄克拉荷马州刑期可能长达一年。加利福尼亚州的比佛利山市，从2014年就规定，谎报地址入读本学区的家庭，一旦被发现每天罚款150美元，一学年罚款1.4万美元。新泽西州北部的一个学区每次悬赏200美元，让家长举报非本区的学生入读。对于住所法规，有人认为违宪，说这是歧视住在不好的学区的家长和孩子。然而学校和当地官员则宣称，他们这是在保护本学区纳税人的权利。

虽然房产税年年缴，但能够让美国人心理平衡的是，购买一栋房子，可以说为子孙后代购置了祖业，因为地上的房屋连同脚下的土地是永久拥有而且世代相传，如果当哪天在脚下发现了宝藏，不用担心有关部门派人来宣布，说这属于国家所有，然后理直气壮地拿走。在美国，你姓什么，从地下挖出来的宝贝就姓什么。包括一定高度的空域，也是属于你的。公共道路上如果有棵枝繁叶茂的大树，一个大丫杈长年累月伸进你的前院，你如果需要乘凉，那当然没问题，但如果觉得影响了你的生活，就通知城市管理部门锯了它。如果管理部门疏忽不来处理，你可以投诉，也可以打官司让它赔钱。

2013年，居住在加利福尼亚州北部的一对夫妇，这天跟往常一样吃过饭后一边散步一边遛狗。走着走着他们发现地里面有个东西凸起，走过去刨掉上面的土一看是一个罐子，打开以后，里面有1400多枚金币。

这些金币的面值分别是5元、10元和20元，虽然总币值加起来大约2.8万美元，但是专家鉴定，这些金币的年份在1847年到1894年间，极为罕见，且保存良好，预计若全部销售出去可得数千万美元。

他们捡到金币的地方，是自己的私有土地。这块土地最早可以追溯到淘金疯狂的那个年头。北加州的淘金热始于1848年，在1858年达到高峰。怪不得这对夫妇经常会从土里发现一些稀奇古怪的挖掘工具。

这对夫妇在美国亚马逊网上开始售卖捡得的这些金币，售价好于专家的预估。他们先是卖出了普通的400枚，每枚从2500美元到1万美元不等。后来又卖出了成色很好的400枚，售价每枚从1万美元到25万美元左右。2014年5月，他们开始售卖经过精挑细选、最后推出的14枚古金币，喊价275万美元。这14枚古金币的铸造年份在1866年至1894年之间，其中最好的一枚面值20美元的双鹰金币，估值达120万美元。

美国大学爱富不嫌贫

有人会问，如果连白思豪这样的中产阶级家庭都为孩子的学费发愁，穷人的孩子岂不是与大学无缘？

美国顶尖大学毫不讳言对政界大佬和亿万富翁子女入学的青睐。但是包括耶鲁、哈佛在内的一些顶尖大学都奉行不过问经济背景的政策，即使来自贫困家庭的学生，仍然可以通过学校提供的助学金完成自己的学业。2015年秋季入读哈佛大学，家庭年收入在6.5万美元以下的美国学生，学费和住宿费全免。

从2015年秋季开始，斯坦福大学的学费比上一年又上调了3.5%。本科学生一年的学费4.573万美元，住宿费1.402万美元，健保费591美元，合计6.034万美元。

2015年4月斯坦福大学宣布，对本土学生家庭年收入低于12.5万美元者免收学费，对家庭年收入低于6.5万美元者，学费和住宿费全免。有的学生家庭收入在12.5万美元以上，如果家中还有一个大学生，或者家庭收入在22.5万美元以上，如果有两个或两个以上的大学生，也可以提出助学金申请。

根据斯坦福大学公布的资料，这一学年有67%的学生获得校内或校外的奖学金。

2014年9月在硅谷举行的“为21世纪大学毕业做好准备”教育论坛

上，加州大学系统、加州州大系统和加州社区学院系统的三位总校长全部与会。加州大学总校长珍娜·纳波里塔诺说：很多学生误以为无法负担开支，因而放弃就读加州大学，这是完全错误的想法。她说加州大学对于年收入8万美元以下家庭的学生免收学费，年收入15万美元以下家庭的学生可以减少学费，几乎一半的加大学生都免学费，大部分加大学生毕业时都没有负债，即使负债也都在2万美元以下，低于全国平均值的2.6万美元。

2014年10月25日，哈弗福德学院收到了校友鲁特尼克慷慨捐款2500万美元。作为华尔街金融巨子的鲁特尼克总计向母校捐赠了6500万美元。说起捐款的原因，他只有一个字：爱！

位于宾夕法尼亚州的哈弗福德学院，是一个小型的私立文理学院，它成立于1833年，在校学生只有约1100名。然而它却是全美文理学院中，校友人均成为企业家数量最多的文理学院。2014年《福布斯》全美文理学院排名位列第11位，2013年《美国新闻和世界报道》全美文理学院排名位列第9位。

鲁特尼克在上高中时母亲不幸去世，在他考上哈弗福德学院后还不到10天，他的父亲又因医疗事故而离世。就在他悲痛绝望之际，他接到了校长打来的电话，在给他安慰之后，校长告诉他一个决定：你这四年的学费全部免除。

根据全美500所大学在2014财政年度的持有财产进行排名，私立大学中哈佛大学以428亿美元位列榜首，紧随其后的是斯坦福大学、耶鲁大学、普林斯顿大学和麻省理工学院。2015年1月，麻省理工学院收到了香港房地产大亨李德义1.18亿美元的捐助，成为麻省理工历史上最大数额捐款之一。李德义分别于1962年和1964年取得麻省理工土木专业学士和环境工程硕士学位。

上面说的是知名院校与成绩优异的学生。那些学习成绩中等、家境不够宽裕的学生，选择就读本州的公立大学，也能够轻易实现自己的高等教育梦想。根据CollegeBoard网站对2014至2015年美国本科学费的调查报告，公立大学对于非本州学生的学费平均是州内学生学费的2.5倍。以加州大学洛杉矶分校为例，2015年本州学生的学费是1.4万美元，而非本州学生（包括国际学生）的学费是3.8万美元。2014至2015学年，纽约州本州居民的大学本科学费平均为6150美元，而外州学生平均为1.582万美元。2016至2017学年，在纽约州立大学宾汉姆顿分校就读，本州学生的本科学费为6470美元，外州学生为2.155万美元。

纽约市立大学皇后学院，2015年亚太裔学生已经占到了总人数的26.8%。很多生活在纽约市的华裔学子，他们的父辈有的来自福建，有的来自广东，很多人的父母在外辛苦打工，家庭收入不高。靠着政府补助和奖学金，他们几乎不花家里的钱就完成了四年学业。

学生如果就读本州两年制社区学院，费用更加低廉。美国的社区学院创建于1896年，距今有110年的历史，在美国的高等教育体系中占据非常重要的地位。目前全美共有1166家社区学院。社区学院有公立和私立之分，公立学院占85%左右。社区学院的新生占美国大学新生总数的50%。社区学院既提供转学教育也提供职业教育。美国的社区学院绝非教育质量低下的代名词。美国前总统克林顿曾说：“社区学院是美国的最佳特色。”有些州的社区学院对本州学生敞开免费的大门。田纳西州几年前已经实现了社区学院免费教育。只要学生学习成绩合格，两年内按时毕业，获得副学士学位，学校就退还全部学费。

白思豪的儿子如果就读本州的纽约州立大学，尽管是中产阶级家庭，也花不了太多的钱。而他要贷款就读收费昂贵的私立大学，是“一个愿打一个愿挨”的事情。

贫富分化与“劫富济贫”

美联储主席耶伦在2014年10月谈到美国的贫富差距时，称她“极其担忧”持续扩大的收入差距。她说：“美国贫富差距在大萧条时代之后的40多年间持续缩减。然而，过去几十年贫富差距却在扩大，而且是自那时起持续扩增最长的一段时期。”

美国《华盛顿邮报》的一篇报道这样写道：在20世纪50年代，美国一个大公司老板的收入最多为一个工人的50倍，而现在达到了350倍。

耶鲁大学终身教授、华人经济学家陈志武在谈到贫富差距恶化问题时进行过这样的分析：

农业的产出与投入之间有极强的线性关系。如果种一亩地需要花100小时劳动、200元种子和肥料成本，最终产出100公斤粮食，那么，要生产1000公斤粮食，就需要种10亩地，投入1000小时劳动、2000元种子和肥料钱。不能因为这亩地种好了，下一亩地就可以少花劳动时间或肥料成本，每亩地所需要的劳动和成本投入是相互独立的，这就使农业生产难有规模效应。这就是几千年来没有农民靠种田种出亿万富翁的原因。

而微软公司一旦把系统软件开发好（这当然需要成本投入），它卖一万份还是卖十亿份，总体成本差别很小，因为每一份的边际成本（包括制造成本）几乎为零。

基金管理行业也是如此，像对冲基金或者私人股权基金，可能整个公司只有15至20人，这个团队可以管理2亿美元，也可以管理20亿美元，对他们来说需要做的工作、花的时间完全一样，而管理2亿和管理20亿的运营成本类似，但利润可能相差10倍。

华尔街的公司赚得很多，年收入几百万美元甚至上亿美元，远远高于传统农业甚至手工业，在相当程度上是由金融交易的规模效应和金融行业的性质所决定的。金融交易的本质，其价值创造不完全取决于劳动时间，也不完全取决于成本的投入，而是取决于金融从业者的人力资本，包括他们所受的教育、积累的经验、组织能力、个人情商、个人诚信和人脉关系网络等。

陈志武的结论是：财富差距、收入差距的扩大并不是因为现代资本家比以前“道德沦丧”，不是因为现代企业家更加贪婪，而是现代技术和规模化商业模式所致。但陈志武认为，关键的问题是，这些行业对各社会群体是开放的，机会是平等的。

2010年美国联邦个人所得税的统计表显示：年收入38万美元以上的纳税人全美有将近140万，占纳税总人数的1%，这1%纳税人的收入占全美税收总额的20%。但是从另一方面来看，这1%纳税人交的税占到了美国征收个人所得税总额的38%。

美国是一个贫富分化的社会，但又是一个“劫富济贫”的社会。

走到极端的关爱

安珀警报与天罗地网

2016年1月7日，加利福尼亚州的蒙特贝洛市，一个拉美裔妇女的车上坐了六岁和四岁的女儿以及一岁的儿子。这个年轻母亲在停车场给孩子叮嘱了几句就下了车，既没熄火也没拔下车钥匙。不料她刚走没几步，一个拉美裔男子迅速跳进驾驶座，喝令两个大点儿的小孩下车，一轰油门驾车逃去。妇人大喊“我的宝贝……”但已经不见车的踪影。

这时安珀警报显露了神威。“儿童被绑架，红色本田奥德塞，加州车牌6TRZ025”。这条讯息迅即出现在各个信息渠道。仅仅一个小时，被劫车辆奇迹般地出现在一个麦当劳停车场，而孩子还在安然酣睡。

1996年1月13日，一个名叫安珀的九岁小女孩在失踪后被杀，促成了这个全方位寻找失踪儿童的系统的诞生。这个庞大的信息网络通过电台、电视台、电子邮件、交通提示（包括高速公路电子告示牌）、短信等多种渠道，向美国和加拿大发布失踪儿童信息。当儿童丢失或绑架案件发生时，它向社会大众迅速传播警戒告知，内容要么是失踪儿童的特征描述和嫌疑人的特征描述，要么是相关嫌疑人的车辆特点和车牌号码。这个系统将失踪儿童和嫌疑人置于千百万双眼睛密切注视的天罗地网之中。

这个系统作用之强大，用数据能够说明问题：从1996年设置安珀警报以来，已经成功找回或解救602名失踪儿童。以2011年为例，其中50%的失踪儿童是因为公众或警方通过安珀警报发现了嫌犯的车辆而找回的；39%是因为公众接到警报后提供了其他线索找回的；还有11%是嫌犯收到警报后慑于强大压力而主动释放的。在1990年，全美只有62%的失踪儿童被找回，在安珀警报系统启用以后，这一比例上升到97.7%。

2014年8月的一个中午，在纽约市布鲁克林区，一个华人父亲带着四岁的儿子到公园玩耍。由于周末人多，父子俩不小心走散了。孩子的父亲非常着急，四处寻找，并给所有保持密切来往的人打电话，看孩子是否跑到亲戚朋友家。

大约一个小时后，一个陌生人看到了这个无人陪伴的男童，就把他送到了附近的警察局。警察等了几个小时，也不见家长前来认领，于是打印了很多传单，派人到发现孩子的那个地方散发。快到下午六点，一个认识孩童的人看了传单后与家长取得了联系。男童的父亲急急忙忙赶往警局，心急如焚去领孩子，但是孩子并没有领到，领到的却是一副手铐。被捕的罪名是危害儿童福利，因为他没在第一时间报警。

国际绑架罪与航班返航

加利福尼亚州有一项可疑儿童虐待强制报警法。这项法律规定，一些从事特定职业的人如医生、护士、老师，只要在和小孩接触中看到有什么异常，怀疑小孩受到虐待，就必须立即报警。如果知情不报，最高可以监禁六个月，并处以1000美元罚款。这种举报不需要确凿的证据，只要是合理怀疑就可以。即使举报错了，也不会有什么不良后果。如果家长将孩子置于严重危害身体和精神的环境且行为恶劣，最高可判处六年徒刑。

在这样一种法律文化影响下，美国人都“好管闲事”，而且“疑神疑鬼”。只要任何人向儿童服务保护部门举报儿童受到歧视、虐待、性侵等情况，保护局的工作人员马上就会协同执法人员前去调查，并对小孩做出紧急安置。这些工作人员都经过严格培训，具备丰富的知识和经验，同时也具有很大的权力。

在纽约曼哈顿下城，有一天两个清洁工经过一个路口，看到一辆宝马车上有孩子，但驾驶座上没有人，汽车的发动机却没关闭。凑近往里面一看，竟有四个孩子，最大的看上去约有四岁。这两个“多事”的人，马上就报了警。

警察很快赶到，正准备对车辆采取措施，这时孩子的保姆慌慌张张赶来。原来她去交罚款，本想只需要几分钟，没料排队等候，一晃竟快到一个小时。警察于是将她逮捕，定于一个多月后过堂受审。

马萨诸塞州的防止儿童虐待专线在2015年接到一个匿名电话，要他们去查看一个有小孩的家庭。当儿童服务保护部门的工作人员和警察前来查看时大为震惊。一个七岁女孩和她的母亲、祖母、曾祖母生活在一起，墙壁、桌椅、床垫无一不是破烂不堪，家里到处是破损的玩具、书籍和乱七八糟的东西，地板上还有垃圾和粪便。警方检查以后立即封锁这个房屋，儿童服务保护部门协助这户人家搬家，小女孩被工作人员接走，她的母亲和祖母也被逮捕。

在加州南部一个名为库卡蒙加牧场的小城市，2015年9月的一天，两位成年人和一个孩子戴着口罩从法庭走出来。尽管小女孩天真无邪蹦蹦跳跳，但大人目光游移，拒绝记者的提问和采访，躲开周遭的人驾车匆匆离去。

在3月份的时候，这位来自中国大陆的年轻华人母亲，给四岁的女儿准备好了吃的东西，交代她饿了吃什么，困了怎样睡，说妈妈要去上班，然后锁上家门就走了。到了晚上，隔壁公寓楼有人打电话给警察，说有小孩在家哭了几个小时。警察赶来和公寓的管理人员查看，只有小孩一人在家。当拨通出差在外的小孩父亲的电话，这位父亲说家里有小孩的母亲在照看。当两个小时后孩子的母亲回到家时，这位华人母亲被警察立即逮捕。因为她和友人去邻近的城市圣地亚哥游玩，已经离家有七个小时。她被控以危害儿童安全罪关进拘留所，保释金10万美元。孩子交由儿童保护局照顾。直到孩子的父亲出差回来，才将妻子保释出来。

在法庭上，法官认为孩子母亲的过错不可原谅，情节严重，但是鉴于认罪态度良好，表示悔改绝不再犯，判处被告4年缓刑，并接受52个小时的预防虐待儿童辅导课，完成200个小时的社区义工服务。这位不懂英语的华人母亲，大概初衷是和中国大陆所有的家长一样，想要锻炼孩子的自理能力。律师表示，这已经是一个非常轻的判决了，至少不用坐监牢，可以和孩子生活在一起。

一位华裔刘姓女子和美籍丈夫分居，开始办理离婚手续。在此期间他们享有对儿子的共同监护权。监护令规定，如果没有其中一名家长事前提供经过公证的同意书，另一方不能把孩子带出美国。2014年9月4日，刘姓女子带着儿子欲返回中国，在飞机起飞前的90分钟，她给孩子的父亲发邮件告知这个决定。孩子的父亲立即赶往华盛顿的杜勒斯机场，向联邦调查局报案。联邦调查局人员在查看了监护令协议、调阅了旅客登机名单之后，马上与航空公司联络。这架前往北京的美国联合航空公司班机已经起飞两个小时。机组接到要求返航的命令，两个小时后飞机又飞了回来，降落在杜勒斯机场。刘姓女子被控国际绑架罪遭到逮捕，后来被判入狱三年。

父母的责任与国家的责任

儿童与家庭服务局隶属于美国联邦政府卫生和公共服务部，是儿童保护工作的最高行政机关。它负责制订儿童工作的规划和方案，监督、评估各州儿童工作的执行情况，负责管理和协调各州及地区的儿童保护工作并给予必要的帮助。各州政府设立的机构名称虽然和工作范围有所不同，但儿童服务保护部门的工作内容基本一致，就是负责监管联邦政府儿童保护项目的实施和执行，同时制订本州的儿童保护政策和服务计划。

美国对儿童的安全保护，由父母的责任，已经上升到国家责任的层面。保护儿童成为每一个美国公民自觉遵守的行为规则。公民意识、法律制度和不惜代价的财政支出成为美国儿童保护的强大基础。

美国的校车有多么牢固、多么经得起考验，人们已经知道得很多，无需再做描述。基于国家责任的理念，法律对那些在事关儿童生命安全问题上做手脚的人，惩罚极其严重。

旧金山有一家名为“第一学生”的校车公司，两名技工每45天检查车辆一次，在9个月中总共检查出300多项不合格。技工将检查结果报告上去，但是公司认为这对行车安全没有多大影响，不做维修且照开不误。这个公司向加州公路巡警局提供的车辆运行资料，很多是虚假的安全数据。

这两名技工于是请了一名律师，以旧金山学区的名义把这家校车公司告上法庭。这种拿学生的安全来换取企业利益的行为，可谓人神共愤。如果让陪审团裁决或法官判决，这家公司可能要付出巨大数额的惩罚性赔偿。校车公司权衡之后，与旧金山学区达成了和解协议。先是在2015年更换了230辆校车，然后又付出1150万美元的赔款。这笔赔款中350万美元归旧金山学区所有，剩下的全归两名技工和律师。

美国对儿童关照保护的有些行为，让其他一些国家的人看来几乎是不可理喻。

康涅狄格州一名17岁的少女在2014年被确诊罹患了霍奇金淋巴瘤。医生根据过往的诊治经验，认定她的病情高度危险，必须接受为期六个月的化疗，这样就有85%的康复概率，如果不做化疗的话，几乎肯定两年内无法存活。但是这名少女仅做了两次化疗就在母亲的同意和支持下逃走了。这位单身母亲声称不想让毒素进入女儿的身体，想要寻求其他的疗法。

儿童服务保护部门的工作人员从医院获知后强迫这名少女继续进行化疗。但她的母亲声称孩子自己有权利选择怎样处理自己的身体，有权利选择自己的治疗方式。双方为此打起了官司。在法庭上法官裁定，她还没到18岁，无权自行决定，判决对她强行化疗。法官说这不能算作侵犯人权。于是少女被拘禁在儿童医学中心，在医生的监护下继续治疗，并将持续到满6个月。儿童服务保护部门的工作人员表示，保护这名少女的生命是他们义不容辞的责任。

合法弃婴与堕胎权

孩子有着如此至高无上的地位，如果有谁遗弃孩子，岂不犯下弥天大罪?

美国各州的法律都禁止遗弃儿童，但令人惊讶的是遗弃婴儿却是合法的。加利福尼亚州在2001年1月1日就开始实施《安全交出婴儿法》。婴儿的父母或监护人可以在婴儿出生72小时内将婴儿安全地送出，如教堂、医院、消防局等，而且还有14天的反悔期，后悔了可以再要回去。美国50个州也都有内容大体一致的法律规定。这种极具人性化的举措，避免了非婚生婴儿可能面临的丢弃甚至被残害的风险，让幼小而无辜的生命得到保护。因而洛杉矶的宣传语就是“不用感到羞耻，不会受到责罚，不需留下名字。你可以到洛杉矶县的任意医院急救室或消防站安全弃婴”。

在洛杉矶县的一所高中校园内，从2014年起学校设置了一个少女怀孕辅助教育和育儿学术中心。在吃午餐的时间，会看到有几个高中女生过来。她们正是这里几个婴儿的妈妈，来看自己的孩子，或是给孩子喂奶。

这个中心为任何一个未满19岁的怀孕或初为人父母的青少年提供学习计划和育儿帮助。内容包括怀孕期间的健康卫生常识，生产以后的育儿护理。并设置育儿中心，在她们上课的时候有护士和阿姨帮助照看孩子，并按照看护人员与婴儿1：3的比例来做安排，放学以后少女妈妈再将孩子带回家。在开设初期，这个中心接纳了将近20名少女，约有一半为少女妈妈，年龄在16至18岁之间。对于这些意外怀孕的少女，校方并不刻意建议她们去做堕胎手术，而是充分尊重她们的意见，由她们自己来做定夺，并提供所有可能的帮助。这样做的目的并非鼓励婚前生育或早生早育，而是在无奈之际帮助她们避免中断学业，不致遭受任何歧视，在这里得到理解、尊重和信任，更重要的是，让出生的孩子能够健康地成长。

这种宽容的态度，与美国人对堕胎的观念有极大的关系。堕胎是美国争议最为激烈的话题之一。1973年1月22日，联邦最高法院的9名大法官以7：2的比例裁决妇女有堕胎权。虽然承认了堕胎权，但同时对堕胎权提出限制性的“三阶段标准”：一是在怀孕前三个月，由于胎儿不具有母体外存活性这一特质，孕妇可以在与医生讨论之后自行决定是否堕胎；二是在怀孕三个月后，除非是出于对孕妇身体健康的保护，否则政府须限制堕胎；三是在胎儿具有母体外存活性之后，除非母亲的生命或健康遭遇危险，否则政府禁止堕胎。

每年1月22日前后，全美许多城市都会举行规模不同的反堕胎游行，其目的是为了推翻这个裁决，禁止或者至少限制堕胎。当然在游行当中同时也会出现支持堕胎的人群和团体。反堕胎的团体认为，女性延续生命的母性是神圣的，必须受到保护，即使身处困境，也要捍卫新的生命。

对极端法规的纠偏

中国人讲中庸之道，是说不偏不倚、恰到好处。美国的法律对儿童关怀和保护的举措可谓无以复加，甚至到了偏执的程度。由于很多时候走到了极端，近年来出现逐步纠偏的迹象。

华人家庭的父母打骂孩子即使不是常态，却也并不少见。有一对夫妇带孩子来美参加儿童夏令营，期间因为孩子过于调皮不听劝告，年轻气盛的父亲便忍不住打了孩子屁股。儿童服务保护部门的工作人员和警察赶来将孩子保护起来，与他的父母隔离开来予以安置。好在这对夫妻都曾留学美国受过良好教育，几天后在法庭上陈述自己只是一时情绪失控而方法失当，绝不会有虐待小孩的主观意愿，也不存在虐待小孩的其他行为。法官听取了儿童服务保护部门工作人员的调查报告，认定这是文化差异所导致的认知歧见，这才判定孩子不再需要由保护局继续安置，可以回到父母身边。

2012年在纽约长岛的萨福克县，因在朋友的聚会上孩子骂粗话，父亲狠狠打了孩子的屁股，结果被萨福克县的家事法院判决构成家庭暴力。孩子的父亲不服上诉到上级法院，四名法官通过研究事件过程，认为没有足够的证据证明家庭暴力罪名成立，打屁股行为属于“合理使用外力”，这才撤销了指控。

马萨诸塞州为了在保护儿童和父母合法教育孩子这两者之间取得平衡，州最高法院在2015年首次对家长适度体罚孩子做了规范定义。虽然天平仍然偏向于保护孩子免受虐待，但还是细化了父母和监护人可以使用而不构成犯罪的体罚标准：第一，要有合理理由；第二，目的是维护和促进未成年人的健康成长，包括预防或者惩罚未成年人的不当行为；第三，不得直接或潜在造成身体伤害、整体伤害或严重精神创伤，仅允许造成稍纵即逝的疼痛，或轻微的会消失的伤痕。从字面来看，这可以理解成是一个打屁股合法化的规定。

一对开杂货店的华人夫妻，在一段时间总有小东西失窃，调出录像查看，方知是一个十一二岁的拉美裔少年所为。这天夫妻两人发现这个小孩又来了，丈夫于是上前一步扭住小孩的衣领，让妻子打电话报警。警察赶来，看到小孩的脖子上有发红的抓痕，不但将小孩放了，华人还被控以三级攻击罪。

华人大感委屈和不公，说被害者反而成了被告。律师接受咨询后告诉他，遇到这种情况，取得录像证据以后应该是马上报警，而不能使用暴力伤害的方式扣押嫌犯，尤其是对小孩子。如果确实没有对偷窃者动手，到了法庭上向法官解释脖子上的红印仅仅是拉住衣服造成的，这样也可能销案。至于未成年人，如果犯案达到一定数量，也会依照法律规定被控罪，若罪名成立将会被关押到少年拘留所，但个人千万不能鲁莽行事。

佛罗里达州奥兰多市的一个华人餐馆，一名六岁男童被茶壶的热水烫伤了脖子和腿部，经医院鉴定为二级和三级烫伤。经过诉讼男童获得100万美元赔偿金。

受到侵害给予赔偿，这本是天经地义的事情。赔偿意味着对生命尊严的敬重。但是具体到个案，如果被告并没有太大的责任，却因为整个社会所秉持的关爱至上的理念，以高额赔偿去惩罚商家同样有失公允。

在2012年事情发生的那一天，这个越南裔的六岁男童和他的奶奶、阿姨一起来到餐馆。当时他们坐定，上了热茶，两个大人就开始聊天。中餐馆的圆桌，中间一般都有一个转动的圆盘。当时服务生把茶壶放到转盘中间，特别叮嘱不要放到转盘之外的桌边，否则会很危险。大概是为了倒茶方便，这个服务生两次过来，两个大人都将茶壶从转盘拿了下来。服务生两次将茶壶拿起放到转盘上，告诉她们不要放在这里。当那个服务生第三次看到他们仍然将茶壶拿下来时，提醒她们这样可能烫到小孩。未料两人嫌他多事，极不友善瞪眼相向。后来另外一个服务生看到，第三次替她们将茶壶拿到中央。由于餐馆人多，服务生无法照看得面面俱到，后来还是发生了小男孩拉下茶壶被烫伤的事件。

当时华人老板抱起孩子在第一时间拨打电话求救。但是后来在诉讼中，对方律师还是说这张桌子不平。陪审团的裁定也要餐馆承担百分之百的责任。法庭的判决说：一个不安全的环境造成了意外伤害。

幸而餐馆老板购买了保险，否则难以承受如此巨大的赔偿压力。保险公司是商业机构，它以营利为目的，这样的支出，势必均摊在所有保险购买人的身上。对于这个老板来说，他同时面临着保费的上涨。

亡羊补牢犹未为晚。心有余悸的老板自此以后把不锈钢壶全部换成了陶制壶，并要求服务生，当有带孩子的顾客用餐时，热茶冲泡后要立即加入凉水。

儿童权益和他人权利的平衡

2005年2月，佛罗里达州一个名叫洁西卡的9岁小女孩，遭到住在街对面的一个有性犯罪前科者的性侵，并被残忍杀害。洁西卡的父亲于是行遍美国，呼吁提高性罪犯的量刑幅度以及强化对性罪犯出狱后的约束。按照美国防范性罪犯的《梅根法案》，此人出狱后本来必须随时向警方登记最新的住处，但他却违反了这项规定，以致警方和社区在案发前不知道他的行踪。2005年4月，来自佛罗里达州的一位美国联邦众议员领衔提出了《洁西卡法案》。到了2008年，美国有25个州对初次性侵儿童的罪犯强制规定25年以上的有期徒刑。有39个州使用电子脚镣来监控出狱的性侵儿童罪犯。有23个州两种措施同时采用。《洁西卡法案》虽然未能在国会表决通过，但全美50个州中，有49个州采用了与《洁西卡法案》内容相类似的多项措施，如加重刑罚、限制住所、社区监控及电子监控等。

在一年一度的万圣节之夜，为了防止狂欢的孩子们在“不给糖就捣乱”的游戏中受到性侵，加州禁止性犯罪假释者在万圣夜参与派糖活动。执法部门要求这些假释者不得像其他人家那样，在门口吊挂南瓜灯、拉扯模拟的蜘蛛网、摆设骷髅或女巫造型，总之是不许装饰自家门面，甚至不允许开灯，而且在万圣节当天从早上五点到晚上五点禁止开门，必须呆在家里。加州法律规定，所有性罪犯假释者必须居住在离学校、公园、儿童聚居地2000英尺（0.61千米）以外的地方。

在洁西卡的父亲推动《洁西卡法案》多年之后，洁西卡18岁的哥哥在2007年性侵了一个14岁的女孩。令人深思的是，洁西卡的父亲却要求检方“宽大”处理他的儿子。他的儿子被指控犯有两项性侵重罪。他希望为儿子达成认罪协议，只承担其中一个轻罪，不要留下性罪犯的记录，当然也不要适用《洁西卡法案》。

洁西卡的父亲之所以这样做，是因为《洁西卡法案》中的规定非常严酷，特别是其中限制性罪犯假释者住所的内容，容易使性罪犯在将来出狱后生活困顿、被迫离开家园并流落街头，打击了他们重返正常社会的努力，也使他们更容易再次走上犯罪的道路。有统计显示，加州登记的流浪汉当中多达1400人是有性犯罪前科的假释犯。

有鉴于此，加州在2015年3月修改法规，虽仍然禁止假释的儿童性犯罪者在公园、学校及儿童聚集地附近居住，但也不再像以前那样必须限制在2000英尺以外。其他假释的性罪犯的居住地限制也大为放宽。这个法规基本上推翻了加州选民在9年前批准实施的全盘限制居住的规定。加州最高法院在3月2日的裁决中表示："居所全面限制令已侵犯性罪犯者的自由与利益，应该是有限度的。"法院认为性罪犯强迫居住在离学校2000英尺之外，应该视个案而定。限制他们所能取得的居所，并剥夺他们该得的一些服务如心理辅导，违反了宪法所赋予的权利。

这次纠偏，应该算是在保护儿童权益和维护他人权利之间寻找平衡，这同"打屁股法规"一样，也是促使矫枉过正的法律回归正常轨道的一种努力。

令人生畏的歧视指控

招聘启事的禁忌

玫瑰花车游行和美国大学橄榄球比赛是加利福尼亚州帕萨迪纳市每年最著名的两大活动。2015年1月1日进行的玫瑰花车游行吸引了成千上万的人去观看。在游行结束的队伍后面，有的人高举着政治性标语招摇过市，上面写着“别让钱干预政治”“推翻资本主义”，引来很多人的大声喝彩。

在一个言论自由的国度，似乎说什么、写什么都可以。其实也不尽然。孔子云“非礼勿言，非礼勿动”。在美国，这个“非礼”几乎等同于歧视。

纽约市一家餐厅在招聘广告上写：招聘女服务员。就这样，接到了人权委员会开出的5000美元的罚单。在此前后，已经有很多家餐馆因为招聘写了性别而栽了进去。商家可能要辩白：我不需要男的啊！但人权委员会说：不行，你指明性别，就涉嫌性别歧视，违反了纽约市民权法的规定。

其实人权委员会还有更“阴”的一招，那就是引蛇出洞。他们扮成应聘者给用人单位投送简历，诱使用人单位上钩。有一位州参议员指责人权委员会行为过火，说他们过于“执着”于完全出于无心的性别字眼。而受到处罚的餐馆也在叫屈，说既然是人，都免不了要犯错，我们事前完全没有接到这方面的警告。但人权委员会的发言人不这么认为，说我们每年都要举行无数次的展示说明会，教导人们知晓并遵守相关的法律。所以我们发出罚单时不需要预先警告。

除了钓鱼执法，人权委员会的工作人员还主动出击，积极寻找猎物，以解除人们在就业、住房、教育、医疗等方面的体制性歧视。

有一次他们发现一个印度餐厅打出的招聘广告："招一名有经验的印度裔服务员。"难道这也有问题？有。因为法律规定，广告不得带有"国籍歧视"的含义。尽管这家印度餐厅后来已经关门，尽管并没有证据表明有多少人看过这个广告，更没有证据表明有人曾因不是印度裔而被拒绝，但在法庭上还是被判罚款，好在法官同情老板经营不善餐厅倒闭的结局，将7500美元罚款降为5000美元。

如果在美国，你被人指控涉嫌歧视，那可真是摊上事了。

一桩性别歧视案

2015年的一桩性别歧视案，原告发起诉讼，提出了1600万美元的赔偿要求。这在一般的理解中有些不可思议。虽然这起诉讼没有达到预设目的，但在美国既然有禁止歧视女性的法律做支撑，"性别歧视"就大有文章可做。

提起诉讼的鲍康如生于美国新泽西州，父母都是中国人，自己拥有常春藤盟校普林斯顿大学电机学位，还拥有哈佛大学法学位和工商管理硕士学位。她所控告的是总部设在硅谷的凯鹏华盈投资公司。凯鹏华盈是全球最有影响力的金融投资公司，客户包括谷歌、脸书、亚马逊。作为该公司前合伙人的鲍康如，指控凯鹏华盈涉性别歧视，她任职七年而未获提升，公司始终拒绝将她从新选合伙人晋升为资深合伙人，而另外三名男同事则得到顺利晋升。这场官司2015年2月24日在旧金山高等法院开庭。

这桩性别歧视案经过五周庭审，最后交由陪审团裁决。在退庭前的一刻，各自的律师把握住最后机会，把认为最核心的内容讲述给陪审团，以争取陪审团的支持。

鲍康如的律师称，凯鹏华盈因为性别而对鲍康如差别对待不让她升职，违反美国保护妇女的法例，期盼陪审员们凭良心做出裁决。

凯鹏华盈的律师则说，鲍康如提出诉讼只是为了索取八位数的巨额赔偿；尽管她声称诉讼的目的是为了帮助改善女性雇员在公司的权益，但她在任职七年中，从没有向其他女合伙人或职员谈起女性职员的权益问题，也从未向其他资深女合伙人求助；另外三名男性合伙人获得晋升，是因为创业经验和科技专长优于鲍康如。

在此之前，自1980年就担任凯鹏华盈行政总裁的杜尔也曾出庭作证。63岁的杜尔是资产超过33亿美元的硅谷巨富，2008年奥巴马上任时曾任命杜尔为白宫经济顾问。杜尔作证时展示了一连串他写给鲍康如的电邮，建议鲍康如改善为人处世的态度，要多尊重同事合伙人，并展示了其他合伙人和同事向杜尔提出的不满鲍康如的文件以及对她的投诉。杜尔认为鲍康如未获晋升与性别歧视无关，而是与其他合伙人关系不好。杜尔公开了聘书，显示鲍康如和凯鹏华盈任何一方都可随意结束工作合约，无需任何理由。

2015年3月27日，陪审团的裁决公布，凯鹏华盈胜诉。12名陪审员中男女各半，其中5名白人，5名亚裔，1名黑人，1名拉美裔，这些人中包括城市交通站经理、工程师、监狱护士、教师助理、油漆工等。经过一天的闭门协商，除了黑人和拉美裔陪审员投票给鲍康如，其他10名陪审员都投票支持凯鹏华盈。

胜诉的凯鹏华盈向法院申请追讨此项诉讼所付出的将近100万美元律师费，如果法院批准，败诉的鲍康如就必须承担这项费用。但获胜方认为，对于公司员工性别多元化这样的问题，各方应该坐下来协商解决，而不是诉诸公堂，耗费过多的人力、物力和精力。最终凯鹏华盈提出，如果鲍康如放弃上诉终结此案，公司将尽释前嫌，不再要求律师费的赔偿。鲍康如随后宣布放弃上诉。

作为全球第九大管理软件提供商的BMC公司，其全球副总裁徐玲是一位华裔女性，在硅谷打拼多年，曾荣获具有企业界奥斯卡奖之称的史迪威奖。她对职场女性的奋斗有自己的感受与领悟。她说女性进入高层管理部门确实存在不少困难，因为女性生儿育女将会分散很多的精力，在社交场合也多有不便之处，很多男性也拒绝女性领导，男性从外形和声音上也更具强势。但是，只要你够努力、够顽强，所有女性都能获得成功。徐玲说小时候她的父亲对她说："凡是男孩做的事情你都可以做，但男孩却不能像你一样穿裙子。"徐玲说她抬头看到的是无边的蓝天，别人所说的"玻璃天花板"，在她看来这些障碍都不存在。

性骚扰的代价

联邦最高法院自1986年起认定性骚扰是一种性别歧视，如今美国已经成为对于性骚扰立法最严格的发达国家。根据现行的民权法，不但上司利用职权对下属进行性利诱、性胁迫属于性骚扰行为，即使在工作环境中讲黄色笑话、浏览黄色网站这种行为，总之只要令他人感到不适，都有可能以性骚扰的罪名被起诉。

在政界，一个人进行性骚扰就意味着政治生涯的结束。而在企业，一个人进行性骚扰通常伴随着高额的惩罚性赔偿。美国联邦法院和各州法院对于职场性骚扰的判决往往倾向于保护被侵害人。

有人曾开玩笑说，在美国，一个女人如果被一个有钱的上司性骚扰了，她可能就"赚大"了。话说得固然刻薄，也不免夸张，但从具体判例来看确实有一定道理。

一家豪华轿车公司的经理名叫汤森，因为骚扰公司的女下属调度员甘西，被甘西告到法庭。甘西诉称，汤森多次向她提出卑鄙的要求，让她不堪其扰，情绪受到严重影响，最后要到医院求医。甘西说在2009年2月的一天，看周边没人，汤森强行把她拉进洗手间，用手要撩起她的衣衫，当时她坚决不从。甘西的证据就是汤森发给她的短信，内容是因为甘西不能答应他的性要求而遭到开除。

2010年陪审团裁定，汤森和他的雇主向甘西赔偿55万美元。后来经过上诉，上级法院做出判决，裁定甘西除了获得55万美元赔偿外，再获17万美元的诉讼费。

接下来的这个事例，稍微有点故事性。

一个是运作10亿美金、年收入2500万美元、精明强干的CEO；一个是25岁的女雇员、瑞典金发女子。金发女子把CEO告了，指控他性骚扰、诽谤和报复，索赔8.5亿美元。

金发女子自叙，她迫于压力四次和他发生性关系，每次感到虚弱、羞耻和被利用，但是又不敢抗拒，因为CEO在华尔街有钱有势，她害怕报复，使自己失去工作和签证。有一天她不在家时，她的上司即这个CEO，到她的公寓发现一个赤裸的黑人男子躺在卧室，一怒之下解雇了她。不仅如此，CEO给她发短信和邮件，还给她的父亲、兄弟、朋友发邮件咒骂她，在网上发文章说她花天酒地、滥交胡搞。这使她的精神和名誉受到严重损害。

CEO在法庭上否认性骚扰，说自己聘用她当营销主管完全是为了工作，但是她却没有把精力放在工作上，上班不用心，经常去夜店，这样他才解雇了她。

陪审团最后裁决：性骚扰和诽谤的指控成立，报复的指控不能成立。性骚扰给金发女子造成了伤害，诽谤给金发女子的名誉造成了损害，判赔200万美元，同时再判1600万美元的惩罚性赔偿，总计赔偿1800万美元。金发女子对裁决结果感到高兴，并表示对赔偿数额感到满意，尽管这离8.5亿美元的要求还差很远。

位于马里兰州巴尔的摩市的约翰·霍普金斯大型综合医院在美国声名卓著，连续23年被《美国新闻与世界报道》评为全美最佳医院。它在医学史上创造了多项第一，包括第一例心脏搭桥手术、第一例完全变性手术、第一例肾透析等，这些成为今天许多医院里习以为常的操作项目。然而2013年的一桩性骚扰丑闻使这家医院在声誉和经济上付出了巨大代价。一个男性妇产科医生，在长达八年的时间里，用笔形相机偷摄女病人的隐私部位，拍了1200多个视频和140张图片。事件暴露后这个医生畏罪自杀。2014年7月，约翰·霍普金斯医院与8000多名女患者达成赔偿协议，赔付了1.9亿美元。这个案件成为美国有史以来医生性骚扰患者赔偿额度最高的案例。

女性权利与赡养费

说到赡养费，一般人首先想到的是子女对父母的孝敬。在美国，这其实是存续于夫妻之间的经济责任。

美国夫妻离婚，对于婚后财产有两种不同的分割原则。包括加利福尼亚州在内的十个州实行“共同财产”法律，即夫妻在婚姻期间所赚的钱或形成的债务都为双方所共有。离婚的时候分割财产非常简单，一人一半分完了事。加州前州长施瓦辛格离婚就是照此进行的，尽管他比妻子赚的钱要多得多。另外其他40个州，如俄克拉何马州，实行“公平财产”法律，就是考虑双方工作收入、赚钱能力、学历程度、婚姻中对家庭的贡献、被抚养儿童的需要、离婚原因等因素进行分割。即使这样，法律对弱势的一方尤其是女性仍会有所倾斜。

财产分割了还不算完，还须解决赡养费的问题。由于赡养费这座大山，美国男人尤其是赚钱能力强的男人，在离婚之前都会仔细拿捏一番。

赡养费是在夫妻分居或者离婚后，其中一方提供给另一方的生活费用。在传统上都是男方支付给女方。尽管1970年以后基于男女平权的考虑，经济上困窘的男方也可向富裕的女方要求赡养费，但在实际判例中男方给女方提供赡养费的占绝大多数。毕竟赡养费设立的初衷，是为离婚后失去丈夫依靠、经济上无法独立的妇女而设立的。赡养费和子女的抚养教育费并不是一回事。赡养费是有收入或收入较高一方，付给无收入或收入较低一方的生活费。赡养费的支付并非停留在维持对方生活的基本水准上，而是以富裕一方的收入作为参照来决定赡养费的高低。

亿万富豪、对冲基金经理肯·格里芬2015年2月与结婚11年的妻子安娜离婚。结婚之时安娜的财产只有100万美元，离婚时安娜通过婚前协议拿到了4000万美元。后来安娜在法庭上继续向身价约50亿美元的前夫提出每月100万美元赡养费的要求，要求前夫每月为她的私人飞机支付30万美元，为假日住宿支付16万美元，为日常生活、餐饮及办公支付7万多美元，还要支付私人厨师、住房清洁、私人助手等方面的开销。

69岁的美国石油大亨韩姆与结婚16年、年届56的妻子苏安·阿诺离婚。他们的离婚被称为美国最昂贵的离婚案之一。出身贫寒的韩姆从清理石油桶白手起家，到《福布斯》杂志把他列入2014年美国50大富豪之一，韩姆的财产据估已经达到170亿美元。他们的离婚官司打了两年多，2014年11月俄克拉何马州法院做出判决，苏安·阿诺除了得到价值数千万美元的资产，韩姆须支付前妻9.955亿美元的赡养费。对于这个判决，韩姆表示公平公正，不过他的前妻仍然对判决结果表示失望，因为她对赡养费要求的价码是几十亿美元。

对赡养费的支付，每个州的规定不完全相同。加州的离婚法规定离婚后的夫妇要学习自给自足，一方不能一味依赖另一方。尽管这样，没有收入或收入较少的一方，在离婚之后相当长的一段时间，需要收入较高的另一方，将净收入的一部分付给对方。10年是加州婚姻法中的一个坎儿。10年以下的婚姻，赡养费的支付一般是婚姻存续期的一半时间。而10年以上的婚姻属长久婚姻，一方向另一方支付赡养费的时间会更长，法官会依照法律并考虑多方面因素如双方的健康情况、赚钱能力、经济状况、是否资助对方的事业发展等诸多因素来决定。

出于对女性和弱者的保护，有关赡养费的法律规定充分地保证了女性的权益。不过现实中很多女性离婚后没有再婚，本来有赚钱能力，但因为有肥沃的法律土壤所滋养的一棵摇钱树，躺在下面好乘凉，长期依靠另一方输血，不紧不慢、从容不迫地享受“被供养”的生活。很多男人一再声称被赡养费压得喘不过气来，说赡养费已经异化为其中一方报复“负心人”的有力工具。2015年3月有人在加州发起要求废止赡养费的公投署名活动，只是最终因为签名无法达到法定数额而不了了之。

因为赡养费的规定过于严苛，新泽西州在2014年9月通过了一项新的法律，废除了永久性支付赡养费的规定。在这之前，一些人为了避免触犯法律，在过了退休年龄之后仍然“发奋”工作，就是为了沉重的赡养费负担。新的法律规定，到了法定的退休年龄，就可以停止支付赡养费；如果配偶与别人同居，也可以中止支付，而以前中止支付的前提条件仅限于再婚。

残疾人的权利“泛滥”

美国免费的公立教育有一个非常重要的组成部分，就是特殊教育。这些学校的学生或者说服务对象，是那些患有身心疾病或发育障碍的人群。美国特殊教育的服务范畴包括患有自闭症、学习障碍、情绪或行为异常、多动症、弱智、严重或多重残疾、脑损伤、交流障碍、听力障碍、视力障碍以及其他健康障碍的人。他们大多丧失了正常的学习能力，甚至丧失了生活自理能力，有的完全不能站立行走。

美国国会在1975年通过了残疾学生执行法，被称为美国教育史上最重要的一项教育法律。这项法律的基础是，相信不仅所有残疾生能从公立学校受益，而且接受满足其特殊需要的公立教育，是残疾生不可剥夺的权利。这项现在已经修正为“残疾个体的教育执行法”的法律，规定每个孩子有平等的受教育权利，学校拒收学生是违法的行为，对于残疾儿童，学校还应付出更多的人力、财力和物力来满足他们的特殊需要。一般正常儿童要从五岁起才能进入公立学校的幼儿园大班接受免费教育，而残疾儿童从三岁起就开始接受免费的特殊教育。学习的目的就是帮助他们最大限度地掌握或恢复基本功能，把所学能力运用在日常生活之中，培养独立自主的能力。

特殊教育学校的师生比例一般为1∶3或1∶4，根据每一个学生的特殊情况因人而异、因材施教。哪怕只有一个学生，每天都由公车接送。特殊教育的经费来自市、县、州及联邦政府。特殊教育秉承的理念只有一个，就是永不放弃。有人说美国怎么看都不是天堂，唯独美国的特殊教育对残疾人和残疾人家庭而言是名副其实的天堂。

在美国的公共巴士上经常会看到这样的情景：巴士停稳以后，设置于巴士门口的一块铁板从里向外缓缓升起，然后180度划弧搭在人行道一端，一个残疾人坐着轮椅（一般都是电动轮椅），顺畅地开了上来。为了避免轮椅落在铁板之外，铁板的两边设计了阻拦轮子滑落的边沿。轮椅上来以后，司机马上走出驾驶室，把最前面的一张座椅折叠起来让残疾人的轮椅入位，然后从左右两边拉出带钩子的安全带，从两个方向挂住轮椅，使轮椅在刹车时不会乱跑。残疾人到站要下车，司机再从驾驶室走来，去掉挂在轮椅上的安全带，铁板再次掀起搭在人行道上，残疾人驾驶着自己的电动轮椅悠然而去。

美国现有的公共汽车与城际交通工具及其设施，都提供了符合残疾人通行的一切条件。建筑物大门旁的较低位置都设有残疾人专用按钮，以方便进出的大门自行打开。具备一定规模的商场都设置了电动购物车，以便于残疾人购物。所有公共场所的停车场，都有专门为残疾人预留的一定比例的车位，通常设在最方便进出、距离大门最近的位置，以方便其上下车。这个位置非残疾人没人敢停放，这仰仗于高额罚单的威力。因为若将车停在残疾人专用车位，在加州第二次违规的罚款金额高达1876美元。

在芝加哥华人餐馆，过去受到残障人士投诉最多的是大门入口与卫生间门口以及卫生间的硬件。按照规定，门前都应有斜坡，轮椅能够无障碍通行，卫生间的门也要足够宽大，让残疾人的轮椅不但能进得去、出得来，而且要有足够的转身空间。芝加哥从2016年1月1日起，开始实施比原来更严格更完善的“残障权利法规”。只要有人投诉，经查属实，每次将支付最高1000美元的罚款。

芝加哥一位女性残疾人有一次到一家餐馆用餐，期间因为轮椅无法进入狭窄的卫生间，结果小便失禁尿湿了衣裤。这个残疾人将餐馆告上了法庭，最后法官判餐馆赔偿这个残疾人五万美元精神损失费。

由于法律的倾斜，一些无良律师趁机联手残疾人，将手伸向一些旅馆、店铺和餐馆。有时仅仅因为一些微小的过错，或一些并无实质影响的缺失，就被律师告上法庭。保护残疾人权利的法律变成了威逼商家的一把利器。很多小业主为了避免耗时耗资的诉讼，面对残疾人发起的诉讼只好提出和解，以赔款了结案件。在严苛的法律面前，他们往往提心吊胆，小心翼翼，更不敢在残疾人住宿、购物、用餐时找任何理由拒绝，唯恐生出事端。一个被残疾人两次告上法庭的旅馆老板说，他现在看到轮椅就害怕，已经得了残疾人恐惧症。

为了避免残疾人法被滥用，2012年加州议会通过并经州长签署生效的SB1186法案开始实施。新的法律规定，遇到残疾人投诉，必须给商家30天的时间改善缺失，只有当商家置之不理时才可以提起诉讼。2015年又通过SB251法案，把原来的30天改为：改善残障标志的缺失，时间为15天；改善其他缺失，延长至90天。不过这也遭到残疾人组织的不满，说这样只会纵容商家敷衍塞责，漠视残障人士的权利。

根据美国法律规定，所有为残疾人营造通行便利的投入称为“无障碍经济”。由于法律的强制要求，这为提供设备与维护的厂商制造了巨大的市场利益。一些政客为了获得更多的民意支持，宁左勿右，在这方面不吝过度投入。但这在一些人口不断增加、消费不断增长、交通愈加拥堵、公共资源越来越有限的大都市，过分的投入也引起一些人警觉。有专家指出，由于政府每年为残疾人提供了巨额补助，使一些残疾人失去就业的动力，适龄的残疾人就业率仅达到三分之一。根据美国残疾人协会的估算，由于残疾人没有充分就业而导致的经济损失每年高达1950亿美元。但是由于关怀弱势人群和维护残疾人平等权利是一面社会正义的大旗，即使有人持异议也不敢大胆声张，只能以委婉曲折的形式表达，因而显得缺乏力度。

挑战政治正确，在任何时候都是一件冒风险的事情。

迎风高扬的彩虹旗

不再隐形的同性恋者

台湾著名作家白先勇的小说《孽子》里有这样一段话："在我们的王国里，只有黑夜，没有白天。天一亮，我们的王国便隐形起来了。"这段描述，仍然是这个星球上很多地域中，同性恋世界的真实写照。

当1978年由旧金山艺术家吉尔伯特·贝克设计的彩虹旗成为LGBT的旗帜，到2015年6月26日夜晚白宫亮出斑斓无比的彩虹灯光，这面象征世界五彩缤纷的旗帜已经在全美50个州自由地飞扬。2015年6月，美国最高法院9名大法官以5：4的比例做出判决，同性婚姻在美国合法，14个州对同性婚姻的禁令随之撤销。美国也因此成为全球第21个在全境承认同性婚姻合法的国家。

LGBT是女同性恋者（Lesbians）、男同性恋者（Gays）、双性恋者（Bisexuals）与跨性别者（Transgender）的英文首字母缩略字。由于"同性恋社群"一词无法完整体现相关群体，自1990年开始，LGBT便应运而生并逐渐普及。这当中的跨性别者，指那些在心理上无法认同自己与生俱来的生理性别、而相信自己应该属于另一种性别的人。跨性别者中的男跨女，是指一个生理意义上的男人在心理上自认为是女人；女跨男，是指一个生理意义上的女人在心理上自认为是男人。

同性恋者的权利

LGBT的权利，是在人类认知的进步中缓慢实现的。现在世界上不少国家，同性恋仍然被视为一种非正常的、有精神病倾向的行为。荷兰早在20世纪70年代率先停止将同性恋视为精神疾病。中国的同性恋“非病理化”在2001年得以实现，将同性恋从新修订的《精神障碍分类与诊断标准》中剔除。

美国参议院是在2010年才宣布废除军队里“不问、不说”政策的。2010年12月22日时任总统奥巴马正式签署此法案，宣告自此之后美军将首度接纳公开性取向的同性恋人士入伍，也不得以公开性取向为由将同性恋军人开除。

“不问、不说”政策是时任美国总统克林顿在1994年提出的。“不问”是指政府虽然不支持同性恋者参军，但军队中的长官不得询问军队成员的性倾向，也不得在没有掌握足够证据的情况下对军队成员的性取向进行调查。“不说”是指只要同性恋者不主动公开自己的性取向，长官就不会试图揭露、驱逐同性恋者。然而事实上，仍有很多人因性取向问题而被逐出军队。

欧盟所有成员国都许可同性恋者公开参军。所以奥巴马在签字仪式上说：军人为保卫国家浴血奋战，不应该因为性取向再牺牲自己的人格，从此数万军人不必再生活在谎言之中或为此焦虑不安。

“不问、不说”政策废除后，在军中公开了同性恋身份的一名丈夫，他的“妻子”这样说：以前我的医疗保险挂靠在我所在的公司，保险费越来越贵。我现在作为军人的家属，医疗保险可以挂靠在他的医疗保险之下，这样我能够节省很多钱，而且我现在能得到军属的身份卡，去买日用品的时候能省30%～33%的花销。我现在对大卫说：你去工作吧，保卫我们的国家，家里的一切由我来照顾。

“同志”的权利是耗费了时间、忍受了屈辱、经历了磨难，一步一步争取得来的。他们所争取的并不是特权，而是和异性一样的平等权利。当同性恋婚姻合法化以后，领养了小孩就可以名正言顺地在孩子的出生证上写上父母的姓名；当“夫妻”中的一人亡故，另一方也有财产的支配权；他们也能够以家庭为单位合并报税、继承遗产并享受政府的福利。

苹果公司首席执行官库克在2014年10月《彭博商业周刊》一篇文章中正式宣布自己是一个同性恋者。他在接受采访时说：“我以身为同性恋者为荣。我认为这是上帝给我的最佳恩赐。”库克是第一位公开宣称自己性取向的大企业首席执行官，却不是唯一的一位。许多和库克一样的“同志”私下并不忌讳别人知道他们的性取向，只是在公开场合大都保持沉默。

台湾的一个同性恋男子，曾通过网络认识了在美国的大他七岁的丈夫。经过一年多的恋爱，两人决定结婚。加利福尼亚州向同性伴侣颁发结婚证书的时间最早是从2008年6月16日至11月5日。当2013年6月28日加州恢复同性婚姻登记后，他们于7月正式结婚成为合法夫妻。9月份他们请了律师，开始递交申请绿卡的所有材料。当时律师心里也没底，毕竟是第一次受理同性婚姻移民案件。但后来事情的顺利超乎“夫妻”俩的想象。来自台湾的“妻子”三个多月就收到了工作卡，一年多就拿到了临时婚姻绿卡。恩爱的两口子在一起创业从事进出口贸易，计划以后领养一个孩子。

加州的包容与友好，使它不仅成为较早承认同性恋合法化的州，也成为同性恋外国人可以办理结婚登记的州。中国一家上市网络公司和一家同志组织举办了“彩虹热恋，真爱无限”活动，票选出的同志在2015年6月5日抵达洛杉矶。当中国的同志们入关时海关官员颇为吃惊，并关切地询问他们回国后会不会被关起来。这六对男性和一对女性组成的中国同志团队开心地参加了6月9日在好莱坞举行的同志婚礼。

低收入者的免费变性手术

美国的大多数州都同意性别错乱的人在进行变性手术后更改自己的

出生性别，但是有些性别错乱者并不适合进行变性手术。康涅狄格州议会在2015年6月1日以32票赞成3票反对通过了一项法案，允许未接受过变性手术的人也可以修改自己出生时的性别记录。根据这个法案，当一个人想要改变自己出生证明书的性别，只要提交一份经由持特殊执照的医生、高级注册护士和心理学家参与认可的宣誓书——这份宣誓书经过公证，证明已经接受过变性的外在与内心心理治疗，就可以改变自己出生证的性别。

从2014年11月开始，纽约州继俄勒冈州、马萨诸塞州、佛蒙特州、华盛顿特区和马里兰州之后，为低收入的跨性别人士提供免费的变性手术。根据卫生厅的估计，这些人中有一部分可以进行荷尔蒙治疗，有一部分则要进行手术治疗。

一些人对此持反对意见，但纽约州长库默立场坚定。纽约市政府及纽约州政府，过去曾因拒绝为低收入者支付变性手术费用而被当事人以歧视的名义告上法庭。库默说：纽约州一向都是改革的领导者，将确保纽约州所有居民不论性别都获得公平对待的传统得以维持下去，这个规定对维护平等待遇原则至关重要。

加州一个男子在1980年犯下谋杀罪，被判处终身监禁，不得假释。此人属于性别认同障碍患者。他向法院提起诉讼，要求变性并由狱方支付变性手术费。2015年8月狱政局和他达成了和解，同意支付手术费用，进行荷尔蒙治疗及手术改变囚犯的生理性别。手术完结以后，“她”将会被移监到加州的一个女子监狱，继续“她”的囚徒生涯。

LGBT族群对信仰自由的挑战

美国是一个以基督教信仰立国的国家，美国的立国先贤也大多是基督教徒。但是作为一个政教分离的国家，其立国精神是信仰自由。

2016年1月，新泽西州南部的一所公立小学收到了美国公民自由联盟新泽西分会的一封信，要求学校去掉每天宣誓时所说的一句话——

“上帝保佑美国”。

“上帝保佑美国”这句话，是在美国遭遇“9·11”恐怖袭击之后由两名教师提议加进去的，已经成为这所学校的一种传统。

美国公民自由联盟新泽西分会的主任巴罗卡斯认为，“上帝保佑美国”的口号，等于是在非宗教场所传教，这很容易让幼小的孩子对某一宗教产生好感，并对自己人生的决定产生影响，违背宪法第一修正案关于宗教自由的原则。

美国公立学校的教师均属于州政府雇员，公立学校可以看作是政府机构的延伸。政府及公立学校不得进行任何形式的宗教宣传。

这所小学虽然并不认同这一说法，但还是决定去掉这句话，以避免引起不必要的诉讼进而产生昂贵的诉讼费用。

由此可知，宗教自由是美国人最神圣的理念之一。但是，近些年宗教信仰者与居于弱势地位的LGBT多元性别族群之间引发的冲突已经越来越引人关注。

部分美国人反对同性恋，是基于宗教教义。在基督教里，同性恋及同性之间的性行为是不是一种罪恶，是一个从二战起就开始激烈争论的神学问题。传统教会认为这样的性行为是有罪的，部分教派则不这样认为。不同的教派及宗教人士，对待同性恋及同性之间的性行为也有着完全不同的态度。

天主教会第266任教宗方济各，曾在2013年呼吁天主教会宽容对待同志群体，尽管教廷对同性婚姻采取反对主场。

犹太教的正统派至今仍然反对同性恋，将其视为不洁净的行为。犹太教的传统派则放宽对大多数同性之间性行为的限制并认可同性之间的结合。其中又有一些派别则认为同性恋和双性恋是人类正常性欲的展现。

俄勒冈州的瑞秋和罗拉是一对女同志，2013年的秋天，她们在波特兰市举办的一个展会上，试吃了玛丽莎蛋糕店的蛋糕后非常满意，当即表示在结婚时定做这家店的蛋糕。当蛋糕店老板克莱恩和他的妻子梅丽萨知道她们是一对同志情侣后一口回绝。克莱恩夫妇声称，他们是虔诚的基督教徒，反对同性婚姻，所以不能给这对同性情侣制作结婚蛋糕。

俄勒冈州在2007年颁布的一项法律保护男女同性恋、双性恋和变性人的权利，禁止任何机构因性取向、种族、性别、残障、年龄或宗教信仰而提供差别待遇或拒绝服务。这对女同志于是在2013年8月向俄勒冈州劳工局投诉，控告克莱恩夫妇侵犯她们的权利。劳工局在2015年6月做出裁决，指称克莱恩夫妇因性取向而违反妇女民权，使这对同志伴侣的心理和情绪受到伤害，责令克莱恩夫妇向她们赔偿13.5万美元。

劳工局的裁决公布以后，克莱恩夫妇在脸书上贴文，表示将要对裁决奋战到底。到了2015年12月28日，这对夫妇还对赔偿损失的命令表示蔑视，说将要对这一裁决提出上诉。但两天后，克莱恩夫妇开出了包括利息在内的13.693万美元的支票。

大概是考虑到上诉的胜算不大，而且可能前路漫漫，克莱恩夫妇最后选择了“认栽”。

2015年12月16日，美国第一个同性恋者成功对抗宗教机构的司法判例在马萨诸塞州出现。这成为美国同性恋婚姻合法化之后，宗教团体不得不面对的一个严峻现实。

45岁的巴瑞特在2013年应聘马萨诸塞州米尔顿镇芳邦女子中学的餐饮部主任。应聘获得通过后，他在紧急联系电话中写上了他“丈夫”的姓名。但是两天以后，学校撤销了录用他的决定。因为他是一个同性恋者。

这所创建于1954年的私立罗马天主教大学预备高中，坐落在距离波士顿市区大约13千米的地方。校长巴恩丝告诉巴瑞特，学校不雇佣他，是因为他的同性恋身份与这所天主教教会学校所秉持的天主教教义以及学校所承继的教育理念不相一致。

巴瑞特于是起诉芳邦女子中学，控告这所学校因他的性取向而对他采取歧视行动。

校方辩称，巴瑞特的婚姻状况与学校的宗教使命相违背，假若强制要求雇佣巴瑞特，就违反了信仰自由的宪法权利，作为宗教组织，享有反歧视法之下的豁免权。

法官认为，芳邦女子中学有权限制从事教育和宣导工作的宗教教员、行政人员及传教士，也有权限制会员参与其宗教信仰组织，身为教会学校，有权维持自身使命与教学宗旨。但是学生和其他跟宣导教育无关的人员，特别是像勤务餐饮工作人员应该开放给任何信仰的民众。法庭最后判决同性恋者巴瑞特胜诉。

此项判决一出，就遭到马萨诸塞州天主教行动联盟的抨击，认为这是对信仰自由的正面攻击，把同性恋的权利放在了宪法第一修正案之上。

针对LGBT自由权利对宗教自由权利的冒犯，2016年4月5日，密西西比州正式签署了HB1523法案，主要内容为，私人机构以宗教自由的名义，可以拒绝为“以他们不赞同的方式生活之人”提供服务。这被认为是一个“合法歧视”LGBT多元性别族群的法案。与此同时，乔治亚州也通过决议：企业、政府、个人可以以宗教信仰和言论自由的理由，表达对LGBT多元性别族群的歧视意见。

“厕所平权”的纠葛

“厕所平权”是LGBT多元性别族群与大多数性取向正常人群之间引发争议的又一议题。

2015年4月8日，白宫增设了中性厕所，也叫无性别厕所。中性厕所为那些认为符合自己性别身份的男性、女性以及其他性别者使用，避免这一部分人如厕时的尴尬。这是奥巴马政府出台反性别歧视行政令之后的一个举措。8月18日，白宫正式宣布28岁的变性人弗里德曼·葛斯潘出任总统人事办公室负责招聘事务的主管。

纽约市议会早在2002年就通过了一部跨性别权利法案。不过仍嫌不到位，纽约市人权委员会再接再厉，依据“纽约市人权法”在2015年12

月21日推出了更强的执法指南。纽约市人权委员会认为，近年来性别认同的歧视事件越来越多，纽约有众多跨性别人士，其中75%在职场上有过被骚扰或碰到不当对待的遭遇，所以不改革是不行的。新规定的内容有，店家不得强制变性者和跨性别者依照性别使用各种设施，违者最高可处25万美元的罚款。比如一个健身房，你不能让一个女跨男者还使用女更衣室；再比如一家饭馆，你不能让一个男跨女者还使用男厕所。从今往后，跨性别者可自己决定选择进入自身认同的男性或女性厕所。另外还有，雇主不得强制要求员工必须穿裙子或化妆，因为“她”可能是男的；也不得强行禁止男性留长发，因为“他”可能是女的。即使是称呼，如“他”“她”“先生”“女士”，也必须遵照其个人意愿。一个男人让你称“她”为女士，一个女人让你称“他”为先生，你就得顺着来，不能故意冒犯，更不能取笑嘲弄。

但是这样使用厕所，性犯罪者就有了可乘之机，可能伺机混入女性或男性领地作案。但支持者认为，犯罪情形只是少数，而性别认同未定人士和变性人受到的歧视与日俱增，保护他们和她们的人权才是当务之急。

北卡罗来纳州议会则坚决反对“厕所平权”，为了保护女性和儿童的安全，在2016年3月否决了北卡罗来纳州最大城市夏洛特允许民众依照自己的性别认同使用厕所的法案，要求学童如厕时必须使用符合生理性别的厕所。

2016年5月13日，奥巴马政府的教育部和司法部又对全美公立学校发出了一道“厕所行政令”，明确规定：学校可以按照学生选择的性别认同对待他们，既不需要学生事先做出医学诊断，也不需要拿出出生证或其他文件，跨性别者有权选择符合他们性别认同的厕所。这项行政命令还暗藏着威胁，就是若不照办，这些公立学校有可能丧失联邦政府的资助。

北卡罗来纳州长麦克罗伊也毫不示弱，指责华盛顿正在“扮演恶棍角色，试图定义性别认同，但实际上性别认同没有清晰的定义”。

德克萨斯州检察长帕斯顿的口气则更加强硬。他说：一定要对联邦政府教育部和司法部的通知提出法律挑战。如果奥巴马总统认为，他能霸凌德州学校，让男生上女厕所，他就要准备面临另一场法律诉讼。

2016年12月，共和党籍的州长麦克罗伊签署法律，要求人们在选择使用公共厕所或更衣室这些公共设施时，要按照自己出生证显示的性别、而不是他们自己认为的性别。麦克罗伊称，这对在公共厕所保护隐私并防范男性利用女厕窥视和袭击妇女是有必要的。

奥巴马政府就这个厕所法案对北卡罗来纳州提起诉讼，认为这个法律违反了美国联邦的反歧视法。司法部长林奇说，北卡罗来纳州的法律让她想起黑人被禁止进入公共设施以及各州决定什么人可以结婚的那个年代。

非法移民的“乱象”

州政府挑战总统移民改革

2015年3月，一位名叫陈莉莉的福建女子被移民与海关执法局递解出境。上了飞机以后，绝望的她把机上的一整瓶洗手液喝了个精光。机组人员只得通知地面将她送到医院就医，暂时躲过被遣返的命运。在移民监狱呆了快有一年，奥巴马的移民改革行政令还在“冻结”状态。2016年2月，陈莉莉和丈夫、孩子在机场哭得伤心欲绝，随后被遣返回国。陈莉莉即使能够再次入境，正常情况下也得在10年以后。

2004年，18岁的陈莉莉从福建长乐动身，历经长途跋涉偷渡进入美国。由于她没有合法签证，刚一入境即被移民与海关执法局逮捕送入移民监狱。后被亲友保释出来，申请政治庇护但是遭拒，又经上诉同样未获成功，从此身背一道递解令。陈莉莉2007年和现在的丈夫结婚，生下一双儿女。陈莉莉作为绿卡持有者的妻子，两个美国小公民的母亲，奥巴马的移民行政令本来像一束阳光顷刻照亮了他们的天地，谁知世事难料，命运多舛。

奥巴马在2014年11月20日宣布了新的移民改革重大举措，其中最具争议的内容是暂缓遣返没有合法身份的移民。奥巴马的“幼年入境暂缓遣返”和“美国人父母暂缓遣返”这两项内容，针对的对象是那些幼年时非法进入美国的非法移民，和孩子出生在美国而本人没有犯罪记录的非法移民，允许他们留美三年，给予他们工作许可。虽然并不是大赦，只是让数以万计的家庭暂时安稳一段时间，但这个消息仍然让他们欢呼雀跃。移民行政令如果实施，将会使大约500万无证移民受惠，其中约有9万华人可以暂时免除后顾之忧。

然而这些非法移民的好梦很快就破灭了。奥巴马政府的政令刚出白宫，就遭到很多州政府的反对，一马当先冲上前去抵挡的是德克萨斯州州长艾伯特和州检察长帕斯顿。

反对奥巴马移民行政命令的人士认为，当许许多多人按照正常程序经年累月排队等待移民签证时，暂缓遣返的行政命令对守法的人不但不公平，而且在客观上变成对非法移民的一种鼓励。有人认为，不适当的移民政策将会给国际偷渡集团提供宣传鼓动效应。

偷渡客之所以能够成功踏上美国土地，是有效地利用了美国两条法律的漏洞：一是与美国接壤的国家的偷渡客一律直接遣返，如墨西哥人偷渡入美，可当即拒之于国门之外，但是像从萨尔瓦多、危地马拉甚至中国这些不与美国接壤的国家偷渡过来的人，不会被直接遣返，而是要走法律程序，陈莉莉就是如此。二是“保护人口走私与暴力受害人”的法律。这项法律的用意旨在保护被人口贩子走私带入美国的小偷渡客，和那些遭人蛇所逼的性奴及童工，它允许没有大人陪伴的小偷渡客留在美国。

2014年10月，大批无人陪伴的儿童穿越墨西哥和美国边界进入美国，而2015年10月将近5000名儿童穿越国境时被抓获，几乎是上年同一时期的两倍。德州边境一半濒临墨西哥湾，一半与墨西哥接壤。这些未成年非法移民有四分之三来自萨尔瓦多、洪都拉斯及危地马拉，为了逃避本国的暴力浪潮和经济困难，他们跋涉几百里从墨西哥边境进入美国。当时美国国防部已同意借用三座军事基地处理和安置未成年偷渡客。奥巴马和国会领袖都宣称已经形成严重的人道危机。这一切也给德州带来空前的压力。

包括德克萨斯州州长艾伯特和州检察长帕斯顿在内，有25个州的州长与检察长对奥巴马政府提出控告，指控奥巴马此项暂缓遣返非法移民的行政命令违宪。

2015年2月16日，德州布朗斯维尔联邦地区法院法官哈宁，认为奥巴马政府没有遵循改变联邦规定所需的程序，对德州和其他25个州提起的诉讼做出了裁决：无限期推迟奥巴马总统这项移民改革的行政命令。

成了被告的奥巴马政府不服，白宫在5月20日宣布对这项裁决提起上诉。

2015年5月26日，新奥尔良的联邦第五巡回上诉法院的合议庭，三位法官中两票支持一票反对，维持了德州布朗斯维尔的联邦地区法官哈宁所做的裁决，否决了奥巴马政府的申诉请求，继续禁止总统移民行政令的实施。

司法部于是向联邦最高法院提出紧急上诉。2016年4月下旬联邦最高法院举行听证会。由于2015年2月大法官斯卡利亚去世，这个案子将由八名大法官来裁决。6月23日，联邦最高法院的裁决形成了4：4的僵局。僵局出现，也就无法否定第五巡回法庭的裁决，奥巴马移民改革行政令无法推行，形同破产。

在2016年1月，美国联邦政府已经开始逮捕和遣返非法移民。此次遣返的对象主要是三种人：2014年起从美国与墨西哥边境偷渡入境者；不符合难民资格者；已经在移民法庭做出裁决勒令离境的成年人和儿童。这样，身背递解令的陈莉莉自然就在劫难逃。

背井离乡的偷渡大军

无证移民即非法移民。无证移民只是一个中性的称呼。他们的入境方式，一是通过各种非法途径，如从墨西哥陆地边界或海上渡船偷渡入境。在美国，这类非法移民的数额非常庞大，其中最多的是讲西班牙语的拉美裔。二是通过合法途径，如持旅游签证、留学签证进入美国，当申请居留的目的无法达到，签证到期也不再返回母国，于是身份“黑掉”。曾有意志决绝者，进入美国即毅然撕毁本国护照，以避免即使被发现也难以核实身份实行遣返。

美国实行出生公民权制度，无论什么人，只要孩子在美国境内出生，这个孩子就天然地拥有美国国籍。这对偷渡者有无穷的吸引力。

根据美国民调机构皮尤研究中心的报告，按出生国家作为统计基准，现在美国的无证移民人数最多的分别为墨西哥、萨尔瓦多、危地马拉、印度、洪都拉斯、中国、菲律宾、韩国、多米尼加及哥伦比亚。其中的中美洲国家曾经是西班牙的殖民地，西班牙语是他们的官方语言。当他们来到美国，生活在拉美裔聚居区，不会给他们的生活带来太多困难。西班牙语是美国继英语之后被广泛使用的第二大语言，使用人数比汉语、法语、韩语、意大利语的人数总和还要多，据统计有4500万拉美裔美国人将西班牙语作为第一或第二语言使用。大部分联邦政府机关在使用英语的同时，还提供西班牙语的网站与文件。加利福尼亚州已有立法，要求法律文件表格要有英语和西班牙语两种语言。

中国的非法移民又以福建人居多。

福建人背井离乡去往海外似乎是一种传统，在长乐、连江、福清这些侨乡，几乎家家户户都有海外关系。据称这一带如果一个人没有国外的亲戚，自己都不好意思说自己是福州人。位于闽江口北岸的亭江镇，属于福州市马尾区，仅此一镇，海外华人就有2.4万多人，其中95%以上的家庭都有人生活在美国。被称为“蛇头之母”“偷渡皇后”的郑翠萍就是亭江镇盛美村人。盛美村有“中国偷渡第一村”之称。在亭江镇，据称有90%的人是通过郑翠萍的网络偷渡来美的。

1993年6月，一艘叫做“金色冒险号”的货轮搁浅在纽约市皇后区的洛克威海滩。当时气温低下，海水冰冷，286名偷渡者陆续跳进刺骨的海水，奋力游向岸边。美国海岸警卫队发现后立刻实施抓捕。随后查明，有10人溺水死亡，6人逃脱，其余偷渡者全部落网。这起震惊全美的“金色冒险号”抢滩事件，在警方的调查中多项证据指向郑翠萍。2000年郑翠萍在香港被捕，两年后引渡至美国。郑翠萍在十多年间，帮助3000多偷渡客进入美国，收取的偷渡费有4000多万美元，到了1990年代，她的偷渡人头费涨至每人四万美元。法官在宣判前曾说："你没有被诬陷，你把中国人对美国的渴望变成了牟利的工具。"2005年，法庭指控郑翠萍犯有人口走私、非法洗钱、绑架三项罪名，判处35年监禁。

当法院宣判的消息传到她的老家时，许多村民表示，他们宁可每人替代"萍姐"坐牢一段时间。据称郑翠萍也帮助施舍过一些人，所以她还有一个称号是"福建移民的活菩萨"。

福建人偷渡来美国，人数最多的时间是在1980年代至1990年代，爆发性增长的时间是在1992年至1993年。仅1993年这一年，就有两万多福建人偷渡来到美国。美国到底有多少福建人，没有精确的统计，但在整个纽约州，估计有50万福建人。有人戏谑地说，美国在原有的50州之外又多一个州叫福州。

2014年5月，年届65岁的郑翠萍客死狱中，当23日出殡时，160辆黑色林肯轿车绕行纽约唐人街，街道两旁人头攒动，统一着装的福建华人每隔一段就奏响哀乐，包括美国福建同乡会的头面人物在内，纽约1000多福建人来为她送行。很多通过她来到美国的福建人，站稳了脚跟，建立了家业，光耀了门楣，无不对她感恩戴德。

非法移民与政党主张

非法移民问题与政党主张有很大的关系。在1986年，拉美裔选民的投票只在加利福尼亚、纽约、新泽西、佛罗里达、德克萨斯、伊利诺伊这少数几个州有影响，而现在则成为每个州的优先问题。1984年总统选举中只有3%的选民为拉美裔，到了2012年占了投票人数的10%。这部分不断增长的人口更倾向于对非法移民持宽容态度的民主党，这被认为是2012年民主党总统奥巴马再度当选的一个重要因素。奥巴马2014年的移民改革，也是他履行竞选承诺的一部分。

特朗普在角逐2016年总统职位时则反其道而行之。他在竞选中发誓，如果他当选总统，就要墨西哥出钱，在美国与墨西哥边界修建一道防护墙以阻止墨西哥人偷渡美国。至于墨西哥凭什么替美国出钱修墙，特朗普并没有公布答案。他在一次演讲中称墨西哥送来的不是第一流的人，都是毒贩和强奸犯。特朗普声称要改革美国的移民制度，终止“出生公民权”，递解在美所有无证移民。他说“出生公民权对非法移民仍是最大的磁石”。他还呼吁将移民与海关执法局人员增加三倍，同全国所有警察局合作，调查团伙，找到无证移民。他说：“申请进入美国的人，进来之前应当被要求保证能支付自己的住房、医疗和其他需要。”特朗普的态度代表了一部分反对非法移民的保守派人士的主张。这部分人认为，非法移民占取过多的社会资源，却没有为这个国家贡献什么。

美国国土安全部在2015年初曾经有个预测，美国的非法移民数量大约在1130万至1200万之间。

哈佛大学教授乔治·博尔哈斯曾经研究移民政策对美国社会带来的影响，并由此得出初步结论：男性非法移民比本土男性公民更愿意工作；男性非法移民的用工缺口在过去的20年急剧扩大，到2014年，一个男性非法移民被雇用的可能性比本土男性公民高出约12个百分点；非法移民劳动力对工资的敏感度低于就业人口中的其他群体。

根据移民维权组织“美国行动论坛”的研究数据，如果遣返全部无证移民，美国未来十年需要支出4000亿到6000亿美元，经济增长将损失1.6兆美元。

人道关怀与非法移民

这样一个庞大的无证移民群体被称为非法，但绝大多数又堂而皇之生活在这片土地上，虽然有少数被遣返，但生儿育女并落地生根的又是多数。这种奇异的状况，既与美国对非法移民的人道关怀有关，也与不同的州由于经济发展需要，对非法移民所持的态度、对非法移民制定的法规有很大的关系。

2014年6月7日下午3点，一个50多岁的华人男子在纽约布鲁克林区急匆匆地赶路。因走得太快，男子一不小心摔了一跤。可能是摔得太重，他倒在地上，一直无法起身。路人见状拨打了急救电话，不一会儿一辆救护车就赶了过来。救护人员下来，抬下救护床要抬这个男子上去。男子虽然脸色蜡黄，神色痛苦，眼睛半睁半闭，却连连摆手，一再声称我很好，没事。他虽然一直这么说，用胳膊使劲撑着要坐起来，却都没有成功，最终依然躺在路边。救护人员于是让另一华人给他翻译，说根据纽约法律规定，如果你无法自己起身，我们必须送你去医院。听了这话，男子大概是用尽浑身的力气要站起来，却又一次倒在了地上。救护人员也就不再与他理论，几人上前，把他抬上救护床，上了救护车。

在车上，该男子休息了十多分钟，约略好转便要求下车。当男子勉强能够站起来，似乎也可慢慢走动，一再坚持离开，救护人员只好让他下车，随后他就很艰难地蹒跚着一步一步离去。

这名男子大概并不了解，即使是非法移民，在美国也享有一定的权益。美国虽然在1996年社会福利法改革以后，非法移民在福利方面受到限制，但是像这种突发疾病需要急诊，你甚至不需要告诉对方自己的真实身份。如果对方一定要问，你只需要告诉他们：自己是不合乎资格的移民，也会得到无条件救治。不管有没有钱，任何医院不得拒绝提供服务，治疗后确实没钱，也是由政府买单。

由于很多非法移民承担着高强度、高风险的工作，而且面临不良雇主的欺凌与盘剥，很多人为了谋生，选择在治安恶劣的区域工作，遭受暴徒的抢劫殴打也多半忍气吞声，使犯罪分子气焰嚣张、无所顾忌。为了保护非法移民的人身权利，使他们在遭受攻击和人身伤害时能够勇敢地站出来指证犯罪，保护自己的权益，美国国会在2000年通过了一项名为U签证项目的法规。U签证项目规定，当非法移民遭受犯罪嫌疑人的严重攻击，若能协助执法部门破案，即可申请U签证，和家人一起在美合法居留工作，并进而取得绿卡。

此项签证的具体条件，一是必须是以下犯罪的受害者，如绑架、偷渡、贩运人口、勒索、抢劫、家庭暴力、非法禁锢、重罪攻击、劫持、谋杀、卖淫、强奸、性攻击、性剥削、贩卖性奴隶、酷刑、干扰证人、妨碍司法等；二是受到严重的身体和精神伤害；三是能够提供线索帮助破案，并从警方那里获得一份有签字的证明信。

2016年1月14日，纽约州长库默在发表州情咨文时宣布，要求所有州政府机构向罪案受害者中的非法移民发放办理U签证所需的证明书。不仅如此，库默还将U签证的证明扩大到了在薪资方面遭受黑心雇主盘剥的人群。这将使更多的劳工获得保护自己权益的机会，甚至拿到合法身份。纽约州因此成为全国第二个在全州范围鼓励政府部门发放U签证证明书的州。

在2014年度，全美国提出这项申请的人就达到2.6万多人，但是U签证每年只有一万个名额，排期已经排到2020年。当然，在等待移民局面谈期间，可以合法留在美国工作和生活，不用担心被遣返。对此移民维权人士呼吁国会扩大签证名额，以免除他们过长的等待时间。

善待非法移民的州

加利福尼亚州被称为非法移民的天堂。非法移民在这里享有的权益已经接近于合法居民。如非法移民可以就读公立学校，领取学校发放的奖助学金；在州内大多数地区（包括人口最多的洛杉矶县）低收入者可以免费就医，享受若干社会福利；雇主在招人时，不得因语言或居留身份而歧视他们；并给小偷渡客提供法律援助。加州州长布朗在2015年6月和州议会领袖达成预算协议，将首度在全州范围内给低收入家庭18岁以下的小偷渡客提供免费医疗，随即全面开始实施。这让移民团体倍感振奋，期盼这是迈向加州非法移民全面健康保险的前奏。

加州自2015年1月放开非法移民申请汽车驾照以来，到9月份已经发放了50万张，预计在未来3年内将发放140万张。这项法规的实施目的是给予非法移民更多的生活便利。2015年8月10日，加州州长又签署新法律，让加州劳工法删除“外国人”字眼，以免除对非法移民的另眼看待。

纽约州也是对非法移民非常友善的一个州。

2014年底，在纽约地铁车厢里会看到一个以华人为形象的中文宣传广告，画面上是一个年约50岁的妇女，神情无助、若有所思。上面用汉字书写：“您正在寻找值得信赖的移民协助吗？我们随时为您提供帮助。请拨打纽约州新美国人热线，以获得免费且保密隐私的移民信息，并得到转介给能够提供进一步帮助的机构的服务，且帮助你举报移民诈骗。”

曾有很多移民服务机构，不具律师资格却越俎代庖，专门针对本族裔人群，抓住非法移民不懂美国法律、唯恐递解出境的心理虚张声势进行恐吓，冒充移民律师收取费用，信口开河承诺获取绿卡或永久居民资格，贩卖本来免费的移民表格，导致这些人失去可能移民的重要机会。针对这些层出不穷的移民诈骗事件，纽约州长库默在2014年8月签署通过了《移民辅导服务执行法案》，强制要求移民服务社不得提供法律相关服务，必须以书面形式向上门顾客说明服务内容和退费条款，并增列了一项轻罪、一项重罪的两项相关刑责，表示对移民欺诈严惩不贷。在全面加强新法宣传的同时，政府提供包括中文在内的多语言咨询以及“新美国人”办公室的投诉服务热线，同时协助地方上的非营利移民机构成为州政府认证的机构，用以打击移民欺诈，保护非法移民的权益。

纽约市在2015年1月12日起开始了市民卡的申请。6月份联合国秘书长潘基文也申请了一张市民卡，以表明对这个项目的支持态度。这个项目为纽约市的非法移民和其他没有身份证件的人提供身份证明。14岁以上的人提供三项身份证明文件和一项纽约居住证明即可申请有效期为5年的市民卡。凭借市民卡，持卡人可以在33个主要的博物馆、音乐厅、动物园和植物园获得一年的免费会员资格（在2015年12月31日前登记的），可以取支票、签合约，并可作为进入政府机构、公共设施以及与警员打交道的证件。

这张市民卡同时也是一张借书卡，可以进入纽约任一公共图书馆借阅图书。

这里暂时离开主题，说一说美国的图书馆。

美国几乎所有的城市，在住家距离不太远的地方都有一个图书馆。它像银行、超市一样成为生活的必需设施。

美国所有的公立图书馆都向民众免费开放，无论本国人还是外国人，当然也包括非法移民。图书馆除了逾期不还会被罚款，看书、借书都不需要任何费用。图书馆约80%的经费由联邦政府、州政府和当地政府支付，此外还有部分社会捐助。政府在这方面从来不吝投入，怕的只是民众不读书不学习。

如果要在纽约市皇后区的图书馆办一张借阅卡，出示有头像的证件即可。借阅卡的有效期为五年，可以在皇后区的任意一个图书馆借书。办了借阅卡，工作人员会给你一张专门为读者制作的图书馆分布图，上面清楚地标明每个图书馆的名称、具体地址、联系电话、有无WiFi、有无残疾人特殊服务、有哪几趟公共汽车和哪一条地铁通过。整个皇后区陆地面积是300平方千米，共有63个图书馆，也就是说每4.76平方千米就有一个图书馆。

图书馆的借阅制度极具人性化。在这家图书馆借阅，可以在区内任意一家归还。区内所有的图书可以互相借阅互相流通，只要在网上选中了某一本书，可以到离你家最近的图书馆来取，因为每天有流通车往返交流图书资源。如果想要借的书还在读者手里，就登记下来，只要你是第一个登记人，书到了以后会有邮件通知你，这本书就给你留着。如果还书的时间到了却遇上大雨或大雪不能来，可以在网上申请延迟归还。所有借阅和归还的操作都是电子化自动处理。借出时把书放在感应板上，只需数秒钟就可完成。还书是24小时服务，比银行的自动取款机还要方便，只要把要归还的书放在收纳书籍的窗口，几秒钟即告完成。

图书馆最大的特色是充分照顾到本居住区不同族裔的需求。在拉美裔聚居区，提供西班牙文图书。在韩裔、日裔区域，提供韩文、日文书籍。位于华人聚居区的法拉盛，馆藏书籍约40万册，其中约10万册为中文读物，另有250种中文电子书。皇后区图书馆总馆和另外31个社区图书馆也都拥有中文书籍、杂志、报纸及音乐、电影、连续剧的光碟。整个皇后区图书馆网站有超过800种的中文电子期刊，内容涵盖时事政治、工商管理、文学艺术、医学健康、家庭生活各个方面。

总会有一些人粗心大意忘记按时还书而招致罚款。纽约皇后区的图书馆推出了一个“读掉你的罚款”的项目，专门针对21岁以下的青少年，在规定的时间用规定的读物陪同幼童阅读，或者是念给幼童听，这样每阅读半小时，就可以获得一美元的收据，用来抵消自己的罚款。

图书馆同时也是一个文化活动中心和信息交流场所。这里有免费的英语学习班、新移民服务、文化讲座、社区信息发布以及在报税季的免费报税服务。在各个图书馆，每当免费的英语培训课开班，就会有很多人早早来到这里在排队报名，唯恐贻误良机。

据美国图书馆协会统计，美国每一万人就拥有一家公共图书馆，这个数字是中国人均拥有量的46倍。大约62%的美国公民拥有自己的图书馆借书证，全美平均一年光顾公共图书馆的人次达十亿多。

图书馆是美国人享受时光的一个好去处，常常一家人乘兴而来，寻找到自己心仪的读物，便陶醉在独自的世界。图书馆里既有青少年，也有步履蹒跚的老人，还有坐在轮椅上的残疾人。在旧金山市，有26座图书馆专门为有视力和听力障碍人士设置了专门的学习区域。

美国的图书馆文化，应该说是这个国家最美的一道风景。

州犹如一个独立的国

有一个词语叫做全国一盘棋，是指全国各地及各部门在中央机构的统一领导下，合理布局、互相配合、顾全大体、协调一致的情形。

与此相比，美国的移民政策显然是各州在自说自话，各自在下各自的棋。

美国属于联邦制国家，每个州具有很大的权力。美国是先有各州，后有联邦，联邦政府的权力看起来是由宪法赋予的，实质上是由地方赋予的。而地方的权力却不是由联邦政府赋予，而是地方在立宪时保留的。当联邦宪法、联邦法律同每个州的宪法、法律相抵触时，州宪法和法律必须服从联邦宪法和联邦法律，但是美国宪法规定，宪法中未明确授予联邦政府、也不禁止各州行使的权力，全部保留给各州行使。这就是所谓的“联邦列举、各州保留”，即联邦政府的权力由宪法明确列举，而没有列举的权力一概由各州保留。这就使得各州拥有相当大的自主权。各州有自己的法律、税收、警察、教育和选举制度，看上去更像是一个独立的国。有些法律在这个州是合法的，到了另外一个州则属于非法。每个州的州长只向下对自己的选民负责，而不向上对总统负责，所以总统也管不了州长。同样，纽约市长也只对选他的纽约市民负责，白思豪不会买纽约州长库默的账。非法移民的福利和待遇等许多问题看上去是各行其是，实际是各州权力范围内的事情。外人看上去纷繁复杂的移民“乱象”，实际皆源于此。

纽约市的市民卡法案，为了让非法移民吃上一颗定心丸，就开明宗义声称：存有申请者资料的数据不与任何第三方共享。直接负责市民卡项目的人力资源管理局局长郑重地声明：除了少数获得授权的人力资源局工作人员之外，任何第三方，哪怕是美国联邦政府，均无权调阅持卡人信息及申请资料，除非获得人力资源局总理事会和局长的书面同意。市长白思豪也多次保证，市政府一定会在两年内销毁持卡人的申请资料，以消除无证移民的后顾之忧。后来白思豪再次表示：如果特朗普政府想要取用这个数据库，他们应该会遇到顽强的抵抗。

美国的刑事法庭都有免费公派律师，但移民法庭却没有。许多面临遣返的非法移民因为请不起律师，在法庭上赢得官司的概率仅3%。由于遣返，一些已经在美生活了十多年并已经结婚生子的家庭面临离散的局面。针对这种情况，纽约市政府在2014年对下一年度的财政预算划拨出490万美元，专门用于无证移民的免费公派律师辩护，以此来维护无证移民的权益，提高无证移民赢得官司的概率。纽约市此举，首开移民法庭也有免费公派律师的先河。

2016年5至6月间，美国移民与海关执法局计划对非法移民展开新的执法行动。纽约市长白思豪提醒非法移民，在遭遇突击执法时可别“闷声认栽”，应当拨打移民机构“我们梦想团结”的热线电话，有权通过市政府和移民机构提供的法律援助服务获得帮助。白思豪说：“移民为了寻求更安稳的生活从他们的国家来到美国、来到纽约扎根，移民与海关执法局将非法移民递解出境的行动令人气愤。”白思豪明确表示，纽约市政府将竭尽全力为所有移民提供安全和有保障的生活与工作环境，不会参与到对他们的突击执法行动中去。

流浪汉——城市文明的痼疾

外交官的诧异

说到旧金山，人们自然会想到橘色的金门大桥，高耸的桥墩拉起琴弦一般耀眼的钢索；也会想到三面环水的海湾，在蓝天碧海中彼此呼应缓缓移动的云朵和白帆；还有热闹的渔人码头、张扬人文情怀的艺术宫和博物馆。

2015年8月，一辆小轿车刚刚在一个十字路口停稳，一根三层楼高的红绿灯信号灯柱轰然倒下，压在这辆轿车的车头。事后检查倒下的原因，除了老旧和上面电线过重，主要原因是柱子的根部长期受到尿液腐蚀。有关部门只得紧急检查了一万多个灯柱，看还有没有危险存在。

旧金山与随地大小便的行为已经斗争了许多年。有报道说，在2014年旧金山公共工程部的工作人员在大街小巷共收集了超过一万多处人的粪便，高压冲洗了765处顽固尿渍，并按以上数据绘制了一幅旧金山的屎尿分布图。

这些污秽遗迹，就是流浪汉的“杰作”。

根据美国住房和城市发展部的统计，2014年50岁以上的街头流浪汉为30.6万名，占全国无家可归人口的31%。

纽约曼哈顿的第五大道，其商业零售场所的租金之昂贵位居全球之冠，这里汇聚了路易威登、古驰、香奈儿、爱马仕、普拉达、芬迪、迪奥、蔻驰等世界顶级的奢侈品牌。当华灯初上，璀璨的城市夜景和那些衣衫褴褛或坐或躺的流浪汉形成鲜明的对比。

冈比亚在全球194个经济体中排名第182。这个贫穷的非洲国家刚刚到任的外交官，看到游荡在联合国大厦外面的流浪汉时非常不解，他说美国是世界上最富有的一个国家，纽约也是美国最富有的一个城市，搞不明白流浪汉比冈比亚还要多。

西非国家科特迪瓦由于政治腐败、国内骚乱以及2002—2011年间的内战，使得国民经济一蹶不振，贫困率超过40%。当这个国家的新任外交官看到那些躺在长凳上晒太阳的流浪汉时也是无不震惊，说："我一直认为美国是天堂。我不明白纽约也有人流落街头。"

彭博的形象描述

无家可归者，在美国几乎等同于没有住房、而经济上又无法自给自足的人。无家可归的原因很多，有的是家人去世失去经济支柱，有的是遇上官司房子被拍卖，有的是从监狱出来一无所长又一无所有，有的是有工作却负担不起房屋租金。无家可归者中，包括一些庇护所容纳不了、只得流落街头的人，还包括很多有庇护所但不去住、宁愿露宿街头的流浪汉。流浪汉中还有一些乞讨者，但乞讨者并不都是无家可归的人。在接下来的叙述中，把那些无家可归但是住在庇护所的人称为游民，以便和流浪汉相区别。

根据2015年的数据，旧金山无家可归者人数以每年2%的速度增长。旧金山是全美第十三大城市，但人口密度居全美第二高，仅次于纽约市。在2015年，这座84万人口的城市有6800名无家可归者。旧金山市政府每年用于资助无家可归者的经费达两亿美元。

加利福尼亚州圣克拉拉县位于旧金山湾区的南部，为硅谷所在地，境内有苹果、谷歌、惠普、IBM、脸书、雅虎等著名高科技公司，约有178万人居住于此，平均每户年收入的中位数为7.4万多美元，远高于美国平均水平。

2014美国国会年度游民报告的数据显示，圣克拉拉县有7567名无家可归者，这一数据在全美排名第七。2015年5月26日，一项名为“何处为家：硅谷游民成本”的研究结果显示，6年来圣克拉拉县用于游民各项服务的费用超过30亿美元。这些费用包括急诊室费用、监狱生活费以及精神健康治疗费等，救助这些人的费用平均每人每年8.3万美元。

2013年是彭博市长在任的最后一年，游民庇护所的费用预算为8.19亿美元，而他上任时的2002年仅为5.4亿美元。但游民权益人士仍然抨击政府做得不够。游民家庭从庇护所等候离开，到搬入固定住址，从2010年的平均325天，到2013年增至443天，游民人数从彭博上任时的3.106万人，到2014年3月增至4.858万人。

纽约市长白思豪在2014年上任之前，全市有5.362万名无家可归者，到他上任一年的2014年12月，增至5.907万名。2015年9月，纽约市主计长斯静格在撰文谈解决无家可归者的住宿问题不能靠多建永久庇护所、而应提供更多平价屋这一问题时写道：“仍有5.6万个纽约市民在游民庇护所度过昨夜，其中更有2.3万个即将开学的孩童。”根据2015年10月15日纽约市独立预算办公室发布的最新报告，在无家可归者庇护所上的开支，预计新的年度投入资金将近10亿美元。

除了每个州、每个城市给无家可归者提供庇护住所以外，联邦政府的住房和城市发展部资助的庇护所在全国有7500家。这些庇护所都属于非营利性质。其中的家庭庇护所，根据家庭成员人数有一居室、两居室、三居室几种，条件是入住者必须是18岁以上并带有孩子的人，不能吸毒，必须35天至40天内没有犯罪记录，必须有工作。单身汉庇护所一般一个房间有十张床，每个床位配两个衣柜，每人配有电视，但必须戴上耳机（包括任何音频设备），有浴室、洗衣房、餐厅，有捐赠的衣服、书籍等。庇护所里有项目经理，帮助住在这里的人提高业务技能，取得各种技能证书，帮助他们写简历、投送简历，为他们找工作。有很多人把庇护所作为走出人生低谷，独立自主开始新生活的一个重要过渡。

彭博担任纽约市长12年期间，在WOR电台发表过500多次有关市政的周末谈话，基本是每周一次。2013年3月8日在WOR电台谈到游民越来越多的问题时，彭博归咎于两个原因，一个是州政府取消了游民的临时房租补贴计划，另一个是纽约市有一条“来者不拒”的法律。彭博形象地描述说：“你可以乘坐私人飞机抵达肯尼迪机场，然后坐私人豪华汽车直奔庇护所，接着入内，而我们必须要收留你。有关法律的原则就是这样。”

成分复杂的流浪汉

2015年7月，一名来自中国的游客，正站在曼哈顿中城一家酒店的门口，这时走过来一个流浪汉，手里拿着一个宽条木板，忽然不由分说抡起来劈头盖脸就打。这位游客头部受伤出血，鼻梁断裂，紧急送去就医。而这个流浪汉打完人若无其事地离开，随后被警察逮捕。

这个流浪汉已经不是第一次袭击路人了。在过去一年中曾因攻击陌生人被捕过两次。而攻击他人的理由是他感觉这些人挡了他的路让他感到烦。

流浪汉的存在，带来一系列社会问题，包括随地便溺、扰乱治安、贩毒吸毒以及其他轻罪触法等。

流浪汉的背景非常复杂，大多都有难以启齿的经历，包括被判刑入狱、进入精神病院、吸毒、酗酒等。还有一些流浪汉，则热衷于乞讨生涯。

美国的乞讨人群中，看不到孩子，也几乎看不到残疾人，更没有重度残疾躺在街边乞求施舍的乞丐。兴许是受竞选文化的影响，纽约地铁时不时会出现乞讨演说家。当你坐在车厢里摆弄你的手机或是闭目养神，忽然一人慷慨激昂起来，抬头一看，一个嗓门洪亮的壮汉正发表演说。人们见多不怪，大多瞥一眼便继续自己手头的事情，不过这并不影响壮汉继续他的演说。一大段演讲结束之后，壮汉取下头上的帽子充当收钱的钵，从车厢的这头走到车厢的那头，再从那头走到这头。他们从来不会用眼光逼视任何人，更不会在任何人面前停留。愿意给就丢一两美元、两三美元进去，不愿给也不难为你，全凭自觉。往往收款的功夫还没有演说的时间长，给人一种本末倒置、没抓住工作重心的感觉。

在加利福尼亚州沿岸的一些城市，温润的气候与和煦的阳光吸引了不少年轻的乞讨者前去讨生活。他们中的一些人要么守在餐馆附近，要么追随游人，大有一副不给钱就对不起我的架势。这让一个在圣塔芭芭拉市行乞了20多年的流浪汉不但不以为然，而且相当鄙视。他始终只拿一个纸牌，上面写着："有零钱吗？肚子饿，请施舍！"从不强行索要。他认为这种强行乞讨的行为与这个城市的文明水准格格不入，虽然时代变了，但也不能如此超前。

纽约曼哈顿有一名流浪汉，是一位曾经参加过越战的退伍军人。2010年的一天，正走在街上的他忽然被一幢公寓楼上掉下来的空调窗机砸中了脑袋。随后他委托律师，向公寓大楼的业主、大楼的经理以及大楼的保险公司提出2100万美元的诉讼赔偿要求。如果他愿意与被告方达成和解协议，至少可以获得100万美元的赔偿金。可是后来这位流浪汉由于心智出现问题，竟然对这笔钱不感兴趣而愿意继续流浪，这让律师大伤脑筋。

退伍军人的优待

在流浪汉群体中，最为人们所关注的是为数不少的退伍军人。解决退伍军人流浪汉无家可归问题已成为联邦政府的首要任务。根据美国住房和城市发展部的数据，从2014年到2015年，亚利桑那州最大城市菲尼克斯和内华达州人口最多的城市拉斯维加斯，已宣布彻底解决了退伍老兵的无家可归问题。不过这也意味着这个问题在其他城市还有待彻底解决。

2016年5月，在一年一度的退伍军人摩托车大游行集会上，特朗普这样说：美国退伍军人得到的照顾“连欧洲难民都不如”。当时他表示，如果自己当选总统，绝不会容许这种状况继续下去。不过特朗普并没有举出具体的例子来证明他的观点。退伍军人也在期待特朗普当政后能够推出令人振奋的行政举措。

奥巴马在2014年阵亡将士纪念日的总统每周例行讲话中说：在照顾退伍军人方面，美国有“神圣的责任”，美国必须努力工作，保证退伍军人得到他们应得的机会和福利。

一个华裔青年因为家庭经济原因，选择了先当兵、后上大学的道路。他从军之后说，军人在美国普遍受到尊重，他走在路上，经常会有不相识的人向他打招呼：“感谢你报效国家！”

2008年美国国会通过一项法案，为2001年9月11日以后在美军服役三年的退伍军人扩大教育福利，即100%资助退伍军人完成四年制大学教育。如果在军中服务10年以上，还可以将这项福利转移给自己的配偶或一个孩子。即使按照最低要求服役满90天，也可享受40%的教育补助。除此之外，退伍军人读大学每月还享有住房补贴；每年享有购买书籍和文具的津贴1000美元；对取得各种执照和证书的费用，一次性给予最高2000美元的补助；如果就读昂贵的私立大学，还可以申请一项叫做“黄丝带计划”的补助，由所读学校和联邦政府分担费用。

这位在海军服役的华裔说，他服役只要满四年，就终身享有政府提供的医疗保险；如果服役满20年，自己和家属都享有终身医疗保险。

美国在1930年成立退伍军人管理局，1989年升格为美国退伍军人事务部，成为政府的内阁部门，专门为美国退伍军人及家属提供各种福利和服务，如伤残赔偿金、养老金、住房贷款、人寿保险、职业康复、医疗福利和安葬、遗属福利等。

美国退伍军人到退休年龄可以领取军人退休金，在服役中受伤致残可以领取残障福利金。这两项福利本来互不重叠。但由于退伍军人团体在国会的不断游说，认为残障退伍军人有权利领取两项福利，退休金是从军应得的，而残障福利是军中受伤应得的。2004年国会修改了法律，让受伤的退伍军人同时获得两项福利。

美国国会审计调查处在2014年10月30日提交的一份报告中指出，上一年度全美有将近六万名残障退伍军人，除了向美国退伍军人事务部同时领取以上两项福利外，又向社会安全署领取残障福利金，等于是“三吃”福利。本来按照规定，“年所得”达到1.3万美元就不能领取社会残障福利，但是社会安全署的法规并没有将那两项军人福利当作“收入所得”。这种“三吃”福利的做法虽不违法，但是政府的残障福利计划受到沉重的支付压力。因为残障退伍军人在2013年度“三吃”福利，国库为此耗资35亿美元，其中有2200人一年获得10万至15万美元，有101人一年获得15万美元以上。

流浪汉的权利

2015年9月23日，旧金山市市长李孟贤视察游民服务计划“游民连接”项目，表示随着“超级碗”即将到来，年底将会有500户新屋完工供使用，但仍然无法满足旧金山6800名游民的需求。

第50届超级碗于2016年2月7日在旧金山湾区圣克拉拉的李维斯球场进行。超级碗是美国国家橄榄球联盟的年度冠军赛，这一天称为“超级碗星期天”，又被海外华人称作中国的“春晚”。这一天对美国人有多重要，看一组数据就可知晓：美国历史上收视率最高的十个电视节目，其中九个是超级碗；单张门票均价高达5020美元；30秒的商业广告费用高达500万美元；观看超级碗的观众人数几乎与美国总统大选中投票的人数相当；全球171个国家和地区使用23种不同的语言对超级碗进行直播；超级碗当天，美国人在食物上的花费约为5000万美元，单日消耗排名全年第二，仅次于感恩节；作为全球顶级娱乐盛宴，超级碗的中场表演被誉为世界流行音乐的风向标，杰克逊、麦当娜这些巨星都以能献艺超级碗为荣。

如此重大的赛事，有很多活动在旧金山市区展开。但是不久前联邦法院刚刚裁定，执法人员无权驱赶睡在路边的流浪汉，这对市长李孟贤形成严峻的考验。如何解决这个问题？当然只能用以沟通为优先的方式处理。

2015年2月中旬，纽约天气再创酷寒纪录。16日的气温降至华氏三度（摄氏零下16.11度），逼近1888年创纪录的华氏一度。纽约市数千个流浪汉成为社会关切的对象。很多非政府慈善组织行动起来，把社会捐助的棉衣、被子分发给流浪汉。根据市政府的统计，在15日之前，全市的庇护所共接待了六万名游民，但是市政府担心还有约3300名流浪汉露宿街头，可能挨不过酷寒的袭击。负责无家可归者的部门，分派20个小组作为救援人员，在地铁站、桥洞下及各居民区寻找流浪汉，劝说他们去庇护站。但是只有34人听从了劝离，其他人一概要坚守他们原有的地盘，宁肯挨冻，也不愿去受束缚。在分布着众多歌舞剧院的百老汇大街，救援人员在街角遇到一个盖着毛毯的流浪汉，给他送上热的饭菜和饮料，劝说他离开这里，但被他一口拒绝。他身旁放着的一块牌子上写着："我只需要钱和食物。"

救援人员表示，他们不可以强迫流浪汉离开这里，更不能动用其他措施强行驱赶他们，否则他们就犯了绑架罪。只有流浪汉面临威胁，比如昏迷、遭遇生命危险的情形，救援人员才可以强行把他带走。

2016年1月3日，纽约州州长库默签署了一项行政命令，要求全纽约州的流浪汉在气温低于华氏32度（摄氏0度）的恶劣天气之下，不得再露宿街头，应该转移至各市的庇护所。这项行政命令还要求庇护所延长开门时间。库默表示："如果为了保证大家安全、让人们避免受冻而令我遭到起诉，那就顺其自然吧！"

加利福尼亚州的萨利纳斯市为了维护城市形象，准备对宿营在华埠一带的流浪汉进行清理。不料此举遭到流浪汉的抗议，也遭到一些居民的反对。2016年3月22日，当地的一位律师和居民及流浪汉一起聚集在市政大厅前表达不同意见，认为政府提出的清理行动过于迅速，而且没有更为长久的解决方案。一个流浪汉在三天前以绝食表示抗议，仅仅依靠饮料和水维持身体状态。他说如果清理计划继续的话，他会继续抗议下去，而且将选择滴水不沾。但也有很多居民对清理工作表示支持，说他们的宿营关系到这里的安全、卫生和社区服务。市议员克雷格说：关于那些抗议者和流浪汉说的“我们该去哪里”的说法让人很困惑，其实他们有不少选择，市警局的冷天避难所在很多个晚上都有一大半的床位是空着的。

夏威夷州檀香山市原来有一个针对流浪汉的禁令，即禁止民众在一部分公共场所坐卧。由于流浪汉在观光地带搭建帐篷，有的躺在观光河岸烂醉如泥，2015年6月这个禁令的内容又扩大为“任何公众场所”。这个法案虽然遭到市长反对，但在议会仍以6：3的比例通过。市长反对禁令主要是怕政府吃上官司，他说我们希望推行的任何法律，尤其是和民权有关的法律，都要能站得住脚。投了反对票的一名议员也说：万一市政府被控告，输了官司的话还是纳税人买单。

纽约曼哈顿的一名男子一天出来遛狗，一只牛头犬追上来要咬他的小狗。他赶紧把小狗抱起来，那只牛头犬却跳跃起来直扑怀里的目标。情急之下这名男子将小狗高高举起，不料牛头犬一口咬到了男子的后肘部。随着一声惨叫，这只牛头犬的主人——睡在路边的流浪汉这才从梦中惊醒，赶紧跑过来牵走他的猛犬。

这名男子去医院缝了40针，报警后警察弄走了牛头犬。面对男子的不满，警察表示他们不能逮捕流浪汉，除非能够证明流浪汉故意放狗咬人。警察说：“你只能对他提起民事诉讼。”

这名男子很是气愤，说以前这里虽有流浪汉，但都是熟面孔，自从白思豪当了市长，这里的流浪汉越来越多。如果白思豪对游民问题采取正确的措施，哪会出今天这种事？

纽约前市长朱利安尼在2015年9月撰文批评白思豪的政策制造了游民危机。他说：当流浪汉的家人无法帮他解决困难时，政府必须承担起责任，找出他流落街头的原因；如果是付不起房租，应帮他找到栖身之所，并尽快帮他找到工作；如果有酗酒、吸毒或精神失常问题，应敦促寻求政府相关计划的帮助。朱利安尼说：我绝不会给他们露宿街头的权利。

朱利安尼最想表达的意思，应该还是在最后一句话上。不过这样做的风险是惹上官司。市长败诉于民权团体的案例早已不在少数。

角逐留美工作签证

异域谋职的艰难

这些年，前往海外游学的中国莘莘学子已经如过江之鲫。

小程早在读高一时，受到其他踌躇满志准备出国留学的同学影响，也和父母商量决定放弃高考，参加托福考试去美国读书。作为家中的独生子，孩子的理想就是全家人未来的希望。小程的父亲在深圳一家公司做中层管理工作，母亲是政府系统一个普通的公务员。对于他这样的家庭来说，留学费用是一笔庞大的开支。好在他们除了自住房以外，还有早年买下的一套两室一厅的房产。把这套房卖了，留学的费用就有了着落。由于小程准备得晚，没能考到令人称羡的一流大学，最后入读了位于纽约市曼哈顿的佩斯大学，学的是计算机专业。

小程深知对于他这样的家庭而言，留学之路是用父母半辈子的辛苦钱铺就出来的。到了美国，他不能跟那些有钱的中国同学比阔绰，不能像他们那样到了暑期呼朋唤友游山玩水，要么流连于国家公园，要么徜徉在海岸江畔。他深知扎实的学识与将来的职场收入是等号关系。所以四年下来，他的GPA（平均成绩绩点）接近满分。

几年的异域生活，使他对美国这种不依赖社会关系、崇尚个人努力的生存方式产生高度的认同。和绝大多数同学一样，小程毕业后开始找工作。国际学生要合法工作，先要申请毕业实习，简称OPT，OPT核准后取得工卡。国际学生可以借助这一段时间合法居留，通过实习积累工作经验。OPT并不是一种签证类型，而是美国移民局给予的一种就业许可。OPT所给的时间仅为12个月（STEM学位的毕业生则不同）。从拿到工作许可算起，倒计时就开始了。当然也不是到了第12个月的最后一天就得马上卷铺盖离境，出于人性化的考虑，移民局还留有两个月的宽限期。但是如果想要居留下来，必须要在实习期间找到聘用你的雇主，而这个雇主还愿意为你办理H-1B签证。

H-1B签证虽然只是一种临时工作身份，有效期为三年，三年期满后可以续签一次，总共可以在美工作六年，但它是取得绿卡的重要途径。拿到H-1B签证，意味着拿到了申请绿卡的敲门砖。

美国自经历金融危机后，这些年经济复苏强劲，就业率连续几年上升，已经接近金融危机前的水平。但这仅仅是对美国本土学生而言。因为除了理工科，那些与文科相关的企业，大都倚重本土人才，企业一般不会增加不必要的费用聘用国际学生，所以相当多的文科类专业毕业生，找工作在屡屡碰壁之后，干脆改弦易辙，去做些与专业毫不相干的工作（按照OPT的要求，这本来是不允许的），虽然不能对将来回国谋职有什么帮助，但总归可以积累一些经验，多少能给自己的履历添加一些别人无法核实的说辞。有的人虽毕业于名牌大学，但做了一年前台端茶倒水的工作后，最终只得打道回府。

小程找工作可谓一波三折。他一开始应聘，遇到“你是否要求办理H-1B签证”的问题，小程想自己就是冲着H-1B签证来的，应当直接坦率，据实相告。但是每次还没到面试环节，就没有了下文。数次泥牛入海无消息之后，他渐渐悟出点什么。迫于生活开销方面的压力，小程只好改变战术，应聘时不再提H-1B签证的事。遇到用人公司在这个问题上发问，小程也就只好隐藏起自己的真实想法。其实小程渴望知道雇主的意图，可是雇主常常偏就不漏口风。后来的一次应聘是在旧金山，让他感觉是个难得的机遇，那家颇有实力的公司虽然员工不到30人，但凭感觉可以充分施展自己的才华。所以他这次干脆不提签证的事，他愿意直接和本土学生竞争，通过工作实践证明自己的实力，说不定当成为这个公司的重要一员时，他们就会改变主意。在这种想法支配下，他开始工作了，从此像一个上足了发条的闹钟有条不紊、一丝不苟、从不懈怠地运转起来。小程聪颖的天资和拼命三郎的劲头让他很快独当一面。虽然他的工资只是本土员工的一半略多，但他相信天生我材必有用。

大半年很快就过去了，圣诞节结束之后，公司新一年的运营又开始了。一天闲暇，他和老板就一个话题聊得轻松之际，那个暗藏在心底已久的问题便脱口而出了。当时老板手里拿着咖啡正靠在一张办公桌前，听了他的话，把杯子放到桌上，停顿了一会儿说了几句浇灭他全部欲望火焰的话。老板在有些无奈的语调下，用干脆利落的语言做了明白无误的表达："你从来没有提出过H-1B签证申请的事；我们从来没有承诺过要为谁申请H-1B签证；我们也没有替任何人办理H-1B签证申请的打算。"

小程终于理解了找工作这个"难"字的重量。留学生找一份好的工作很困难，而找一份和所学专业对应的好工作更是困难，至于说找到与专业对应而且雇主承诺办理签证的工作那是难上加难。即便雇主承诺办理H-1B的申请，但最终能否在电脑随机抽签中被抽中也只有天知道。

工作签证的变相利用

H-1B签证是美国为引进国外专业技术人员提供的一种工作签证。要申请H-1B，申请人必须先拿到一家美国公司的录用书，由录用你的公司以公司的名义将你的所有材料提交给移民局。按照美国移民局的规定，雇主所提供的职位，必须是美国法律所认可的"特殊专业性工作"，符合"美国公司急需但在其国内又招不到的人才"这一特质。作为美国公司，如果国际学生与本土学生的素质能力相当，公司不会多花费用去为国际学生办理工作签证，何况本土学生的语言表达沟通能力都在国际学生之上。

确有一些美国公司，看准了国际学生迫切需要工作、希望得到办理H-1B签证的允诺但又不敢明说的矛盾心理，往往给他们一个模棱两可、似是而非的答复，让持有实习签证的人卖命工作却并不享有同等的薪资待遇，有的公司甚至不给工资，造成了对留学生的变相利用和恶意压榨。

位于首都华盛顿的美国智库布鲁金斯学会，其资深的政策研究员庐兹，对这种情况表达过类似的看法：许多学生为了H-1B签证可能遭到剥削，雇主刻意隐瞒，在OPT结束后才表明不帮助办理H-1B。庐兹说：目前H-1B的配额是在1990年制定的，现在经济和社会结构已经发生了诸多变化，有必要进行改革。庐兹还表示：美国工作签证优惠STEM留学生，但是非STEM国际学生却占总留学人数的62%，我们过于专注在理工科，可能造成其他职业人才的流失。

STEM四个字母分别代表科学、技术、工程、数学。在国家实力的对比中，获得STEM学位的人数往往成为一项重要的衡量指标。

STEM学位的毕业生12个月的实习期满以后，还可以再延期17个月。从2016年5月10日开始，除了标准12个月的OPT外，STEM学位的毕业生将享有额外24个月的就业实习期，这也意味着享有参加H-1B签证的三次抽签机会。

小程经过反复权衡，再和父母商议，最后毅然决定攻读硕士。这是很多人在找工作遭遇挫折后做出的一种无奈选择。因为H-1B签证抽签，第一轮是在硕士和硕士以上的申请人中抽取，如果在高学历名额中没被抽中，第二轮会放到学士申请人的常规名额中再抽一次，这样抽中的概率大大增加。尤为重要的是，更高的学历意味着更多的工作机会、更大的选择余地和更高的职场收入，当然也意味着更多的投入。小程决心在不耽误学业的情况下尽可能在校内勤工俭学，即留学生所说的CPT，以减少对父母的依赖。CPT是国际学生在学校内的工作机会。一般来说，CPT只允许在读完一个学年以后才可以申请，在每个学年中，每周最多可以工作20小时，寒暑假每周最多可以工作40小时。

小程幸运地入读了加州理工学院，继续他计算机专业的学习。虽然这个专业不是加州理工的强势学科，但这个顶尖学府的名气可谓气势如虹。加州理工大学的教授和毕业生中的诺贝尔奖得主，比例为世界大学之冠。小程格外珍惜这个不仅深造也能镀金的机会。

小程在加州理工读书期间，时刻关注H-1B签证的动向和变化。经过和许多同学交流，认为“投身”IT服务外包公司，不失为一种虽有损失但能走捷径的办法。现在美国的很多大型企业和机构，都和IT服务外包公司建立了业务合作关系。这些大型企业和机构的IT业务只给IT服务外包公司的派遣人员做。在这种情况下，普通求职者根本进不了这些公司的IT部门。

在2013年的抽签中，美国十大IT外包公司，每一家都获得数量超过1000人的H-1B签证名额，几乎占据了全部名额的半壁江山。

IT服务外包公司培训IT专业的毕业生，包装他们的简历，派遣他们到美国的大公司工作，为他们申请H-1B签证。IT服务外包公司这种从培训到雇佣再到办理签证的全包模式具有很大的魔力，让人难以抗拒。近年来很多中国留学生，在难以找到工作的情况下，纷纷投奔印度人开的IT服务外包公司，因为它可以帮助解决留学生最为关心的身份问题。

小程头上那顶世界顶尖学府的光环着实给他加分不少，加上他技高一筹，刚毕业就被一家IT服务外包公司录用。

2015年的H-1B签证抽签，美国移民局收到历史上最高的23.3万件申请。

在开始申请之前，小程就已经听说人数众多，因而不敢掉以轻心。递交了材料之后心里依然七上八下，对于中签结果丝毫不敢乐观，只能盼望幸运之神光顾。

经过电脑随机抽签，最终筛选出8.5万个幸运儿，中签率为史上最低的27.32%。这些H-1B名额中，2万个为硕士以上学位，6.5万个为学士学位。这一年申请H-1B签证最多的25家公司中，IT服务外包公司占了14家，申请数量排在前三的公司全部是IT服务外包公司。

当小程收到中签邮件通知的第一时间，给国内的父母打电话报喜，庆幸自己犹如中了大奖。

移民局的官员认为，H-1B申请大增是美国经济好转、企业对外籍雇员需求增大、国际留学生数量增加这几种因素共同作用的结果。

花钱保身份

和小程同一个学校的小菲则另有打算。小菲是在国内读完大学后读研的，就读于佩斯大学的商学院。佩斯大学虽然在《美国新闻和世界报道》的总体排名中一般排在170名左右，但它商学院的商科和会计学科目都得到了AACSB认证。AACSB是全球首屈一指的商学院和会计项目的非政府认证机构，其认证制度之严、标准之高，冠居全球。全世界只有3%的商学院拥有同等资格。更重要的是，佩斯大学的商学院地处全球金融中心的华尔街，为学生实习提供了得天独厚的便利条件。小菲知道自己很难留下来，而且父母也力主让她回国。所以她在求学期间没有像有些女同学那样，把寻求机会嫁一个有公民身份的人作为追求目标。她的想法具体而又现实，那就是毕业以后找到和专业对应的工作，在美国扎扎实实工作两到三年，一是积累工作经验，二来增加回国后选择用人单位的筹码。所以毕业后找工作，她只求公司实力强、名气大，工资多少都无所谓。

但是小菲的实习时间只有一年，因为她的专业不属于STEM领域。小菲如果超过规定的时限，当非法居留超过180天，一旦离境将三年不能入境；当非法居留超过360天，一旦离境将10年不能入境。

有很多留学生在OPT时间耗尽以后，为了不致变成“黑人”，为了继续找工作，也为了等待新的机会，便捷的办法就是留学生圈中人人皆知的花钱保身份。就是找一所有名无实的学校，一学期付出几千美元的费用但并不去上课。小菲无奈也只好加入这个行列。好在小菲找的这所学校处于灰色地带，既办身份，也开有课程。这种在美国游走于合法与非法地带的学校很有市场。

那些纯粹卖身份的野鸡大学在加利福尼亚州和纽约州居多。2015年

3月，美国移民和海关执法局的人员经过调查在南加州逮捕了一名韩裔“校长”和他手下的马仔，罪名是以欺诈手段取得移民文件、鼓励非法居留。他们“创办”了四所学校，学生只交钱不上课，唯一的教授内容是执法人员若来盘查，怎样把谎话说得圆满。

其实美国在打击移民欺诈方面不但毫不手软，而且煞费苦心。为了诱敌深入，美国国土安全部使用屡试不爽的钓鱼之法，花费两年多的时间，派卧底探员在新泽西州办了一所假大学，网站做得美轮美奂，煞有介事面向全球招生，最终引得大量鱼儿咬食上钩。2016年4月联邦执法机构在几个州一举捣毁21个黑中介。这些黑中介多为亚裔操办，两年来为1000多名国际学生往这所学校办理挂靠，多数都是那些已经从美国高校毕业、但想凭借F-1学生签证延长留美时间的人群。

小菲用这种方式继续滞留了一年多，后来通过网络应聘，被北京一家证券公司录用。小菲跨过太平洋，作为一个新“海龟”，走上她人生的新海岸。

签证引发国会辩论

小程被自己所在的IT外包服务公司所派，到加州的一家大型机构上班了。因小程只是这家公司的合同工，真正的雇主是IT服务外包公司，所以他的年薪虽是10万美元，但实际到手的并没有这么多，其中35%被雇主拿走，成为外包公司所赚的差价。对此小程觉得没有什么好抱怨的，毕竟当初雇主解决了自己的工作问题，并申请拿到了H-1B签证。尽管这个工资水准低于行业的平均值，但仍然有很大的上升空间。重要的是，根据奥巴马的行政命令，自2015年5月26日开始，H-1B签证持有者的配偶在美国也可以申请工卡，拿到工卡后可以自由地选择工作，没有任何限制。

很多美国公司为了降低运营成本，将IT业务外包出去。比如迪士尼公司，2014年将250名员工资遣（给予资金补偿后遣散），原来那些员工的工作，由这些利用H-1B签证引进的外籍高级劳工替代。也是在同一年，南加州的爱迪生电力公司以同样方式资遣540名员工，IT业务改由两家印度IT服务外包公司承揽。

不过这种做法已经成为美国国会辩论的焦点议题：发放H-1B签证，到底是为了解决美国技术劳工的不足，还是为了用外籍技术劳工取代美国本土技术劳工，将就业机会拱手相让。

位于美国首都华盛顿的霍华德大学，其研究政府公共政策的教授希拉就说：该计划让美国公司以工资较低的外籍劳工取代美国劳工，建立起了高度获利的企业模式，薪资较低的H-1B劳工为企业节省了25%至49%的开支。

一个由民主党和共和党两党组成的团体，也在2015年4月致函联邦移民机构，要求调查最近因H-1B签证导致的资遣行为。因为根据联邦政府的规定，H-1B签证是当某些职位在美国国内招不到相应人才时，才可以寻求拥有先进技能的外籍劳工，利用该签证的前提是，必须不给本土劳工的工资和工作带来负面影响。

但是另一方面，作为美国高科技巨头的微软、谷歌等公司，每年都要求政府增加H-1B签证的配额，因为他们一再声称目前高技能劳工的数量无法满足他们日益增长的需求。

2015年底，美国国会又通过一项新法律规定，从2016年起，员工超过50人、持H-1B工作签证者超过50%的公司，如果要为新员工申请H-1B签证，申请费用将由现在的2000美元起增加到4000美元。

这项法律的出发点，是为了遏制IT外包公司对H-1B申请名额大面积的垄断，但这个举措很可能使IT外包公司将这部分费用通过各种手法隐性分摊到申请者身上。那些准备加入IT服务外包公司、期待获得H-1B签证的留学生，看到这个新规定无不摇头苦叹，留美之路真是越来越难。

总统特朗普在选前曾就H-1B签证放出狠话：“H-1B对我们的劳工不利且不公平，我们应终止它。”后来又有所松动，说他支持H-1B改革，希望H-1B外国劳工的工作能由美国公民和永久居民取代，但是也欢迎外籍生在美国取得学位后留在美国工作。接下来走向到底如何，意欲居留美国的大批国际留学生在静观其变。

莘莘学子与高级劳工

一个中国学生，从幼儿园到高中毕业，到底花费多少钱，不同的家庭有不同的结论，不同的算法有不同的结果。而从留学之前强化英语，到选择留学中介支付不菲的费用，再到漂洋过海读书深造，支付学费、住宿费、交通费、保险费、通讯费以及生活费，好似拧开了水龙头，钱就像流水一样哗哗地往外淌。巨大的需求犹如干涸的地面，小股溪流根本无法盈满宽广的河底。按照小程父母的估算，在深圳这样的城市，孩子从上幼儿园直到在美国戴上硕士帽，200万人民币是怎么也免不了的，家境好的则远高于这个数。

创建于1919年的美国非营利组织“国际教育机构”，在2015年公布了一组数据：

2014—2015学年有97.493万名国际学生在美国上学；

国际学生中以来自中国的留学生最多，有30.404万名，占国际生总人数的31%；

在2014—2015学年，单单中国学生的学费就达98亿美元；

对美国地方而言，例如爱荷华城，粗略计算中国学生为当地经济发展至少贡献了1000万美元；

所有国际生在2014—2015学年为美国经济贡献超过300亿美元，并创造超过37万个就业岗位。

根据美国国际教育工作者协会（NAFSA）2015年的数据，在马萨诸塞州，外国留学生交的学费和在此读书与生活的开销给当地做出了19

亿美元的贡献。马萨诸塞州5.124万名国际学生大约创造了2.7万个就业岗位。

中国家长为了孩子读书而节衣缩食，最后孩子成才了，美国通过H-1B签证这个大筛子，将其中想要留下来的英才收入囊中。在H-1B的角逐中，中签的留学生，IT外包公司，发包IT业务的美国公司，他们各有所获。不过真正的赢家，是美利坚这个国家。

有一项很有意思的统计，是说到2014年底，哪些大学的毕业生到谷歌和脸书这两家公司工作的人最多。结果位居第一的是斯坦福大学，在谷歌有1859人，在脸书有289人。位居第二是加州大学伯克利分校，在谷歌有1645人，在脸书有262人。谷歌的员工数量是4.7万人，而脸书员工仅7185人（尽管脸书的注册用户高达11亿人，活跃用户8.29亿）。以上这些都不奇怪，但令人惊讶的是，谷歌员工数量位居第十四的是中国大陆清华大学的毕业生，有408人；脸书员工数量位居第七的也是来自清华大学，有97人。

美国能源部下属的橡树岭科学与教育研究所在2014年1月发布了一份《2011年美国大学外国博士居留率》报告。这份报告显示，美国外籍理工科博士，中国、印度和韩国最多，而中国理工科博士选择留在美国而不回国的比例居于榜首。2006年从美国大学获得理工科博士学位的中国人有4121人，第二年这批博士留在美国的比例是92%，到了2011年，这批人仍然有85%留在美国。另外一个数据是，获取理工科博士学位后留美达到五年时间的博士，中国的比例也是最高的。

有一点人们可能忽略了，当我们看到在硅谷有大批的华裔、印度裔等亚裔青年才俊服务于高科技企业的时候，我们还应该知道，在美国有一部分高中生，当申请本国一流大学时，他们认为IT行业的技术工作过于枯燥、乏味、重复、单调，并不愿意选择这类发展中国家的学生趋之若鹜的专业，不愿意从事这种被称之为高级劳工的职业，而更青睐于就读文理学院。

在美国，文理学院和综合性大学是完全不同的两个排名体系。综合性大学除了本科院系，还设置有硕士、博士等研究类课程，通常规模庞大，学生人数众多，有的高达三四万人。就读综合性大学，虽然能够感受到丰富多彩的校园文化，领略众多的社团组织和各种类型的研究实习活动，能够给学生带来多元化的体验，但它过于“现实”、过于“功利”，专注于毕业后的职业选择，不像文理学院另有一种独特傲人的贵族气质。文理学院只提供本科教育，课程设置一般是自然科学、人文艺术、社会科学等几大门类而并不细分。文理学院的教育理念不是着重于职业训练，而是着眼于通才教育和素质培养，注重培养学生明晰的思辨能力、卓越的领导气质、优异的身体素质和良好的道德观念。如果把综合性大学比做一个体态稳重的座钟，文理学院更像一块小巧玲珑的名贵手表，它更精致、更华丽、更有品位。它意味着最少的学生数量（通常两三千人，有的仅一千人左右）、最小的班额（一般不到20人）、更高的入学要求（顶尖的文理学院比常春藤盟校更难进入）、更好的深造机遇（著名文理学院的毕业生就读研究生的比例甚至高于哈佛、耶鲁这样的名校）、更诱人的职业前景（文理学院的毕业生仅占美国大学本科毕业生的3%，但在《福布斯》杂志全美最富有CEO排行榜中有8%的CEO毕业于文理学院）。

耶鲁大学终身教授、华人经济学家陈志武在一篇文章中说过这样的话：大多数中国人在美国只能做些技术活。

从这一点来看，国际生与本土生的竞争，仍然不在一个层级上。

劳工权利的博弈

政府为劳工权益立法

1935年5月，一位名叫帕里什的清洁女工，在华盛顿州的一个小旅馆工作而遭到老板解雇。在结算工资时，帕里什发现老板并没有按照华盛顿州所规定的每小时最低35美分的标准支付，而是按每小时25美分计付，这样算下来老板就欠她216.19美元。这在当时可不是一笔小钱。帕里什于是要求老板补足。老板不但不给，反而口气强硬，说随便你去告，告到哪里我都不怕。

平日一向顺从的帕里什请了律师，果真把老板告上法庭。但1935年10月在华盛顿州地方法院的庭审中法官判决帕里什败诉。旅馆老板所请的律师指出，华盛顿州的“最低工资法”违反联邦法律，理由是根据正当程序条款，“最低工资法”从立法目的上就是不合理的，该法干预了美国经济的自由发展。法庭支持了这个主张。

帕里什不服，上诉到华盛顿州最高法院，结果帕里什胜诉。这次轮到旅馆老板不服了，1936年12月，旅馆老板将此案上诉到联邦最高法院。1937年3月29日，最高法院9名大法官以5∶4的比例，支持华盛顿州的最低工资法，以帕里什的胜利而告终。

当时整个社会的理念是财产神圣和契约至上。资方可以决定雇员的工作时间、工作条件和工作报酬，不受任何外来干预和限制，雇员要么选择接受，要么选择不接受。在劳资双方发生分歧和冲突时，政府也常常站在资方一边。但这次不同以往的判决，其产生的间接结果是，联邦最高法院承认，政府有权干预劳资关系，有权保护处于弱势地位的劳工的权利。

1938年罗斯福政府为改善劳资关系，在国会通过了《公平劳动标准法》，标志着美国最低工资制度的正式确立。当时美国的最低工资标准是每小时25美分。

美国最近一次上调最低时薪是在2009年，最低工资标准上调至每小时7.25美元。到2015年已有29个州超过这个标准，还有很多城市也在准备跟进。从2016年1月1日起，纽约州的最低工资增至每小时9美元，加利福尼亚州的最低工资增至每小时10美元。

美国劳工部现在有一个薪资与工时小组，专门处理雇员与雇主的工时和薪资纠纷。按照美国《公平劳动标准法》的要求，雇员每周工作40小时以后，且周薪在455美元以下，额外加班的每小时必须按1.5小时计算，也就是说，加班工资必须是正常工资的1.5倍。根据联邦法律，雇员追讨欠薪的时限可以向后追溯三年。纽约州的法律则规定，雇员追讨欠薪可以向后追溯六年。老板如果欠员工一美元，赔偿数额将是三美元。当老板输了官司，还得为他的雇员支付律师费。违法的雇主常常会受到非常严厉的惩罚。

保护劳工权利的例子，如今俯拾即是。

加州议会在2015年7月通过了一项法案，要求面积在1.5万平方尺（1667平方米）以上的超市转手易主时，90天内不得解雇原来的员工，在过了这个留置期以后，方可通过绩效考核评估决定员工的去留。议员对此法案的解释是，超市的就业问题是社区安定的根本。

2015年9月7日劳工节这天，奥巴马送出一份大礼，签署了一项新的行政命令，要求所有联邦政府的承包商必须提供员工一年七天的带薪病假，从2017年起生效。并呼吁国会立法，使之成为永久法规。

强势推进的政府行为

纽约州政府在2015—2016年间高调推行《美甲工人权利法》。它高举维护美甲工人权利的义旗，暗度陈仓，迂回包抄，美甲业者虽然奋起抵制，但在政府凌厉的攻势下节节败退，几无还手之力。在劳工利益的博弈中，政府强势推进，锋芒毕现。

2015年5月7日，《纽约时报》刊登了记者麦斯琳采写的一篇报道——《指尖上的泪与痛》，在业界引起了很大的反响。这篇报道说，美甲员工拿着1990年代以来就几乎未变的极低薪资，支撑起纽约等地自2000年以来美甲沙龙的爆炸式增长。他们中的很多人都受到了雇主盘剥，有时甚至遭到打骂，还长期在充满有害化学物质的恶劣环境下工作，使许多有身孕的人自身和下一代的健康受到损害。

5月18日，纽约州长库默决定对美甲业采取严查措施。

7月16日纽约州长库默正式签署了《美甲工人权利法》。这个法案里固然有对培训认证、环境卫生健康方面的严格要求，但其核心内容是工资。其中除了具体规定为美甲员工按最低工资标准支付正常工资和加班工资外，雇主还必须提供雇员的发薪日通知信，这个通知信必须使用正式表格，内容必须包含雇员的小时工资、超时工资、工资给付的基础（如每小时数额、每周数额、计件工资、佣金等），任何津贴包括小费或食宿补贴都要算作最低工资的一部分。对违规者最严重的惩罚是坐牢半年。

时隔不久，纽约州的美甲整顿行动小组就开始上路执法，对店面卫生、操作规范、员工权益等环节进行检查。执法只针对老板，不针对员工。当遇到工资环节不合规范的，立即开出罚单，金额之高令人咋舌。一个华人在美甲业打了七八年工，有了些积蓄开店做老板，在纽约布朗克斯区开了一个美甲店，创业刚刚一年多，就遇到了政府对这个行业的严格管制。一天执法小组上门检查，发现一名美甲员工存在漏税情况，二话不说就给这个老板开出一万美元的罚单。

这还算轻的，有些较大的店甚至一次被罚10万美元。

纽约的美甲业最初由韩国人带动而兴起，接着越南裔紧随其后推波助澜。随着华人移民的逐渐增多，华人美甲店逐渐占据了市场的半壁江山。纽约州有5000家左右的美甲店，纽约市约有2000家。拼价格是华人的必胜绝技，在市场越做越大的同时，美甲利润却越来越低。现在这个行业里80%是亚裔，90%是女性，80%都是新移民，其中有为数不少的非法移民。这个行业让很多不懂英文、没有其他技能的人赖以立足。据知情人士透露，美甲员工的月均收入在3000美元上下。韩国店定位于高端的较多，华人店多占据中端和低端市场。韩国高端店管理规范、环境雅致、手艺新潮。特别是开在曼哈顿富人区的店，客人给小费时出手较大方，员工的工资普遍较高。这里的美甲工如果经验丰富，技术精湛，服务到位，英语流利，再加上年轻貌美，收入超过5000美元也不稀奇。

纽约州政府以维护美甲工人权利的名义出手，除了对卫生与健康进行规范以外，主要的目的是为了增加税收。因为美甲从业人员基本上都是现金收入，因而很多人只按月收入1000美元左右甚至几百美元的数额来报税，不仅如此，有些人还以低收入者的身份享受政府的免费医疗等各种福利。

美甲业者把一肚子怨气撒向写报道的记者。在10月6日和27日，两次分别有400多名和800多名华裔美甲从业人员聚集在《纽约时报》大楼前示威抗议。示威抗议者举着麦斯琳的画像，用一块黑布盖住她的眼睛，用打叉的两块黑布盖着她的嘴巴，意即闭着眼睛说瞎话，同时高举抗议标语："麦斯琳是一个愚昧的野心家！你把你的事业建筑在毁灭我们的行业上！"他们要求《纽约时报》道歉，并要求政府修改对美甲业者的苛刻新规。

两次抗议之后，《纽约时报》公众编辑在11月6日发文承认，之前刊登的报道有失偏颇，存在报道错误和以偏概全的现象，不应当通过个别事例来指责整个美甲行业，表示接受美甲业主和相关人士的建议，将来的报道会讨论美甲业主在新规之下所面临的困难。

《美甲工人权利法》里面还有一项条款，就是所有雇主必须按店内员工数量购买价格不等的“工资支付保险”，以确保老板破产以后员工还可以从保险公司那里获得被拖欠的工资。面对这个条款，美东美甲华人协会和韩裔美国人美甲沙龙协会，分别代表各自美甲业的雇主，在和州政府协商延期购买未果的情况下，于9月15日联手状告州长，指控这项条款是歧视亚裔的行为。到了12月8日，法院驳回了诉讼请求，认为这项条款是对美甲从业人员的合理保护。赢了官司的州长库默说，法官的决定代表了纽约工人阶级的胜利，州府将继续努力，让包括美甲业在内所有行业的纽约员工都得到公平公正的待遇。

纽约州政府大动干戈的举动，导致在2015年底和2016年初不少美甲店因员工流失而关门大吉。2016年2月29日，上千名以华裔、韩裔、越南裔为主的美甲业者在各自美甲协会的组织下，前往距离纽约市三个小时车程的州府所在地奥尔巴尼市的州府大楼前聚会抗议，反对纽约州府对美甲业的高压执法。

纽约州州长库默2016年5月9日说，“美甲业跨部门专案小组”执法一年多来，向全州超过450家美甲店展开调查，其中大部分位于纽约市，其中有143家被发现有拖欠美甲工人工资及加班费的违规情况，后依法向652名工人支付了超过200万美元的拖欠工资和加班费及补偿。

实际情况是，通过这样的规范，美甲店老板改变了过去以现金向员工支付工资的做法，一律以支票代之。此举使原来那些“低收入者”除了无法再少缴税款，也不再容易享受真正的低收入者的福利。纽约州政府就这样不但征了工人阶级的税，还成为维护工人阶级权利的化身，可谓师出有名，名利双收。

在严厉的执法让美甲业者难以忍受之时，美甲店主曾通过社交网络集结，在8月25日闭门谢客罢工一天，以表示对州府颁布新法、严加管控、重拳打击美甲业的抗议。但是美甲业毕竟不是铁路、航空、海运这样关系国计民生的行业，即使罢工一年也不会产生太大的影响；而且，小作坊的从业人员难以像产业工人那样，形成力量强大的工会组织，对社会全局产生重大影响。

为成员保驾护航的工会

美国的工会历史悠久，由弱势群体组织发展到现在具有相当政治影响力的社会组织，对美国现代产业关系的形成起到了非常重要的作用。工会的主要任务是维护工会成员的权利，提高工会成员的经济地位，为工会成员争取更高的工资待遇、更短的工作时间和更好的工作条件，在劳资关系中扮演着关键性的角色，并具有和政府相抗衡的力量。

中国安邦保险集团在2014年10月收购了纽约曼哈顿的华尔道夫酒店，交易金额达到19.5亿美元。有100多年历史的华尔道夫酒店见证了许多重要的历史时刻。1897年李鸿章访美时就居住在华尔道夫酒店旧址。自1931年酒店迁移到现在的地址后，位于35层的总统套房接待过自胡佛以来的每一任美国总统，现任总统奥巴马每次来纽约也都下榻于此。华尔道夫酒店被称为一座提供客房的“近代史博物馆”。

收购方计划把酒店大楼改建为高端的公寓大厦，保持为一家较小规模的五星级酒店。但这个计划遭到酒店1221名工会工人的反对，因为他们的工作受到酒店方和纽约酒店业雇员工会所签合约的保护，遣散员工意味着违约。工会经过与华尔道夫酒店的收购方多次交涉与谈判，最终为遣散员工签下了创纪录的1.49亿美元遣散费的协议。被遣散员工平均每人获得超过14.2万美元，有少数雇员获得30多万美元，一个富有资历的员工拿到了65.6万多美元。工会的负责人说：数百名接近退休年龄的员工可以得到20多万美元的遣散费。

在一个充满自由竞争的国度，美国的教师工作几乎等同于终身制，形同铁饭碗。而且由于强大工会的支持，教师群体很多时候显得格外“嚣张”。

纽约州的教师联合工会有11.742万名会员，2015年会员的会费每月108美元，工会主席2015年的年薪高达26.12万美元，比纽约市长白思豪的年薪还多三万多美元。工会除了为会员提供诸多福利，在2015年用来打广告就支出了243万美元。其中有些内容是直接向州长库默叫板，反对州府对教师工作的过多干预，反对库默的教育评估项目，指责州长对教师的评估内容太多、评估比重过大。

根据美国的教师聘任制度，所有公立学校的教师均属于州政府的雇员。各州的法律都包含了教师终身任期的条款，因而解聘教师就要启用正当合法的程序。设立这种体制的初衷在于，保障教师独立的教育权，促使称职的教师有效地履行教学职责，使教育免受行政权的干扰和支配。

按照加利福尼亚州的教师聘任制度，新招聘的教师试用期为两年，在试用期学校有权解聘。试用期满被聘为正式教师后就可以获得长期工作保障，形成了事实上的终身制。如果学校觉得这个教师不合格想要解聘，就必须要提出一个完整的报告，并给三个月的改正期，期满后再由行政法官和其他学区的两位教师组成一个三人组进行评估后裁决。解聘一个教师如果走诉讼程序，不但旷日持久，而且学校要花一笔巨款请律师打官司。加州曾经为了解雇一位教师，光律师费就花了31.2万美元，有时还可能是学校管理当局败诉。这样，很多不合格的教师只好派到条件不好的学区或者少数族裔占多数的学区。这种教师资源的分配方式事实上形成了对学生的不公平。加州有1042个学区，99%的学区都有教师工会。工会的天然职能就是保护职工，在争取工资福利，提高退休待遇，维护职工权益方面发挥着巨大的作用。

对于这种现状，社会各界要求改革的呼声，尤其是在数量庞大的家长中间越来越高。时任总统奥巴马也多次提到要对基础教育进行改革，其中一项重要内容就是教师聘用制度的改革。

2012年5月，一个名叫“学生很重要”的民权组织，代表来自洛杉矶等几个加州学区的九名学生和他们的家庭，将加州政府和加州教师协会、加州教师联合会这两个教师工会组织一起告上法庭，指控现在加州法律侵犯了宪法赋予学生的平等受教育的权利。

2014年6月10日，洛杉矶高等法院法官卓洛夫做出裁决，加州基础教育教师终身制违宪。卓洛夫指出，这些关于聘用和开除教师的法令，违反了宪法关于保障公平教育的原则，侵犯了学生享有平等教育的权利，将学生和教育者都置于不利的地位。

针对这个裁决，代表教师利益的团体与工会组织进行了强烈抨击。但一直高调要求改革教育制度的议员则拍掌叫好。作为原告之一的一名学生说：这项裁决意味着像我这样的孩子将有真正机会获得良好的教育，说明当我们团结起来时，学生也可以发出要求变革的声音。

洛杉矶高等法院法官的裁决，等于打破了基础教育教师的铁饭碗。教师工会自然不会罢休，表示要将这场官司一直打到联邦最高法院。假如最高法院维持这个裁决的话，将会对美国基础教育制度的改变产生富有历史意义的影响。

罢工的代价

美国西海岸码头工人大罢工，则把工会力量的强大和劳工权利的扩张推向了极致。在劳工与资方的博弈中，工会为声张工人的权益，导致码头瘫痪并重创区域经济。而政府在进行干预时“犹抱琵琶半遮面”的姿态，则显得意味深长。

一方是代表美国中西部船运公司和码头业主的“太平洋海洋运输协会”，一方是代表西海岸各港口的码头和仓库工人利益的工会组织——“国际港口与仓库工人联合会”。双方所签署的合同在2002年7月1日到期，但是劳资双方在薪酬待遇、雇员权利等许多重大问题上产生分歧，未能达成一致而续签新的合同。9月27日，资方以码头工人消极怠工为由采取警告行动，让1.05万名工人临时停工36小时，将他们所属的西海岸港口全部关闭。工会则更甚一步，一声令下，全体码头及仓库工人集体罢工，整个西海岸29个港口全部陷入瘫痪。

罢工正赶上美国西海岸水果农作物收获季节，导致果农眼看果实变烂而无计可施。海外的香烟市场供应断档，给烟草商造成超过12亿美元的损失。日本汽车制造业由于零配件断货，丰田和日产一度关闭了生产线。与海运业密切相关的美国太平洋铁路公司运输量直线下降，每天损失超过400万美元。后来有经济分析报告显示，西海岸各港口的这次罢工，一天停工就造成直接损失10亿美元，相关的经济损失每天高达20亿美元。

根据时任总统小布什的指示，10月8日美国司法部向法院申请下令重新开放西部地区29个港口。旧金山联邦法院当晚立即声明，联邦政府的做法符合法律规定，要求资方迅速恢复全部港口的正常作业。10月9日码头与仓库工人全部回到工作岗位，并在10日早晨全面复工。

当时小布什政府插手罢工事件，依据的是美国国会在1947年通过的《劳资管理关系法》，即《塔夫脱—哈特利法》。这项法律规定，在国家的经济和安全受到劳资争议的严重威胁时，总统有权力要求联邦法院下令停止罢工80天，在这期间让劳资双方冷静下来，从而做出有利于双方的决定。如果达不成协议，工会在80天后有权发动新一轮罢工。好在这次码头工人大罢工，双方在11月23日达成了协议，终结了这场牵一发而动全身的劳资纠纷。

塔夫脱和哈特利是两名国会议员。早在日本偷袭珍珠港、美国对日宣战以后，时任总统罗斯福要求工会：只要战争不结束，工人就不要罢工。工会在战争期间基本信守了这个诺言，但随着战争的结束，劳资双方积累的矛盾摊上台面。从1945年至1946年，工会组织的各种罢工席卷全美，包括煤矿、钢铁、石油、电力、铁路等关系国计民生的要害领域都曾一度陷入瘫痪。杜鲁门总统指责少数工会领袖居心叵测，把少部分人的利益置于全体国民福利之上。当时杜鲁门提出，要把参加罢工的工人全部征入美国武装部队。这个法案在众议院获得了通过。但是在参议院，塔夫脱利用他的影响力搁置了这个提案，他认为禁止罢工侵犯了公民的自由权利。之后参议员塔夫脱和众议员哈特利共同提出并在国会通过了这项《劳资管理关系法》，即《塔夫脱—哈特利法》。

2014年，西海岸码头工人罢工卷土重来，问题依然是劳资纠纷。在谈判僵持阶段，美国的零售商、商会、农业出口商心急如焚，呼吁美国政府干预介入，因为他们承受着数以亿计的经济损失。在半年多后的2015年2月17日，时任总统奥巴马才委托劳工部长裴瑞兹前去会晤劳资双方，促请他们在谈判桌上解决争议，最后促成2月22日达成为期五年的临时劳资协议。到了5月22日，工会领袖宣布，工会有投票资格的1.3万名会员，82%的成员投票支持这项协议。这样延续了九个多月的罢工才正式落下了帷幕。

尽管这次罢工持续时间比2002年那次更长，但奥巴马政府并没有动用《塔夫脱—哈特利法》。因为劳工界一向对这项法律持批评态度，认为这项法律背后的支持者是大企业，在大多数情况下只对资方有利，变成了政府当局平息工人罢工的重要手段。因为工会在美国有非常强大的影响力，这项法律又带有浓厚的强制色彩，所以历届总统不到万不得已不会动用此法。因为即使强制开工，若问题得不到解决，80天后工人仍然可以继续启动罢工。而且政府在干预中，只能扮演调停人的角色，不能强制任何一方让步。民主党政府在考虑动用这项法律时一般都持谨慎的态度。作为民主党人的克林顿总统在1997年就曾拒绝在工人罢工时使用该法。这次奥巴马也是如此。在过去30多年中动用了该法的都是共和党政府，一次是尼克松，一次是小布什。所以当时小布什的政策顾问曾非常担心这样做可能会增强民主党的民众基础，让共和党在中期选举中处于不利地位。

这次西海岸码头工人罢工和上次一样，并非是“哪里有压迫哪里就有反抗”。码头工人的工资属于美国蓝领工人中收入最高的群体之一。2014年在洛杉矶，蓝领阶层收入排名第一的是油田采矿工，平均年薪接近16万美元。这次西海岸劳资双方在僵持阶段，资方提出的条件包括：签下五年合约，每年加薪3%。码头工人的平均年薪是14.7万美元，如果按照这个合约，五年后平均年薪将增至16.9万美元，而且健康保险资方全包，退休金增至每年8.8万美元。即使这样，码头工人仍不满足这个条件。在2015年1月中旬规模最大的那次罢工中，西海岸29个港口90%码头工人甩手不干。从船上卸下来的集装箱堆在码头没人搬运，后面来的没法卸货，轮船停靠在码头，整个码头再次完全瘫痪。

西海岸码头工人如此强势，是因为他们处在一夫当关、万夫莫开的经济运行咽喉位置。看四个数据就可知道西海岸29个港口的重要性：每日进出各港口的货物总值约38亿美元，承担70%的亚洲进口业务，处理美国50%的海运贸易，占全美四分之一的国际贸易额。

据国际劳工组织统计，从20世纪90年代以来，美国因为劳资纠纷而引发的1000人以上的罢工和关厂事件每年有30至50起，牵扯进来的劳动者人数在20至40万左右。不过此类问题都不是依靠行政力量进行强力打压而促成稳定局面，而是通过正常的谈判、仲裁、诉讼等程序得以解决，避免了酿成暴力冲突等严重事端。但不可否认的是，在劳资双方的角逐中，如果其中一方势力独大，双方的力量对比处于一种失衡状态，其负面作用与破坏力也是显而易见的。

“为人民服务”的律师

遇事就上法庭

有的美国人说，我上法庭的次数比去菜市场的次数还多。

不知这是高调的炫耀，还是无奈的感叹。

在美国收到各类罚单包括警察开出的罚单，并不意味着已经违法，仅仅是涉嫌违法。如果不服，可以上法庭申诉，由法官来裁决。这等于是给你说理的机会和讲理的地方。如果胜诉，罚款和指控一笔勾销，如果败诉也不需要另外付费。所以，据理力争的对象是法官，而不是开罚单的执法人员；据理力争的地方是法庭，而不在执行公务的现场。如果执意和执法人员争执，尤其是警察，很容易领到一个妨碍公务的罪名，甚至遭到逮捕。

在美国开车行至有“STOP”牌子的路口，无论有没有行人，都必须完全将车停稳，环顾左右之后才可驱车继续行驶。有天一个华人开到一个单行道路口，也没注意他前面的那辆车是否停过，紧跟着就过了路口，结果被警察拦下，开出一张罚单。原来在他刚才减速的那个地方，右侧有一个“STOP”的牌子，但是被一棵很粗的树干遮住了视线。

警察开出的罚单，上面有违章原因，还有上庭的时间、日期和地点。在这种情况下，如果没有异议就交罚款，等于放弃申诉。若有异议，就上法庭去跟法官理论。但有一点，如果既不交罚款又不去上庭，就会“罪加一等”。

到了开庭这天，华人和当时开罚单的警察都来了。警察陈述完毕，华人拿出事前拍好的照片，递给法官说是这棵树遮挡了视线。法官看了之后递给警察问是不是这个地方。警察说是。法官又研究一会儿照片说，从照片上看确是如此，但从行车来看，不会是一直在遮挡视线。接着法官询问两人：既然是单行道，左侧应该也有一个“STOP”的牌子。警察肯定地回答道：有。华人说：或许有吧。法官笑了，对华人说：你是决定接受150美元的罚款，还是暂不交罚款继续上诉？华人自知理亏，表示认缴罚款。

不到20分钟，这庭就算上完了。

又有一个华人在家收到交通局寄来的一张罚单，说他某日某时在某地将车停放在离消防栓15英尺（即4.57米）以内的地方。华人回想了半天记不起来，便开车到这个地方查看。确实有这么一条街，但就是没有罚单上所说的门牌号。

到了交罚款的地方，华人说我要上庭。工作人员于是让他坐到另一边等候。叫了他的名字后，进到其中一个房间，坐着一个黑人法官。华人列出理由：从来没去过这个地方，也没有找到这个门牌号码。法官在电脑上输入地址查询，不到一分钟，说：“恭喜你，你赢了！”因为法官在电脑里确实没有搜到这个门牌号。

上法庭其实就这么简单。

从这两个例子来看，在美国上法庭确是家常便饭。这种情况下，也一概用不着律师。

不懂英语不请律师却打赢官司

一个年轻华人男子名叫白杰克，来到美国时间不久，只懂粗浅的英语。喜欢钓鱼的他，2015年在明尼苏达州卡维尔市的一家商场购买垂钓用品，因为误会而惹上了官司。

这天白杰克到体育运动用品商场购买钓鱼配套用具。他先是选了一个钓鱼包，然后又选了一个小的塑料盒子，放进钓鱼包试了一下空间足够，便装进钓鱼包，随后拿到收银台一同结账。

不知是收银员没有听清楚，还是白杰克半生不熟的英语表达不准确，尽管在付款之前白杰克还把塑料盒拿出来看了一下，但扫描商品条码后只收了钓鱼包的款。这样白杰克在走出商场门时被保安拦了下来，然后把他“请”到商场办公室，让他拿出“藏”在钓鱼包里的塑料盒子。保安的态度非常不好，白杰克英语半生不熟，有理说不清。一个3.99美元的商品，导致商场做了报警处理。

在首次开庭的前一天，白杰克收到了那家商场所属公司的律师寄来的信。信中说，只要白杰克认罪，并支付50美元，他们可以撤诉，不再追究。可是白杰克不这么想，我没偷没抢，凭什么认罪？

第一次开庭，商场指控白杰克盗窃，要求罚款300美元并判缓刑。法官表示，如果白杰克认罪，可以从轻处理。但白杰克坚持拒不认罪。第二次开庭，白杰克在翻译的陪同下出庭抗辩。白杰克指出：对方提供了当时我把塑料盒放进钓鱼包的影像，但为什么没有提供我在收银台前拿出塑料盒子看的影像？经过白杰克对前后经过的说明和辩白，最终法官撤销了商场对白杰克的偷窃指控。

事后白杰克夸耀地说：不做贼不心虚，不懂英语不请律师照样打赢官司。

其实这个案件只是一个特殊案例。在这起诉讼中，白杰克不需要了解法律条文，只需澄清事实即可。

律师狮子大开口

在美国打官司，绝大多数情况下都少不了律师。

首先是美国的法律规定多如牛毛。除了联邦法律，50个州各有不同的法律体系。单纽约市的法规就有6000多个，市政府每年还出台新的法规或者修改旧有的法规，两者合计约有100次。因而专业的事必须交由专业的人来做。

美国是一个判例法国家，各种各样的判例难以计数。所谓判例法，就是基于法院的判决而形成的具有法律效力的判定，对以后的判决具有法律规范效力，能够作为法院判案的法律依据。非专业领域的人，对此根本摸不着头脑。

美国法律最讲究程序，而熟悉程序又善于运用程序的高手会将一个看起来板上钉钉的案件轻而易举推翻。这让法律的门外汉难以企及。

民事案件除了由陪审团裁决或由法官判决外，相当多的案件通过庭外和解而达成。如果没有律师的专业谋略，无法做到“不战而屈人之兵”。

美国侵权责任赔偿不仅有补偿性赔偿，还有数目可观的惩罚性赔偿。这些权利都要通过律师的主张来实现。

美国可以说是一个由律师设计、律师领导的国家。美国建国时“独立宣言”的签署人有一半是律师，参加制宪会议的代表超过一半是律师。在美国240年的历史中，成为国会议员、总统、副总统及内阁成员的人中，从事过律师职业的人数最多。

律师的作用在诉讼中如此显要，那么律师办一桩案子能拿到多少钱就是人们关注的问题。

一个名叫弗莱明的男子在1989年被控杀人而入狱坐牢。他坚称自己无罪，并委托两名律师代理他的案子，为他洗刷冤屈。两名律师四处奔走，在这件事情上前后跟踪了12年，后来终于在奥兰多一个酒店找到弗莱明当时入住的收据，证明纽约当年那个被枪杀者在死亡之前的四小时，弗莱明还在佛罗里达州。杀人罪名推翻了，弗莱明于是在2014年获释出狱。

弗莱明接下来要做的事，就是控告市政府。2015年6月纽约市政府和弗莱明达成和解协议，支付弗莱明625万美元赔偿金。

但这笔巨款弗莱明却没有办法拿走。那两名律师利用他们所拥有的财产扣押权，把弗莱明这笔钱给冻结了。

原来是弗莱明过河拆桥，在出狱之后抛开了让他获释的两名律师，另外聘请了两个律师代理他后半段控告市政府索要赔偿的官司。

弗莱明当然有权力更换律师。但问题出在钱的分配上。因为弗莱明承诺过，如果赢了官司，使他获释出狱的两个律师将获得赔偿金的三分之一。而现在又冒出两个律师，原来的那两个律师怎么可能瓜分到那么多钱呢？

接下来的纷争不是本文要关注的。这里要说的是，只要获得赔偿，律师就要分走这么多金光灿灿的钱财。这个职业可谓魅力无限。

在美国的华文报纸上，三天两头就可以看到醒目的大幅广告“为人民服务”，以及与“为人民服务”的内容大同小异的律师索赔广告，连篇累牍，占据了最大版面。索赔项目涉及滑倒跌伤、误医误诊、地铁伤害、汽车伤害、巴士意外、暴力执法、工伤事故、产品责任、铅漆中毒、劳工保险等等。

他们的服务可谓无微不至，声称通晓普通话、广东话、福州话、台山话，每周7天、每天24小时接听电话，免费到你的府上或医院面谈，并有“争取客户利益，我们绝不手软”之豪言，并且无一不做出这样的承诺：不获赔偿，分文不取。

广告所呈现的索赔成功案例也让人咂舌，例如：厨房意外伤害获赔98万美元，店内背部压伤骨折获赔175万美元，行人被货车撞倒获赔180万美元，华人卡车司机严重车祸获赔190万美元，华人建筑工工作意外获赔225万美元，人行道摔伤获赔250万美元，中国城行人意外车祸获赔300万美元，从楼梯跌下获赔350万美元，自行车被撞意外获赔540万美元，为华裔儿童误医获赔650万美元，为华裔青年误医获赔超过3500万美元……

“为人民服务”与矛盾冲突的化解

有人可能要说，律师狮子大开口，这钱挣得也太容易了。

不过话说回来，这就像古代要出征打仗，但自己没有军队，只好去借别人的兵马。律师就相当于借来的军队，打完胜仗回来，自然要分割一部分利益出去。如果借不到这些兵马，这仗就无从打起。再说美国的律师如过江之鲫，能揽这活儿而且干得漂亮的，只是一少部分人，而且这也是一个自由职业，并不为什么人、什么机构所垄断。

卡汉在纽约曼哈顿第六大道的希尔顿酒店足足工作了33年。大家对他的工作一向认可，然而到了2012年下半年，情况发生了变化。新的公司收购了这家酒店，老板和管理层都是些年轻人，卡汉的工作这时得到了“不满意”的评估。10月份他被解雇，酒店方面也拒绝给他任何退休福利。“我没有做错任何事。他们没有理由开除我。我这个年龄已经很难再找到新的工作了。”61岁的卡汉这样说。

卡汉于是控告酒店涉嫌年龄歧视。这是一个根据以往情况胜算不大的官司。卡汉聘请的律师便多次到酒店进行明察暗访，搜集了一大堆证明卡汉工作称职的有利证据。2015年在法庭上经过五天的庭审，陪审团认定希尔顿酒店解雇卡汉的行为确为年龄歧视，侵犯了卡汉的权利。卡汉获赔25万美元。

2014年8月，一个33岁的华人油漆工，在纽约市曼哈顿的一个工地的房顶刷油漆时，不慎从3.6米高的梯子上摔下严重受伤，被救护车送到医院后，确诊右手臂骨折。

这些建筑装修工人有一个共同特点，他们大都居住在华人区，早上来车接出去，下班有车送回来，吃饭的时候送盒饭到工地，既不知道公司的名称，也不知道雇主的姓名，甚至不知道工地的具体位置。只是根据工头的安排，干自己那份活，挣自己该得的钱。

索赔的事就交给律师全权代理。律师既做调查也打官司。2015年7月，律师为油漆工成功争取到26.5万美元的赔偿金额。

一个45岁的华裔妇女在一个酒楼用餐，下楼梯时不小心摔了下来，造成左脚踝骨骨裂，植入钢钉进行手术治疗。这名妇女状告酒楼后，律师为她找到两条迫使酒楼和解的充足理由。一是扶手设计不合理，扶手的面设计过宽，人在脚踩空或滑倒的那一刻无法握住扶手；二是当天举行婚宴，扶手上缠满了彩带，更加滑手难以握持。这样律师最终为她争得了45万美元赔偿。

2002年，在佛罗里达州圣彼得斯堡市，一个母亲带着三个孩子来到一个购物中心。五岁的女儿挣脱母亲的手独自跑上电动扶梯。当时小女孩的鞋子被卡进电梯的缝隙，当她用手要拉鞋子时，手指被带了进去，瞬间夹断了小女孩三根手指。

孩子的母亲状告购物中心，购物中心则如同所有推脱责任的商家一样，声明自己没有责任，问题出在大人没有看护好自己的孩子。

不过两年多后陪审团做出的裁决出乎所有人的意料：购物中心赔偿小女孩1120万美元，赔偿小女孩的母亲精神损失费380万美元，共计1500万美元。原告也接受这一赔偿方案，不再寻求上诉。

陪审团做出这项裁定，依据的是律师充分、扎实和广泛的调查取证，包括众多证人在庭上的证言：这部电梯已经使用30年没有更换；有数以百计的顾客的鞋子被电梯夹坏，商场只是给这些顾客换双新鞋而已；以前也曾发生过顾客受伤的事故，但商场从未向主管部门汇报。

如前所述，因为有“不获赔偿，分文不取”的承诺，这类索赔官司都是风险代理，律师也就面临无功而返、一无所获的结局。

纽约一名女大学生被汽车撞倒几乎丧命，导致终身残废，只能靠轮椅代步。律师接手这个案子以后展开了调查。

肇事者违规闯红灯，而且吸毒，并在事发前喝了七八杯威士忌，但是此人不但身无分文，而且是一个背负债务的“负翁”。律师于是将目标锁定当时卖酒的夜店，然而夜店已经破产。律师又瞄上了当初给夜店卖保险的保险公司。但保险公司在诉讼中说，夜店是在打烊以后的凌晨四点钟卖酒的，对他们的违规行为，保险公司的合同已经明确无需担责。

这样的结果就是最终拿不到任何赔偿。

一位年近45岁的妇女因为误医误诊在2012年离世。早在2007年12

月，这位妇女曾接受过超声波检查并住院两个月，医生在她出院时并没有告知她有什么异常。后来因为再次腹痛，2009年9月她到另一家医院检查时，已确诊为卵巢癌晚期。这名妇女于是怀疑第一家医院误诊。后来调出第一家医院的超声波图查看，经专家确认当时在卵巢癌的位置长有肿瘤。

为了有效地提起民事诉讼，在律师的建议下这位妇女在生前用录影留下证词以备对簿公堂之用。

这名妇女离世后，她的家人对第一家医院及其医生提出民事诉讼。律师以她尚未成年的孩子失去母亲的关爱照顾，以她的丈夫在生活中失去伴侣的扶持帮助，以她在后期的治疗中遭受身心痛苦，以及作为职业妇女此后失去了工资收入等诸项因素为由，最终迫使对方以215万美元的赔偿金额和解此案。

这个诉讼案件中的律师，其作用就相当于一个“职业医闹”。只不过这个“医闹”遵循的是有理有据、依法行事的路径，凭借的是律师的专业水准和执着精神，最终使被误医误诊而离世的患者的家属得到利益补偿，同时得到心理上的安慰。由于利益驱动，律师自己也实现了收益的最大化。当然这一切还要归功于医疗事故鉴定体系的完善，举证责任的透明，诉讼渠道的通畅，司法判决的公正以及赔偿数额巨大等因素。

无论如何，民众受了委屈，律师如果能帮他们挽回损失而且还能创造“盈余”，这就消弭了产生怨恨和冲突的一切因素。律师通过有效的诉讼如果确能化解矛盾和冲突的话，说这是“为人民服务”，似乎也并不为过。

美国很“色”吗？

性交易合法化问题

纽约时代广场，被称为世界的十字路口。每天来自世界各地数以万计的游客熙熙攘攘从这里穿行而过。标志第二次世界大战结束的摄影作品《胜利之吻》就取之这里。

在温润的时节，当你走到那个行人广场，忽然会有一个或一对近乎赤身裸体的女子走上前来向你摆手打招呼：“嗨！要不要拍张照片？”可能让你一时手足无措。

这些妙龄女郎多为拉美裔女子，身材火辣，面如桃花，好似来自世界小姐的故乡。她们全身的行头，除了一条丁字裤和一双高跟鞋之外别无他物。胸前的“衣服”是用彩笔描绘的图案，饱满的臀部上左右各写纽约打头的英文字母N和Y。她们的目标基本锁定于男性游客，只要你同意，两个女郎就会将手搭在你的肩上，摆开妩媚的姿势让你自拍或让同行的朋友拍照。当然，完成这一两分钟的“到此一游”项目，你得付给她们费用。

有人到了美国，看到华文报纸广告版面的按摩栏目，上面的推广语言让初来乍到的人颇为不解。诸如“东北少妇，服务一流”；“肥肥妹，洁白丰满”；“日式服务，十足女人味”；“二十美眉，超级服务”；“兼职学妹……”于是疑窦丛生，美国难道是卖淫合法化的国家？或者对色情行业持格外宽容的态度？

2015年3月4日，总部位于旧金山的一个名为“色情服务提供者法律教育与研究计划”的组织和三名女子向联邦法院提起诉讼，要求废除加利福尼亚州将卖淫视为刑事罪的法律，称这项法律剥夺了性工作者参与两厢情愿私人活动的权利。加州是在1961年通过法律禁止卖淫的。这是美国少有的一个要求性交易合法化的诉讼。

美国境内唯一将卖淫业合法化的州是内华达州，全州约有20多家合法妓院。但是内华达州人口最多的城市拉斯维加斯，有着以赌博业为中心的庞大的旅游、购物及度假产业，这里性交易却是非法的。妓女和嫖客一旦被抓，都会面临最高六个月、罚款1000美元的处罚。原因无他，就是为了谋求最好的社会治安效益。

重点打击有组织犯罪

在纽约州，卖淫被抓属于轻罪，但无执照按摩被抓却是刑事重罪，检方多以刑事罪起诉按摩女。量刑一年以下的都属轻罪，一年以上的则为重罪。卖淫女大多被法院认定是受害者，通常接受五次心理辅导咨询就可撤案。

在伊利诺伊州，原先卖淫被抓超过三次就会以重罪起诉。从2014年开始，伊利诺伊州的卖淫累犯不论多少次都不再列入重罪。2015年4月推出专门处理卖淫案的特别法庭，只要卖淫者完成由法官和专业咨询人员提供的检查、辅导和学习课程，卖淫罪名就可以消除，有的案例并可以完全不留记录。这项法案是基于卖淫者都是为生活所迫、已经受到身体与精神上的双重折磨这个论点，目的是鼓励这些人脱离皮肉生涯，洗心革面走向新的生活。

鉴于一些华人聚居的城市按摩店遍地开花，良莠不齐，不少按摩店挂羊头卖狗肉，加州从2015年1月1日起，实施“按摩治疗改革法”。为防止妓女摇身一变成为按摩人士，规定按摩师不但要接受500个小时的训练，还要通过考试和背景调查才能领取执业执照上岗，以免她们转换身份之后重操旧业。

加州圣盖博市在短短几年时间，按摩店由原来的10家发展至近60家。圣盖博市警方透露，2014年钓鱼执法查出九起卖淫案，四起发生在华人经营的按摩店中，其中大部分卖淫者都是华人。现在政府虽然并不对按摩店设定总量限制，但却做了全面而细致的规定。比如按摩店老板要到警局打指纹、做背景调查、陈述在10年之内是否有犯罪记录；老板要对员工的所有行为负责，如果有一个员工违法，按摩店的营业许可证就要吊销，而且在同一地址两年内不得再开按摩店；按摩店的营业时间只能是从早上八点至晚上十点，下班后店内不能有人搭床睡觉；店内布局必须要有清晰明确的规划，规划一经批准任何时候都不得做出更改；按摩师的着装必须正规，不能穿透明或挑逗性的衣服；灯光不能呈现迷离的彩色，必须用40瓦的白炽灯。

2015年底，纽约皇后区有几家华人新开张的按摩店因为警察的“关照”，开不下去只好关门走人。说起来非常简单，警局在感觉经营不正常的店门口，每天派一个警察过去站在那儿。过不了几周，按摩店就歇业走人了。警局说，如果是正常经营，有警察站着只会更加安全；如果是从事色情行当，我即使不去关你的门，你的顾客也不敢进来。

卖淫屡禁不止，除了利益的诱惑之外，违法后果不重是主要原因。法律对色情从业人员的宽容与人道关怀，变成了对其中一些人客观上的纵容。在加州，卖淫同样属于轻罪，第一次被抓通常都是罚款或去社区劳动，第二次被抓会监禁45天，第三次则监禁90天。因为美国警察不能擅自闯入民宅搜查，所以在民宅中卖淫成为风险最低的赚钱方式。

加州旧金山湾区的都柏林市，警方怀疑一个公寓楼里有人将租住的公寓设为卖淫据点。为了将证据做实，当地警方和联邦调查局在这里进行了长达七个月的埋伏和监控，在2016年3月，当地警员和联邦调查局的探员联手出动，抓获了两个华人主谋。

从2003年到2013年，加州至少发生四起华人女性被害案和一起女性失踪案，至今未能侦破。据警方调查掌握的初步线索，判定都与色情活动有某种关联。因为这种工作的特殊性和隐秘性，交易皆用现金支付，往来都是单线联系，给破案带来极大的难度。

美国对非法色情行业的打击从不手软，且不惜耗费巨大的时间成本与精力成本。但警方打击的重点不是卖淫者，而是有组织犯罪。

加州的艾姆瑞威尔市，一个开按摩院的华裔老板为了更好地开展业务，“收买”在执行公务中逐渐熟识的一个警察。华裔老板每月给警察2000美元，警察每一次都录下收钱的音频视频。当一年的时间收了共计2.4万美元的时候，警方一举出动，抓获四名以开按摩院为幌子的华裔嫌犯，挖出一个以人口走私、贩卖毒品、贿赂公务人员的团伙。

2015年8月，联邦执法机构顺藤摸瓜，从总部设在纽约曼哈顿、自诩为全世界最大规模的男陪网站入手，一举捣毁了一个男性卖淫团伙，逮捕七名犯罪嫌疑人，冻结了该网站银行账户数百万美元资金。这个网站尽管在责任声明中明确表示所提供的仅为陪同服务、不含任何性交易，然而其公司的首席执行官曾在社交媒体上推广业务，声称“钱无法为你买到真爱，但剩下的一切皆好谈”。他们的数据库内存有全球超过2100个城市接近1.1万名提供陪同服务的男性资料，涉案金额达数百万美元。

“裸”是一种自由表达的权利

美国看起来是一个特别开放的国家，但有时又显得过于“保守”和“落伍”。

纽约长岛一个叫做灯塔滩的海滩，在风和日丽之际常有很多天体爱好者在这里一丝不挂享受日光浴。但公园管理局有禁令，不得在海滩裸体。尽管有些人对官方的规定不以为然，他们也获得了全国性组织“天体行动委员会”的支持，但是一旦被公园局的巡警发现，就会吃到250美元的罚单。

一位摄影师计划出一本名为《巨乳之旅》的摄影集，要在巴黎的埃菲尔铁塔、埃及的金字塔、纽约的帝国大厦等全球知名的景点，让女模特袒露上身留下“永恒的瞬间”。但是他在帝国大厦楼顶的观景平台拍摄时造成人群围观，其中还有一些儿童。帝国大厦管理部门起诉这个摄影师，指控他损害了“帝国大厦安全的、适合家庭旅行”的名誉，提出高达110万美元的索赔要求。尽管最后帝国大厦和摄影师达成了谅解，免除了这笔巨款，但帝国大厦永久禁止这名摄影师进入这幢建筑。

纽约时代广场那些“裸女”身露两点刺激走秀，既成为吸引眼球的焦点，也成为一些家庭观光客认为儿童不宜的景观。有人认为这不仅没有表现出纽约文化的多元，反而呈现了一种庸俗和肤浅。

纽约市长白思豪上任一年有余，决定成立一个由副市长挂帅的执法团队，解决时代广场上的“裸女”问题。

执法团队还没有开始行动，白思豪似乎等不及了，一拍脑袋，决定来个快刀斩乱麻：恢复时代广场原貌，取消现在的行人广场。

这个主意刚被媒体披露，议会议长玛丽桃首先反对，说彩绘女根本不是纽约市现在亟待解决的问题。纽约市主计长斯静格也不赞成：取缔彩绘女有多种方案，但这不是其中之一。

只是不知白思豪有没有想过一个“绝招”：给这个商业项目的老板弄个嫖娼的罪名，抓起来一劳永逸解决问题，这样就根本用不着大动干戈改变时代广场现在的格局。不过问题是，从理论上讲这种事只有警察可以操作，但纽约警察不可能听他的。白思豪即使把胆子借给警察总局局长布莱顿，想必他也不敢去干。

“她们穿得比妓女还少。这是违法的！”确实有人这么说。但白思豪知道，说这话的人只知其一不知其二。纽约的女权运动人士在20世纪90年代曾公开裸露上身，当时确实是被警察逮捕了。但她们随后将官司打到纽约州最高法院。1992年州最高法院做出裁决，认定这是女性自由表达言论的一种方式。从那以后，在纽约州所有地方，女性在公开场所裸露乳房，再也不会遭到罚款、拘留或逮捕。只有赤裸下半身才会被抓。

但是真有那么一个人，在时代广场一丝不挂，而且滔滔不绝高谈阔论，却安然无恙。

8月的纽约，是适合穿最少、最薄衣服的时节。2014年8月7日这天，来自旧金山的戴维斯脱去了全身的衣服，连鞋都扔到了一边，赤条条地站在时代广场发表演讲。他反对旧金山在2013年颁布的公共场所裸体禁令，宣传在公共地方裸体的权利。演讲完毕，这位裸男又接受了记者的采访。

这次他之所以没有被警察逮捕，是因为以政治和艺术表达为由，在公共场合进行裸体行为，目前已经在纽约、伦敦、阿姆斯特丹、柏林等世界级大城市被认可，不被视作违法行为。

就在白思豪酝酿解决“裸女”问题无计可施之际，2015年8月23日，一场声势浩大的游行示威活动上演了。这一天是第八届“国际袒露上身日”，这个节日在每年8月26日“妇女平权日”之前的星期天进行，芝加哥、圣地亚哥、加拿大温哥华、法国巴黎、英国伦敦等全球60多个城市同步举行。纽约这次活动的目的是抗议白思豪准备取缔时代广场“裸女”的行动。之所以声势浩大，是因为观者人数众多，气氛欢快热烈。几百名男女袒胸露乳，从曼哈顿中城的哥伦布圆环出发，一直游行到布莱恩公园。游行的女性赤裸上身，有的以彩绘图案代替胸衣，有的仅以指甲盖大小的胸贴遮盖中心要点，有的则索性坦坦荡荡大展天然风光。他们通过这个行动声援时代广场的“裸女”，争取男女平权，要白思豪摘下有色眼镜，打消不正常念头。

春天过去，夏日又来，温润的时节风光格外灿烂。时代广场的“裸女”依然婀娜多姿，风情万种。

后记

一

美国国会在1961年通过一项决议，将一位头戴一顶星条旗纹样高礼帽、长着一个鹰钩鼻、留着一绺山羊胡、露出白色头发、个头瘦高的男性形象，确认为美国的象征。

这就是通常所说的山姆大叔。这位“大叔”尽管看上去精神矍铄，但分明是一位爷爷级别的人物。

在和其他国家的比较中，如果把美国比作一位爷爷，无疑会引起一些人的嗤笑和鄙视。

美国从1776年宣布独立建国，至今也不过240年；从1789年华盛顿就任第一任联邦总统，到今天也不过228年；即使从五月花号停靠到北美洲的东海岸算起，到今天也不过397年。它建国的时间，还没有文明古国一个朝代的时间长。如果把一个有几千年文明史的国家称作老寿星的话，美国做孙子都不够格。

可是如果真的以此嗤笑和鄙视它的话，无异于又在赞美它，因为这等于在说，它可能是神明，至少是法力无边。因为无论是称颂它的人还是咒骂它的人都早已承认，它只用了不到200年时间就一跃成为全球超级大国，在政治、经济、军事、科技、文化、教育领域独占鳌头。

在制度文明层面，标志着人类进入理性时代的《联合国宪章》，在1945年由50个国家签署，它确立了维护世界和平与民族自由、交往自由、公民自由的基本准则，建立起了战后国际新秩序，时至今日仍然是促进人类事业进步不可动摇的基础。而《联合国宪章》的根本原则，是1941年8月14日美国总统罗斯福与英国首相丘吉尔所发表的《大西洋宪章》的主旨与精神内涵的延续。

美国文化并非发端于密西西比与密苏里这“两河流域”，它的渊源在古希腊、古罗马、基督教、文艺复兴那里。从历史的宏观角度看，五月花号并非驶自英国的普利茅斯，它扬帆起航的真正地点是西方文明的摇篮——爱琴海。

二

如果说，人类居住在一个有224个国家和地区组成的地球村里，美利坚就是其中面积第四大、人口第三多的一个小区，全名为美利坚合众国。它的物业总公司叫美国联邦政府行政机构，公司总经理又称美国总统。总经理从业主中竞选产生，因而不会出现喋血宫闱、篡权窃玺、私相授受等情形。虽然皆非盖世英雄，但从无坏人当道，纵然你方唱罢我登场，也都由小区业主决定谁登台亮相。

美利坚小区有50个分区，外加一个华盛顿哥伦比亚特区。每个分区又有业主推选出来只对本区业主负责的分区机构。由于历史原因，每个分区的面积大小和人数多少差异很大，所以为了平衡各分区的利益，美利坚小区设立了两个业主委员会，一个叫参议院，一个叫众议院。当美利坚小区遇到是非问题吵得不可开交时，就交给小区的评理机构，即司法系统定夺。评理机构既有族长那样的权威，又具备族长所缺乏的独立性，同物业总公司和业主委员会既不沾亲带故也无利益瓜葛。所以它最终拍了板的事，不管对不对，大家也都心平气和回去照办。

从历史上来看，这个小区的形成就比较特别。

1620年11月11日，一艘名为“五月花”的轮船，在惊涛骇浪中经过66天的漂泊，载着102名乘客抵达美洲大陆，满怀对宗教自由的向往，建立起了一个新的殖民地。这就是美利坚这个小区的雏形。这个被称为“一次改变了世界的航行”，产生了美利坚历史上第一份重要政治文献《五月花号公约》。这份只有不到200个英文字的文件，成为美利坚未来体制的基石。公约是在没有人强制下形成的社会契约，由此产生了一个自治的社会管理体制。签约方式及内容的核心价值在于：业主可以由自己的意志来决定自治管理的方式，不再由业主以上的强权，即物业公司来决定。

1776年7月4日，北美13个分区机构义愤填膺地签署了《独立宣言》，开明宗义宣布：物业公司的权力理当由业主授予，当物业公司侵犯业主的权利时，业主有权更换或废除物业公司。当时的大不列颠物业总公司收取业主过多过重的物业费，不但不提供相应的服务，还侵犯业主的权利，比如随意搜查业主的住宅。所以当物业总公司派遣众多全副武装的保安来对付不服从管理的业主时，这13个分区的业主拿起枪就跟物业总公司干上了。

当初第一批乘坐“五月花号”到达美洲大陆的这些人依靠枪支得以在这片土地上落地生根，武器就成为每个人安身立命的工具。由于没有正规军，独立战争打响以后，业主们就凭自己的枪械组成了民兵队伍迎头而上，并最终赢得胜利。通过这一仗，他们对物业公司的防范心理越加强烈，尽管已经摆脱了大不列颠，但仍然允许业主人人持枪，防止以后出来一个新的物业公司权力膨胀之后再侵犯业主的权利。

其实从1783年9月3日大不列颠物业总公司和13个分区机构签署《巴黎条约》，明确13个分区从今以后他们可以自己过自己的日子，到1789年4月30日美利坚第一任总经理华盛顿上任，中间差不多有五年多没有形成真正意义上的物业总公司。但是没这么个东西各分区之间的很多事情又不好协调。所以当成立美利坚物业总公司的时候就签署了一个叫做美国宪法的物业服务合同，各分区的业主和代表他们的机构以契约的方式把权力交给大家选出来的人员管理，明确向物业总公司授权并限权，告诉他们可以做什么，不能做什么，主要内容都是限制物业总公司权力的。在总公司和各分区的权力划分上讲得非常清楚：凡是合同里未授予总公司，又不禁止各分区行使的各种权力，都保留给各分区或那里的业主行使。

这种强烈的业主意识，使得个人主义成为浸入美利坚人血液的一种观念，个人主义文化也就渗透到对道德、社会、政治所有问题的评判之中。个人主义强调个人的自由、独立、尊严与权利，主张在不影响他人自由的前提下个人可以做任何想做的事。个人主义反对国家对个人的施压与侵犯，认为国家的发展必须建立在个人追求各自利益的努力之上。但个人主义并非利己主义，并非只关注自己本身，它认为国家如果漠视、欺辱、戕害每个个体，最终也会轮到自己，因而它更关注像自己一样的每一个独立的个体。

三

2015年4月6日早晨，在纽约市布鲁克林区的格林堡公园，人们忽然发现在一个柱形石碑上面多了一尊半身铜像。公园局的工作人员从录像中看到，在夜半时分，几个人在夜色的掩护下用四轮装置把雕像运进公园，再用脚手架放置在石碑的顶部。顶部是一个平面，雕像大约120公分高，底部与基座刚好吻合，显得相得益彰。因为没有合法手续，这座雕像很快就被工人搬离。

这个铜像雕刻的不是别人，正是被美国政府通缉、后来躲在俄罗斯的斯诺登。

美国在“9·11”之后出于反恐和维护国家安全的需要，自2007年起由美国国家安全局开始实施了绝密级电子监听计划，包括监听任何与国外人士通讯的美国公民。斯诺登在2013年6月6日向美国《华盛顿邮报》和英国《卫报》披露了这项棱镜计划。但就是这个被美国政府控以间谍罪的人，成为导演罗拉·柏翠丝《第四公民》的主角。电影于2014年10月24日在美国上映，并荣获第87届奥斯卡最佳纪录片。

斯诺登这样表述他站出来的理由：当我们失去隐私的时候，我们就失去了自由本身，这种事与我们每个人利害攸关，这使我们国家公民与政府之间的权力平衡，变成了统治者和被统治者的关系，而不是被选举者和选民的关系……

四

美国人深刻地认识到人有根深蒂固的弱点，所有人概莫能外。他们不相信完人，更不相信超人，认为好人也会变坏，特别是握有绝对权力的人。他们不相信党派的无所不能，更不相信党派的至神至圣。所以他们建立了宪政，而宪政的核心就是限制权力与分散权力。

美国人深刻地认识到“知屋漏者在宇下，知政失者在草野”。他们认为对政府仅仅限制权力与分散权力是不够的，所以宪法赋予人民享有除了危害他人、暴力攻击以外所有的反对政府、争取个人权利的自由。

1955年的美国，没有世界舆论的谴责，没有国际制裁的施压，在公交车上拒绝给白人让座的42岁黑人女裁缝和26岁的黑人年轻牧师，一个唤起、一个领导了迈向平等的正义之旅，终于在宪法的框架内以非暴力的形式拆除了黑白之间的种族藩篱。引人深思的是，这个声势浩大的“公民不服从”民权运动，成为美国朝野一致认定的推动历史进步的光辉一页。当2011年8月，出自中国雕塑家雷宜锌之手的马丁·路德·金塑像矗立于华盛顿国家广场时，这无异于在宣布，反对不是阻遏，反对是建设，国家在个人争取自由权利的声浪中愈加强大。

1965年，当美国直接派兵参与越战，越南战争规模扩大战事升级之际，面临服兵役的拳王阿里公开发表反战宣言。1967年3月，美国地方法院以拒绝服兵役的罪名，吊销了阿里在全美各州的拳击执照，并没收了他的护照。但是，阿里作为“公民不服从”的代表人物，1970年仍然重出江湖并续写拳王神话，1996年在亚特兰大奥运会上点燃主火炬，2005年接受美国总统布什授予的“总统自由勋章”。这等于在说，你为争取个人自由权利而反对政府，但你仍旧是英雄与偶像。《时代周刊》20世纪百年百位名人中，阿里被排在英雄与偶像类的首位。

五

现在，人们津津乐道并心向往之的是现代化，但人们所关注的，往往是物质层面的现代化。在造城运动中，如雨后春笋般拔地而起的高楼大厦，成就了新兴经济体具有宏大美学意义的现代自豪感。

1791年开始营业的纽约证券交易所，1831年创立的纽约大学及其以华盛顿广场公园为中心而辐射于曼哈顿的校园建筑，1880年开幕的大都会博物馆，1883年通车的布鲁克林大桥，1904年运行的第一条大都会地下铁路，1913年启用的月台数量为世界公共建筑空间最大的铁路车站——中央车站……这些旧物不仅没有废弃，而且承载了信息时代的所有内容并与之无缝对接。成立于1719年的弗朗西斯酒馆，1817年的耳朵旅馆，1837年的戴尔莫尼克餐馆，1854年的麦克索利氏老啤酒屋，1864年的皮特酒馆，1884年的圣保罗·卡拉克餐厅，1885年的金思牛排馆，1887年的皮特鲁格牛排馆，1888年的卡兹熟食店……时至今日，这些建筑和它的风味遗韵，仍然是纽约人生活的组成部分。

不只是纽约，在美国许许多多地方，你稍不留神，就会驻足或置身于一两百年前的历史长廊。随便一溜路边的石凳，一个金属门上的把手，一扇窗户四周的石雕，一排门廊前依次而上的台阶，全都是历史的遗迹。

美国看上去并不那么现代，而是显得格外古朴和老旧。

美国的上空从来没有回荡过气势雄浑的集体主义大合唱，在广袤的土地上也缺乏超凡脱俗、半人半神的道德偶像。在浓厚的个人主义文化侵染下，这个国家时常出现很多很“反常”的人。

2016年，纽约州超过40名“不正常”的富翁，集体给州长和州议会写信，请求提高他们的税率，用以帮助穷人和改善基础设施。信中说：“作为纽约人，我们为本州的经济繁荣做出了贡献，也获得了回报，我们因而有实力和责任付出我们理应付出的一份，而且我们有能力付出更多。”

比尔·盖茨裸捐，巴菲特裸捐，接下来还有人在裸捐。除了裸捐，巴菲特还玩点石成金的魔术。

1999年巴菲特把一个自己用了20年、皱皱巴巴的皮夹子拿出来拍卖，里面附上一个股票投资的“秘籍”文本，结果皮夹子拍得20万美元。

2008年巴菲特主持召开公司年度会议，让一个表演艺术家给他画像，这幅画像为他募得10万美元。

2006年巴菲特把自己一辆用了五年的林肯旧车拍卖了七万美元。2015年他又把2006年买的一辆凯迪拉克轿车放到网上拍卖，在仪表板上签上他的大名，声言谁买了这辆车，前来取车时他会亲自将钥匙交到他手里。虽然只跑了2万多英里（约3万多千米），车龄已经9年，估价约为一万多美元，居然被人出价12.5万美元买下。

这个“不正常”的亿万富翁，把筹来的这些善款全部捐赠了出去。

2015年10月，在马萨诸塞州州议会的一个听证会上，“不知天高地厚”的10岁小女孩艾琳娜发言，试图说服州议员通过一个决议，要求美国国会修改宪法。因为艾琳娜说她热爱美国，想为美国做事。她的理想是做这个国家的总统，带领人们团结一致，使美国成为更伟大的国家。但是因为她出生在中国，10个月的时候被美国家庭领养，艾琳娜的母亲告诉她，由于宪法的规定，这是她永远不可能完成的事情。她在听证会上说："想想看，仅仅因为一个200多年前的规定，多位最优秀的人选无法为这个国家服务。"艾琳娜说这不公平，她要改变这个规定。

如果依照2016年2月13日已经辞世的联邦法院大法官斯卡利亚的观点，艾琳娜的愿望当然注定无法实现。因为斯卡利亚始终坚持"司法原意主义"，即应该遵循当初宪法制定时普遍民众对它的理解原意来解读，一旦放弃宪法原意允许法官随意解读将是非常危险的。这更不要说修改宪法了。但是，这丝毫不影响这块土地上这些人的主人翁意识。修改宪法当然异常艰难，但10岁的艾琳娜表示，她将坚定地向着这个目标迈进。

2016年1月，从美国密苏里州堪萨斯城飞到北京的威尔逊夫妇，在朝阳区的医疗寄养机构"阿丽娜之家"领养了九岁男童佳佳。

这对"怪异"的夫妇并非年富力强，都已年届50岁；并非十世单传或"后继乏人"，他们有三个19至26岁的女儿；也非富贵之家，而是中产阶级家庭。当他们发现办理领养手续及旅行花费需要3.6万美元，而他们的积蓄仅够支付部分费用时，便在集资筹款网站设立"带佳佳回家"的网页，将筹款目标设定三万美元。没料仅仅一天，就募得4.3万美元，他们于是决定将超出的部分捐给其他领养家庭。

他们收养的也不是一个身体健全的孩子。威尔逊夫妇是虔诚的基督教徒。他们的朋友中有一对教友夫妇，教友夫妇已有亲生的两个儿子和一个女儿，却领养了两个被遗弃的中国残疾孩子，一个四岁患唇腭裂，一个七岁患脊柱裂。佳佳是这两个孩子的朋友。佳佳也患有先天性脊柱裂症，在三个月大时被父母遗弃在河南信阳一家生育诊所门口，在接受草率的手术之后造成下半身瘫痪，依靠改造的拖车用双手才能行动。

面对佳佳被遗弃这个事实，佳佳的这位美国养母却说："他的母亲